U0868837

创新创业实训教程

主　编　苗雨君
副主编　刘　楠　龚　晨
参　编　陈学千　毕颜杰

哈爾濱工程大學出版社
Harbin Engineering University Press

内容简介

本书皆在培养应用型人才，注重创新创业实训教学和案例教学。在内容安排上，围绕一条主线展开，即“基础知识—实训操作—实践考核”，融实训与实践于一体，集角色扮演与岗位体验于一身，教学设计思路新颖独特，使学习者在参与、体验中完成从创新创业知识到技能的转化。本书无论从体例安排到内容设置，还是从知识点的归纳到教学方法的运用，都进行了大胆探索和尝试。

本书可作为高校经济管理类专业本科教材，也可作为企业岗位培训的参考书。

图书在版编目(CIP)数据

创新创业实训教程/苗雨君主编. —哈尔滨：哈尔滨工程大学出版社，2021.8

ISBN 978-7-5661-2504-0

Ⅰ.①创… Ⅱ.①苗… Ⅲ.①大学生-创业-高等学校-教材 Ⅳ.①G647.38

中国版本图书馆 CIP 数据核字(2019)第 223064 号

创新创业实训教程

CHUANGXIN CHUANGYE SHIXUN JIAOCHENG

选题策划 夏飞洋
责任编辑 张 曦
封面设计 李海波

出版发行 哈尔滨工程大学出版社
社　　址 哈尔滨市南岗区南通大街 145 号
邮政编码 150001
发行电话 0451-82519328
传　　真 0451-82519699
经　　销 新华书店
印　　刷 哈尔滨市石桥印务有限公司
开　　本 787 mm×1 092 mm 1/16
印　　张 17.75
字　　数 446 千字
版　　次 2021 年 8 月第 1 版
印　　次 2021 年 8 月第 1 次印刷
定　　价 45.00 元
http://www.hrbeupress.com
E-mail:heupress@hrbeu.edu.cn

前言

创新创业实训以科学、简易、实用、趣味的设计为大家所关注，其体验式教学方式成为继传统教学及案例教学之后教学创新的典范。

创新创业实训采用情景模拟教学模式（创业者电子沙盘和《创业之星》软件），以模拟经营对抗平台，展示企业经营和管理的全过程，使学习者参悟科学的管理规律，提升其企业管理能力，助力高校经济管理类专业培养高素质的应用型人才。

本书由基础知识篇、实训操作篇和实践考核篇三篇构成。第一篇基础知识篇，主要内容包括创新创业实训概述和企业登记注册与行业行政管理；第二篇实训操作篇，主要内容包括创业者电子沙盘模拟实战和《创业之星》创业仿真模拟实战；第三篇实践考核篇，主要内容包括创业计划书与创业项目路演和创新创业模拟实战考核。

本书由苗雨君（齐齐哈尔大学）担任主编，刘楠（大庆师范学院）、龚晨（齐齐哈尔大学）担任副主编，陈学千（齐齐哈尔大学）、毕颜杰（黑龙江大学）参编。苗雨君统稿，设计全书框架并编写第一章、第三章和第六章；毕颜杰编写第二章；龚晨、陈学千编写第四章和各篇开篇语、附表；刘楠编写第五章。本书在编写过程中得到了王天明、冯志勇等人的启发和帮助。另外，感谢参加“学创杯”大学生创新创业综合模拟大赛的参赛学生提供的参赛操作材料和经验总结。本书的编写，得到了有关学校领导和同人的大力支持，并引用了杭州贝腾科技有限公司《创业之星》软件中的学习资料，以及有关学者的部分资料，在此一并致谢。

由于编者水平有限，本书的疏漏和不足甚至错误之处在所难免。希望广大教师、读者多提宝贵意见，以便日后充实与完善。

本书实用性强，集知识性、实践性和趣味性于一体，体现了寓教于乐、实用创新的特点，可作为经济管理类专业本科教材，也可作为企业岗位培训的参考书。

编　者

2020 年 8 月于齐齐哈尔

目录

第一篇　基础知识篇

第二篇　实训操作篇

第一篇　基础知识篇

创业道何盛,中兴德几许。

思路决定出路,格局决定结局。

立创新创业之志,走创新创业之路,建创新创业之功。

开篇语

在进行创新创业的实际操作和实训之前，你和你的团队要弄清楚三个问题：一是创新创业实训基础理论学习，这是创新创业成功的保障；二是创新创业实训操作，这是模拟实战的基础；三是团队的组建和职责分工，这是创新创业取胜的关键。

本篇主要包括两部分内容：创新创业实训概述（创新理论及创新过程、创业机会及创业风险、创新创业实训准备工作）、企业登记注册与行业行政管理（企业名称登记与企业登记注册、工商登记注册与办理相关手续）。

第一章　创新创业实训概述

章前导读

不拉马的士兵

在管理界,“不拉马的士兵”这一案例流传久远。一位年轻有为的炮兵军官上任伊始到下属部队参观炮团演习,他发现炮兵班的 11 名士兵把大炮安装好后,10 个人便各就各位,只有一个人站在旁边一动不动,直到整场演练结束,这个人也没有做任何事。军官感到奇怪:“这个人没做任何动作,也没什么事情,他是干什么的?”大家一愣,说:“炮兵的作训教材里就是这样要求编队的,一个炮兵班 11 个人,其中一个人要一直站在这个地方。我们也不知道为什么。”军官回去后,经查阅资料才知道原因:原来,早期的大炮是用马拉的,炮车到了战场上,大炮一响,马就要跳就要跑,因此就需要一个士兵专门负责拉马。而到了现代战场,大炮实现了机械化运输,不再用马拉,但那个负责拉马的士兵不但没有被减员,还仍旧站在那里。于是,军官下令炮兵班的编制只保留 10 名士兵即可。

从管理学的角度讲,这位军官发现并减掉了“不拉马的士兵”,大大提高了管理效率,减少了资源浪费。

企业存在“不拉马的士兵”是因循守旧的表现,是管理不到位的表现,更是不能有效沟通的表现,企业管理层只有善于管理、善于变革,才能提高管理效率,释放管理效应。

教学目标

本章主要学习创新创业实训概述,主要了解和掌握创新理论及创新过程、创业机会及创业风险、创新创业实训准备工作等内容。

知识要点

创新理论　创新过程及创造性思维　创业及创业教育　创业实训的准备工作　市场调研与创业项目的选定

第一节　创新理论及创新过程

创新是一个民族进步的灵魂，是一个国家兴旺发达的不竭动力。没有创新能力的民族，难以屹立于世界民族之林。随着经济全球化的到来，市场竞争日益激烈，创新成为企业成败的关键。

一、创新概念的提出

（一）"创新"的来源与含义

1."创新"的来源

"创新"是一个古老的词，起源于15世纪拉丁语里的"innovare"一词，意思是更新、制造新的东西或改变。在英语里，"创新"翻译为"innovate"（动词）、"innovation"（名词）。《汉书·叙传》中也有"礼仪是创"，颜师古注为"创，始造之也"。

2."创新"的含义

（1）"创新"在《现代汉语词典》中的解释是"抛开旧的，创造新的"。

"创新"的内涵是在世界上首次引入新东西、新概念，制造新变化。

在"创新创业"中作为专业性词汇的"创新"是指知识产权意义上的"新"，是要在原理、结构、功能、性质、方法、过程等方面有显著性变化。

"创新"与其他专业名词组合，则有观念创新、知识创新、教育创新、艺术创新、文化创新、环境创新、技术创新、服务创新、制度创新、组织创新和管理创新等。

（2）《韦伯斯特词典》中关于"创新"的定义是：

①引入新东西、新概念；②制造变化。

（3）现代管理学之父彼得·德鲁克说："创新是对资源给予一种新的创造财富的能力的行动。"

（4）美国著名的管理学教授、组织行为学权威斯蒂芬·P. 罗宾斯说："创新是组织形成创造性思想并将其转换为有用的产品、服务或作业方法的过程。"

创新就是变革，创新就是发展，它贯穿于人类社会经济生活的各个领域。创新从本质上说是一种理念，即一种不断追求进步、追求发展、追求卓越的理念，是一种通过技术变革有效促进经济发展的可行性思路，是一个国家、一个民族不可缺少的持续动力。

3. 熊彼特的创新理论

创新理论最早是由奥地利经济学家约瑟夫·熊彼特提出来的。他在1911年出版的德文版《经济发展理论》中指出，创新就是"建立新的生产函数"，即"企业家对生产要素的新组合”,也就是把一种从来没有过的生产要素和生产条件的“新组合”引入生产体系,从而引起生产方式的变革,形成一种新的生产能力。

具体说来,熊彼特的“创新”包括五种情况(图 1－1):

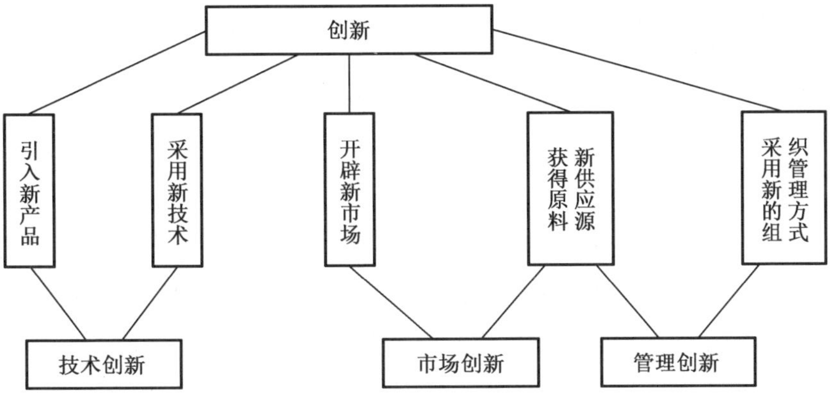

图 1－1 熊彼特的创新理论

(1)引进一种新产品,就是消费者还不熟悉的产品,或提供一种旧产品的新形式;

(2)采用一种新技术或新的生产方法,就是在相关的制造过程中未曾使用过的方法,这种新的方法并不需要建立在新的科学发现基础之上,可以是处理产品的一种新方式;

(3)开辟一个新的市场,就是使产品进入以前不曾进入的市场领域,不管这个市场以前是否存在;

(4)获得一种原材料或半成品的新的供应源,不管这种供应源是已经存在的,还是第一次创造出来的;

(5)采用一种新的企业组织形式,比如形成一种垄断或打破一种垄断地位。

创新不同于发明创造,创新是经济行为,发明创造是科技行为。发明创造与创新之间也存在内在的联系。一般说来,发明创造是创新的源泉和前导,创新是发明创造的运用和实践。例如,技术发明是发现新的技术原理,而技术创新则是将新的技术原理运用于实际生产之中,使其发挥应有的作用,获得相应的经济效益和社会效益。

(二)创新的特点

1. 创造性

创新就是要有突破性的提高,是一种创造性构思付诸实践的结果。创新的创造性表现在新产品、新工艺上,或是体现在产品、工艺的显著变化上。创造性的特点是敢于打破常规,紧跟时代前进的步伐,勇于探索,不断创新。创新不仅要知道“是什么”“为什么”,更要知道“有什么用”,应为人类社会创造财富,创造有用的东西,要沿着产品商业化的目标进行设计、加工、组合和创造。

2. 风险性

创新的过程涉及许多相关环节和影响因素，这使创新结果有一定程度的不确定性。一种创新的背后往往有着多种失败的设想。创新需要大量的投入，而投入能否顺利实现价值补偿，受到技术、市场、制度、社会、政治等不确定因素的影响，再加上有时无法预见到许多未来的环境变化情况，使得创新不可避免地存在风险。

创新是创造性地破坏，破旧才能立新，而大胆创新、走别人没有走过的路，则需要勇气与毅力。

3. 高收益性

在经济活动中，高收益与高风险并存，创新更是如此。尽管创新的成功率较低，但成功之后却可获得丰厚的利润。美国微软公司创办初期，只有一种产品、三个员工和 16 万美元的年收入，经过多年的创新活动后取得了巨大的经济效益，一跃成为全球知名的大型高科技公司，比尔 · 盖茨更是一度成为世界首富。许多国家都成立了风险投资公司，资助创新者进行各种各样的创新试验，目的是在创新者取得成功后风险投资公司也能获得高额收益，让企业能够持续发展。

4. 系统性

企业创新涉及战略、市场调查、预测、决策、研究开发、设计、安装、调试、生产、营销、管理等一系列活动。这一系列活动是一个完整的产业链条，其中任何一个环节出现失误都会影响企业创新的效果。同时，与经营过程息息相关的经营思想、管理体制、组织结构的状况也影响着整个企业的创新发展，所以创新活动是系统的、综合的。创新还是许多人共同努力的结果，需要众人共同合作、相互协调、相互作用，发挥系统的协同效应，使创新达到预期目的。

5. 适用性

创新是为了进步与发展，因而只有能够真正促使企业发展和进步的创新，才是真正意义上的创新。从这个意义上讲，创新并非越奇越好，而是应该以适用为基本原则。对一个企业来说，由于基础条件不同，历史背景不同，所处的环境不同，经营战略不同，因此需要解决的问题和达到的目的也就不同。不同的企业采取的创新方式也应该有所区别，要使创新满足本企业的实际需求。

6. 独特性

创新要与众不同，有自己的独到之处。创新要采用新颖的方法与材料，或者是用熟知的方法与材料重新组合产生前所未有的效果。

7. 普遍性

创新不局限在哪一方面或哪一门类，工业、农业、文化、教育、科研、医疗、服务等行业都有创新，它存在于人类所有的生产与生活领域中。

8. 超前性

创新领先于现阶段社会人们的认识，超越现实状况，对人们的生活与消费起着导向作用。

二、创新过程及创造性思维

（一）创新过程的概念及内容

1. 创新过程的概念

创新过程是指把可以产生增值效应的一个新创意付诸实践并产生结果的过程中所进行的一系列相关活动。

从本质上讲，创新过程是技术的价值追加和战略优势的形成过程。企业如果仅仅局限于产品、技术和市场需求本身，那就大错特错了，必须从竞争战略的高度来看待创新过程。

2. 创新过程的内容

创新过程是最复杂的组织过程和商业过程。目前，对创新过程的认识仍处在逐步深化的阶段。由于人们对创新过程的理解和强调的侧重点不同，因此对创新过程的描述也不尽相同，比如：

（1）创新过程是一个将知识、技能、物质转化成顾客满意产品的过程；

（2）创新过程是知识的产生、创造和应用的进化过程；

（3）创新过程是追加价值实现和竞争优势获得的过程；

（4）创新过程是一个信息交流、加工的过程；

（5）创新过程是关键资源的成长过程。

总之，创新过程是指新（改进）产品的营销、新（改进）制造工艺或设备的第一次商业使用时所涉及的技术、设计、制造、管理和商业活动等过程。

（二）创新过程的创造性思维

1. 创造性思维的含义

创造性思维是创新的源泉，同时也是创新管理的思维方法。对于企业而言，认识企业经营中的创造性思维、培养和挖掘企业员工的创造性思维，是至关重要的，它将推动创新的进程，让创新得以实现，从而最终让企业获得长久的发展。

依据是否产生、创造出新成果和思维的客观社会作用，我们可将思维分为两种类型：常规性思维和创造性思维。

对于创造性思维，我们可以从两方面加以把握：首先，它是能够产生创造性社会成果的思维；其次，它是在思维方法、思维形式、思维过程的某些方面富有独创性的思维。即创造性思维就是思维本身和思维结果均具有创造特点的思维。在这里，思维方法、思维形式、思维过程的创新性是思维结果富有创造性的前提；后者是前者的归宿，并且是创造性思维的意义、价值之所在。

2. 思维的超越性——创造性思维的来源

创造即突破、超越。创造性思维的问题实质上是一个对“限制”进行超越的问题，它意味着对已有的物质文明与精神文明成果的超越。

思维成果的超越性来自何方？它来自思维对现象或对象的超越。思维具有间接性、概括性、广阔性、创造性等基本特征，但从思维过程及其结果的本质上看，唯有超越性才是思维的根本属性。思维的超越性是高于而又源于思维的间接性、概括性、广阔性的思维属性，同时也是创造性思维的根本属性。思维的本质是超越的，所以才有创造性思维，才有创造性思维对客观事物和现象的超越。

进行“创造性思维训练”，正是为了打破已有的思维限制，增强思维的超越性，进而使头脑具有创造性。

3. 创造性思维贯穿整个创新过程

（1）创造性思维是创新的源泉

对任何一个现代企业而言，创新是企业生存发展的必要条件。而创造性思维对企业的影响，从最具综合性、全面性、本质性的意义上讲，它是构成企业创新的逻辑前提，是企业创新的源泉。

企业的生存与发展、企业创新、企业员工的创造性思维三者之间的关系可用图 1－2 表明。

图 1－2　企业的创造性思维、创新、生存与发展三者之间的关系

创新成果的产生需要有广阔的思维空间，能够打破传统，从新视角去思考问题。创造性思维是产生新构思的思维前提，如果没有创造性的思维方式，就不可能产生有创造性的见解，也就不可能获得有价值的新思路。

特别是在创新管理中，要想有所创新、有所突破，就必须运用创造性思维去思考问题，这样才能冲破旧思维方式的影响，克服那些已经脱离客观实际的思维定式，提高创造性决策的能力。

（2）创造性思维是创新管理的思维方法

创造性思维是企业一切无形资源——技术、管理、制度创新的活的源泉，同时也是创造这些无形资源活动的思维方法。

首先，创造性思维的运用影响着企业技术、信息资源开发的广度和深度。在此过程中，思维的活动程度、视野的开阔与否、预见性的准确与否等，都会导致不同的后果。在只会常规思维的人面前，潜在市场或资源要么会被视而不见，要么会被见而不识。

其次，企业家的创新能力与他们的创造性思维水平联系紧密。最为关键、最具统率作用的能力就是创新能力，也就是运用创造性思维的能力。企业家在进行创新管理时，必定要充分发挥其创造性思维，打开思路，突破陈规，对创造性过程进行具有创造性的管理。

创造性思维的思维方法关系着创新管理的成败。企业应该重视对员工创造性思维的训练，培养企业整体的创造性能力，只有这样，企业的各项创造性活动才可能获得成功。

（三）实现创造性思维的技法

1. 头脑风暴法

头脑风暴法也被称为智力激励法或畅谈会法。奥斯本在 1957 年出版的《实用创造力》一书中将头脑风暴法定义为：头脑风暴法是一种会议技术，它是一种通过大家的努力来寻求特定问题解答方法的过程，在这个过程中，小组成员即兴的想法受到重视，而会议过程本身就是收集所有即兴创意的过程。

经典头脑风暴法的操作过程如下。

（1）热身阶段。此阶段的作用是向小组成员介绍有关头脑风暴法的基本知识，使他们熟悉头脑风暴法的基本规则，并激发其小组成员的创意思维，使他们活跃起来。

在正式进行头脑风暴之前，预演这一过程的必要性表现在以下两个方面：

①在通常状态下，人们的思维处于不活跃状态，有必要通过热身调动小组成员思考问题的积极性；

②小组作为一个由人组成的组织有其自身的生命周期，因此在正式活动之前，有必要让小组成员进行磨合。

（2）观念生成阶段。在这一阶段，小组成员针对界定清晰的问题提出自己的解决思路、解决办法。组织者要把小组成员的全部想法记录在大家都可以看得到的黑板或白板上，供大家据此引发新想法，或对自己及他人的想法进行修改。由组织者在大家思想僵化的时候进行必要的引导，提醒和监督小组成员避免对别人的想法进行评价，鼓励不活跃的成员积极参与到脑力激荡的过程中来，并对活动的节奏进行必要的控制。

（3）观念评价阶段。在头脑风暴过程的创意阶段结束之后，组织者要对所产生的创意进行整理，对小组成员的积极参与表示感谢，并为下一阶段的观念评价提出建议。评价阶段仍然用头脑风暴法进行。

2. 特性列举法

特性列举法的操作过程如下。

（1）界定一个明确的需要进行创新的问题。如果问题较大，就对其进行必要的细分，将之分成几个较小的问题后，再分别列举它们的特性，并进行后续步骤。对于一个研究对象，要尽可能地对其进行全面考察，从各个角度分析其特征，挖掘其潜在的可创新点。

例如，要对一只浴缸进行改进，乍看起来，大家觉得现在使用的家庭浴缸已经不错了，很难一下子想出可改进的地方，但当我们运用特性列举法把浴缸的特性一一列举出来时，思路就会豁然开朗(图 1－3)。

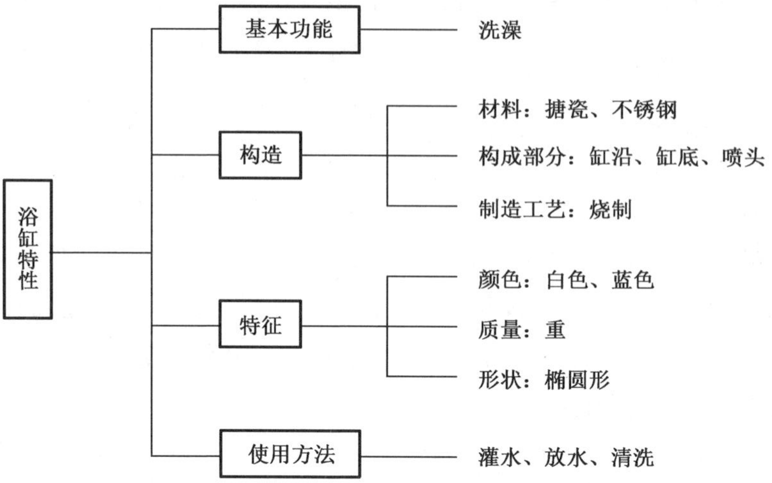

图 1－3　浴缸改进的特性列举法

(2)根据上一步所列出的各个特性，考察每一个特性的优缺点，尝试提出各种可能的改进办法，诱发创新思维，并根据现有的科学技术论证该改进办法的可行性。例如，浴缸的基本功能是洗澡，那么能否为其增加一些其他功能(保健、消除疲劳等)？怎样实现这两种功能？能否增加一个磁化设备？能否在浴缸底部增加一个气泡产生装置，实现在洗澡的同时按摩身体各部位，达到消除疲劳的目的？另外，当看到浴缸的颜色和形状都很单一时，会想到如何改变这种单调，可否让它成为多色彩、多形状的浴缸，以此满足人们的不同需求，使浴室更具个性化。

通过这样的思维方法，对研究对象的特性一一分析后，我们会发现，看似满意的物品实际上存在着大量可供改进的地方，这为我们的改进工作指明了道路。

3. 类比创新法

类比创新法是进行科学研究和发明创造的一种重要方法，它是根据两个研究对象或两类研究对象具有部分相同或相似的属性，通过类比法把某一或某类事物的特点复现在另一或另类事物上，从而实现创新。类比创新法有助于人们建立科学假说和技术设想，它包括简单类比、因果类比、综合类比、定性类比和定量类比等。

4. 联想创新法

联想创新法是依靠创新者从一个事物想到另一个事物的心理现象来产生创意，从而进行发明、革新的。我们按照联想对象及其在时间、空间、逻辑上所受限制的不同，可以把联想思维进一步具体化为各种不同的、具有可操作性的技法，如非结构化自由联想、相似联想、接近联想、对比联想等。无论何种联想方法都需要长期思考所累积的知识,这些知识受到某种触媒的“引燃”之后,才会产生灵感。联想是在一切创意激发的过程中都可能应用到的,它是其他方法能够有效发挥作用的重要基础,也是创新人员必须具备的基本素质。

5. 组合创新法

通过组合产生新的创新方法,已被许多企业的实践证明是一种行之有效的方法。组合的过程就是把原来互不相关的、相关性不强的,或者是相关关系没有被人们认识到的产品、原理、技术、材料、方法、功能等整合到一起的过程。经过整合以后,可能会创造出全新的产品、过程、方法、材料、功能等,或者使原有产品的功能更加全面,原有的制作过程更加流畅,效率更高。

第二节　创业机会及创业风险

人类要生存、要发展,就要创业。国家的政策极大地调动了人们创业的积极性,新建企业如雨后春笋,不断涌现。人们深深地感到,现在的市场物品丰富,人民的生活水平不断提高、精神面貌焕然一新。没有国家的改革开放就没有我们今天的幸福生活,没有创业者们的创新创业也就没有经济的飞速发展。

一、创业与创业机会

(一)创业概念及特征

1. 创业概念

人们对创业的理解不完全相同,站在不同的角度、根据不同的观点可以对创业做出不同的解释。

《现代汉语词典》对创业的解释是:创办事业。事业是指人所从事的,具有一定目标、规模和系统而对社会发展有影响的经常性活动。上海辞书出版社出版的《辞海》(1989 年版)对创业的解释是:创立基业。基业是指事业的基础。由此可见,创办事业是创业的根本。

从范围上讲,创业有广义和狭义之分。广义的创业是指人类的创举活动,或带有开拓、创新精神并有积极意义的社会活动。只要是人们以前没有做过的,能够对社会产生积极影响的事业,都可以说成是创业。广义的创业包含的内容很广,它涉及政治、经济、军事、文化、科学、教育等各个方面。狭义的创业是指个人或小规模的群体所从事的具有创新或创造性的以增加财富为目的的活动过程。这种活动过程也许早有人从事过,但对于创业者本人或创业小群体来说,也许是第一次或绝对是第一次。如个人开办小餐馆、开办服务社、开办公司、开办企业等。

在这里,“创业”是指狭义范围的创业,进一步说,是创办企业,就是针对大学生所讲的如何创办企业。我们对创业的理解是:创业是指人们在当时所处的社会环境下,就自己的意识和能力,捕捉商业机会,充分考虑财富增加的成功与风险,并付诸行动,创建和发展一个或多个企业的艰辛的活动过程。

2. 创业特征

创业是一种社会行为,就创业本身来讲,其特征如下。

(1)创新性。创办一个企业对社会来说不是一件新鲜事,但对创业者来说则是一个创新的过程。所谓创新,就是创业者在整个创业过程中所面对的几乎全是新事物、新问题。新问题的解决需要创业者的智慧和能力,需要创业者创造性的思维能力。

(2)风险性。创业是有风险的,创业过程中充满成功和失败。创业成功给创业者带来的是喜悦,创业失败给创业者带来的不仅是沮丧,还有财产的损失、信心的丧失。如果只考虑到创业风险就不去创业,那就永远不会成为一个成功的创业者。创业的成功偏爱于那些细心大胆、勇于面对风险的勇敢者。

(3)艰难性。任何一个人在创业过程中,都会体会到创业的艰难,尤其是白手起家的创业者,往往需要经过很多年的艰苦奋斗,甚至倾注大量的心血,创业才能成功。所以创业者要有吃苦的思想准备。

(4)利益性。创业者的创业也许出自多种目的,但根本的动力是获利,这也是创业者的共同心愿。没有利益驱动,人们就不会冒着风险去创业。创业过程中获利的多少,也是人们衡量创业者创业成功与否的重要标志。

创业是创新过程,是艰苦奋斗的过程,是勇于承担风险的过程,也是财富的创造过程。因为创业可以创造财富,所以人们才会冒着风险,艰苦拼搏,以勇于创新的精神去创业。创业是人类社会发展的推动力,任何时期、任何地区都需要人们去创业。没有创业,国家就不会发展,社会就不会进步。

(二)创业机会

创业机会指的是创业的最好时机,创业者对于机会的把握要注意以下几点。

1. 寻求机会是一种意识

当你个人具备了创业素质,社会又提供了创业环境时,寻求创业机会就是一个关键问题了。一个意识,一个灵感,一件小事,也许就使你发现机会、捕捉到机会。创业有了准备,没有机会不行,有了机会又没做好准备也不行。创业成功由多种因素制约,寻求创业机会这个因素尤为重要。创业者寻求创业机会是一种意识,这种意识来自个人深层次的思考,来自个人强烈的创业愿望。

2. 机会总是赋予有准备之人

一个人在没有工作能力的时候一般不会去创业,在没有创业动机或创业想法的时候也不会去创业。创业受个人条件和社会、自然环境的影响。但当社会提供了良好的创业环境时,能否顺利进行创业就要看个人的准备了。创业机会总是赋予有准备之人。有了充分的创业准备,一旦机会来临,只要抓住机会,创业就有可能成功。

3. 获得机会的多少与自身素质有关

机会对于每个人来说并不是均等的,获得机会的多少与自身素质有关。一个人要想获得多的机会,积极主动地提高自身素质十分重要。自身素质高的综合表现是个人的才能,有才能的人善于观察事物、分析事物,善于发现机会和捕捉机会。才能与机会的结合是获得成功的基础。

二、创业观念及创业者需要具备的条件

(一)创业观念

创业观念是指人们在创业方面的思想意识,也就是指人们对创业的行为、目的、意义的认识和看法。应该正确树立以下三种观念。

1. 创新观念

创新观念就是要求创业者对创业有一种新的认识。创业对社会来说是一种经常发生的事情,对个人来说是一种创新。许多创业者的创业,对其个人是一种全新的活动,是一种自己想过但是第一次实践的全新活动。创业者以新的方式、新的想法、新的工作思路去对待一种新的事物。这种行为要求创业者有一种新的观念,这种观念思路要开阔,计划要周全,要有市场意识,要有经营头脑,要对自己有一个充分认识。创业者若没有创新观念,思想保守、因循守旧,创业是不会成功的。

2. 财富观念

在经济社会中,每一个人都有创造财富的愿望。通过创业"发财",这也是创业者的一种追求。但应该要有一个正确的财富观念。

(1)不要将"发财"作为创业的唯一目标

创业对社会的意义,创业对个人的意义,我们前面都已讲过了。创业的根本是谋求对社会的意义。当然,我们不反对创业为个人谋利益,只是不要把"发财"当作创业的唯一目标。凡是成功的创业家,当企业经营到一定的规模时,创业者所考虑的只是企业的发展战略问题,企业发展的重要性大于个人"发财"的重要性。只有企业发展了,个人才有利益所得。

(2)财富没有统一的标准

创业者获得多少利益才算得上"发财",在这个问题上是没有统一标准的。有时我们看到一些介绍创业成功人士的例子,他们多是世界知名企业家,身家上亿,唯恐不是这样的人物就不能说明关于"成功与发财"的问题。

(3)“发财”的下一步是回报社会

创业“发财”了，创业者拥有了大量的资产，那么应该如何使用这些资产，是任何创业者都会面临的问题。这时的创业者正确的做法是回报社会。回报社会的方法有很多，继续扩大企业的生产是一种方式，捐献爱心也是一种方式。

3. 服务观念

创业要树立一种服务观念。为谁服务？为社会服务，为人民服务。树立服务观念是创业的宗旨。创办企业赚钱盈利是一方面，更重要的是以你的产品、以你的服务造福于民、取信于民。企业造假不行，服务质量低下不行。社会不满意、人民群众不满意，企业也就没钱可赚了。

(二)创业者需要具备的条件

创业是一件艰苦卓绝的工作，要干的是一番事业。创业本身对创业者提出了要求，只有具备了相应的条件，在遇到良好的创业机会时，创业才会有坚实的基础。

1. 创业欲望与创业意志

(1)创业欲望

创业者首先要有创业欲望。创业是一种自主行为，创业的动力来自创业者本身。创业者的创业目的有可能不同，但创业的欲望一定要有。创业欲望是一种对创业的渴求，这种渴求是发自内心的。创业欲望是创业者首先需要具备的条件。

(2)创业意志

创业意志是创业者必须具备的另一个条件。它要求创业者具有一颗坚持创业的恒心，不能只有3分钟热度，不能遇到困难就退缩。在创业过程中遇到困难首先是不怕，要面对困难，然后想方设法去解决困难。创业者在创业过程中要有意识地培养自己的坚强意志，要有一种“不到长城非好汉”的精神。创业意志坚定，是创业成功的保证。

2. 良好的身心素质与道德素质

(1)身心素质

身心素质包括身体素质与心理素质。创业者要有一个好的身体，因为创业不是一件轻松的工作，有时需要创业者夜以继日地去拼搏，既要消耗脑力又要消耗体力，没有一个好的身体是难以应对繁重的工作的。身体素质和心理素质的提高需要锻炼和培养，这也是创业者的一项长期任务。

(2)道德素质

道德素质是创业者应该具备的一项非常重要的素质。道德素质要求：一是遵纪守法；二是恪守诚信，诚信是立业之道，兴业之本；三是有从善之心。中国人具有良好的道德素质，与人为善是中国人的传统美德之一。创业者要有从善之心，古人云“勿以善小而不为，勿以恶小而为之”“比于善者自进之阶，比于恶者自退之源”，这些话都是教人从善的。创业者要善对社会、善对职工、善对客户、善对各种事情。创业者广施善举，一定会得到意想不到的收获。

3. 超人的能力

创业者若想获得成功，仅有创业欲望、创业意志和良好的道德素质还不够，还要具有超人的能力。这样在创业过程中才能与众不同，才能在市场竞争中站稳脚跟。

（1）敏锐的洞察能力

创业者看待事物、了解市场，要透过现象看本质，要能够发现问题、分析问题、解决问题。对事物的发生、发展情况要善于观察，要能够洞察出别人发现不了的问题。具备敏锐的洞察能力能提前发现问题，积极采取措施，变被动为主动，减少机会的丧失，把企业经营得更好。

（2）正确果断的决策能力

创业者在创业过程中，会遇到许多棘手的问题，每一个问题都需要创业者做出决断，决断结果的正确与否，会给企业带来一定的影响。创业者在提高自己决策能力的同时，还需要具备灵活处理事务的能力，以及对社会环境的认知能力。总之，你手中掌握的信息越多对决策越有利。人的决策能力不是天生就有的，是在多次教训中逐渐增长的，是实践锻炼的结果。

（3）广泛的交际能力

对于创业者来讲，对外交际能力是必不可少的 。创业者的协调能力、语言表达能力、亲和能力、处理矛盾的能力、稳定关系的能力甚至包括忍事能力等，都是需要具备的能力。创业者为了提高自己的交际能力，要有意识地锻炼自己，要以诚待人、谦虚和蔼、守信用；办事不能急躁，不能以自我为中心；凡事三思而后行，但也不优柔寡断。

（4）恰到好处的用人能力

企业经营的好坏，与用人的恰当与否有着非常直接的关系。现代企业无一不对人才的使用格外重视，企业的竞争实际上就是人才的竞争。创业者在创业之初就要将人才的使用纳入企业计划，并将其当作一项十分重要的事情去抓。新创建的企业要广泛吸纳人才，充分发挥每一个人的长处，使其在企业中发挥最大作用。恰到好处的用人能力是创业者能力的一个重要方面。

创业者应具备的超人的能力还包括多个方面。每个人的气质不一样，所处的环境不一样，所受的教育、掌握的知识不一样，这就决定了每个人的能力不一样。对于大学生来说，可以先从较小的规模干起，等到经验丰富了，交际的人员广泛了，再逐步发展自己的企业。任何事情都是从小到大逐渐发展起来的，只要肯干就会有收获。

4. 前瞻的意识

创业者的前瞻意识从大的方面说包括两个方面：一是个人发展的前瞻意识；二是事业发展的前瞻意识。这两方面的前瞻意识决定着创业者未来的发展前景。

(1)个人发展的前瞻意识

一个有志向的人要对个人的发展进行设计,要有前瞻意识。一个创业者也要有个人发展的前瞻意识。未来要把企业做成什么样,个人需要具备什么条件才能驾驭这个企业,这是创业者应该考虑的。

(2)事业发展的前瞻意识

创业者对自己创办的企业要有前瞻意识。创业者应该全面了解市场情况,清楚自己所办的企业在这个行业中的竞争力,对企业的发展前景有准确的预测,能自我评价或请权威机构进行评价。国内外知名企业的发展史,无一不是创业者与经营者的艰苦奋斗史。企业的辉煌凝聚着创业家与企业家的智慧和精力,他们时刻都在为企业的前途和命运操心。

创业者除具备以上条件外,还应注意培养自己的人格魅力,还要有团队精神。一定要记住,一个人的力量是有限的,集体的力量大无边。要胸怀高远,树立远大目标,不要被一些小事迷住眼。只要有信心、有恒心,心怀正义,仔细经营,你的企业就一定会办成功。

三、创业风险及其来源

(一)创业风险

创业与创业风险是并存的。在创业过程中应该正确认识创业风险。创业风险来自多个方面,如市场风险、环境风险、筹资风险、竞争风险、突发事件风险、管理风险等。

1. 市场风险

市场风险是指在创业过程中由于市场的需求变化、市场的价格变化等原因而给创业带来的不确定性或利益损失。市场风险分为两个方面:一是供应渠道风险,即企业生产所需的原材料涨价或货源不足,这势必让企业被动,甚至给企业带来巨大损失;二是销售渠道风险,即企业所生产的产品市场不需要或市场处于饱和状态,产品价格直线走低,这种风险很多企业都曾经遇到过,而如何处理这种风险,就要看经营者的智慧和能力了。

2. 环境风险

环境风险是指在创业过程中由于环境发生变化而给创业带来的利益损失,而且这种变化创业者单凭自身能力是无法改变的。如生产矿泉水的企业,由于自然环境发生变化导致水源遭到破坏,企业赖以生存的条件不复存在,这个风险对企业来说,是无法弥补的损失;又如新创业的企业遭遇政策的改变等,政策风险也是环境风险中的一种。

3. 筹资风险

筹资风险是指在创业过程中由于筹集资金具有一定的难度和负担而给企业带来的不确定性或利益损失。筹资风险表现在两个方面:一是筹集不到所需要的资金总额,使原有的创业计划得不到落实而导致创业失败;二是筹集到资金,但因利息过高给企业造成沉重负担,资金使用效益低于资金使用利息。这两个方面都应引起创业者的注意，忽视哪一方都会给企业造成损失。

4. 竞争风险

竞争风险是指在创业过程中由于参与市场竞争而给企业带来的不确定性或损失。竞争风险无处不在，无时不在。竞争风险是多方面的，是客观存在的。但创业者不要怕，对待竞争风险要在战略上藐视它，在战术上重视它。

5. 突发事件风险

突发事件风险是指在创业过程中由于发生不可预见或人力不可抗拒的风险而给企业带来的损失。如自然灾害给企业带来的风险，政治事件带来的风险，人为破坏带来的风险，等等。创业者要有预防突发事件风险的措施，如购买财产保险，制定预防突发事件的应急预案等，将突发事件造成的损失降到最低。

6. 管理风险

管理风险是指创业者因组织、决策不到位而给企业带来的不确定性或损失。管理风险的大小与创业者的能力、经验、自身素质有极大的关系。管理者的组织能力强，决策正确、果断，给企业带来的风险就小，反之则大。创业者应该具备一定的企业管理能力，在缺乏管理能力时最好先不要匆忙创业，应该先到相关企业学习、锻炼，积累一定经验后再进行创业。

创业者对于创业风险要有正确认识。创业风险有的是可以预防的，有的是可以回避的，有的是可以转移的，有的是可以接受的，不同的风险可以用不同的方法来对待。创业者在创业之初，最关键的是要有防范风险的意识。

（二）创业风险的来源

创业环境的不确定性，创业机会与创业企业的复杂性，创业者、创业团队与创业投资者的能力与实力的有限性，都是创业风险的根本来源。研究表明，创业的过程往往是将某一构想或技术转化为具体的产品或服务的过程，在这一过程中，存在着几个基本的、相互联系的缺口，它们是上述不确定性、复杂性和有限性的主要来源，也就是说，创业风险在既定的宏观条件下，往往直接来源于这些缺口。

1. 融资缺口

融资缺口存在于学术支持和商业支持之间，是研究基金和投资基金之间的断层。其中，研究基金通常来自个人、政府机构或公司研究机构，它既支持概念的创建，还支持概念可行性的最初证实；投资基金则将概念转化为有市场的产品原型（这种产品原型有令人满意的性能，对其生产成本有足够的了解并且能够识别其是否有足够的市场）。创业者可以证明其构想的可行性，但往往没有足够的资金将其实现商品化，从而给创业带来一定的风险。通常，只有极少数基金愿意鼓励创业者跨越这个缺口，如富有的个人专门进行早期项目的风险投资,以及政府资助计划等。

2. 信息和信任缺口

信息和信任缺口存在于技术专家和管理者(投资者)之间。也就是说,在创业中,存在两种不同类型的人:一是技术专家;二是管理者(投资者)。这两种人接受不同的教育,对创业有不同的预期、信息来源和表达方式。技术专家知道哪些内容在科学上是有趣的,哪些内容在技术层上是可行的,哪些内容根本就是无法实现的。在失败的案例中,技术专家要承担的风险一般表现在学术上、声誉上受到影响,以及没有金钱上的回报。管理者(投资者)通常比较了解将新产品引进市场的程序,但当涉及具体项目的技术部分时,他们不得不相信技术专家,可以说技术专家是在拿别人的钱冒险。如果技术专家和管理者(投资者)不能充分信任对方,或者不能够进行有效的交流,那么这一缺口将会变得更深,带来更大的风险。

3. 资源缺口

资源与创业者之间的关系就如颜料和画笔与艺术家之间的关系一样。没有了颜料和画笔,艺术家即使有了构思也无从实现。创业也是如此。没有所需的资源,创业者将一筹莫展,创业也就无从谈起。在大多数情况下,创业者不一定也不可能拥有所需的全部资源,这就形成了资源缺口。如果创业者没有能力弥补相应的资源缺口,要么创业无法起步,要么在创业中受制于人。

4. 研究缺口

研究缺口主要存在于仅凭个人兴趣所做的研究判断和基于市场潜力的商业判断之间。当一个创业者最初证明一个特定的科学突破或技术突破可能成为一种商业产品的基础时,他仅仅停留在自己满意的论证程度上。然而,这种程度的论证后来不可行了,在将预想的产品真正转化为商业化产品(大量生产的产品)的过程中,即使预想的产品具备有效的性能、低廉的成本和高质量,在市场竞争中生存下来的过程需要大量复杂而且可能耗资巨大的研究工作(有时需要几年时间),从而形成创业风险。

5. 管理缺口

管理缺口是指创业者并不一定是出色的企业家,不一定具备出色的管理才能。创业活动主要有两种:一是创业者利用某一新技术进行创业,他可能是技术方面的专业人才,但却不一定具备专业的管理才能,从而形成管理缺口;二是创业者往往有某种"奇思妙想",可能是新的商业点子,但其在战略规划上不具备出色的才能,或不擅长管理具体的事务,从而形成管理缺口。

第三节 创新创业实训准备工作

创业者有了创业欲望,如何创建一个企业还需要做很多前期准备工作。创办一个企业不是一个人可以操办的,要组织一个团队。创办企业之前,创业项目的选定十分重要。

一、组建创业团队

俗话说“一个篱笆三个桩,一个好汉三个帮”,团队的组建要注意以下几个方面。

(一)团队组建方式

“团队”是组织理论研究近年来十分关注的热点问题之一。创业团队的建设与管理直接关系到团队的功能状态与活动效率,关系到创新活动的成败。

1. 团队组建原则

团队是一个特殊的群体,它往往是根据一定的创新工作需要,由来自不同工作领域的各类人员组建而成。

原则一,以自愿为基本的原则。参加团队学习、训练或比赛是一项很艰苦的工作,有时寝食难安。实战一般进行两天,事先还要准备和训练,要求参赛队员投入大量的时间和精力。

原则二,调动学习者积极性,自己组队的原则。学生之间朝夕相处,相互了解程度远高于教师根据有限的接触所形成的印象。因此,最好由学生们自己组织 4 ~ 5 人的团队参赛。由于是在自己的努力下组建团队,所以这样的团队从一开始就具备了团队合作的基础和自我约束机制。团队成员会感到强有力的自我约束并会受到来自团队凝聚力的影响。通过这种形式组成的参赛团队,即使队员之间在比赛过程中产生一些矛盾,也会通过自己和集体的努力把矛盾化解。

原则三,性别比例适当原则。团队队员的性别比例应该适当,由男、女学生组成的参赛队伍,无论是用有效性指标还是用效率性指标来衡量,都要优于由单一性别所组成的参赛队伍。

原则四,专业结构适当原则。创业训练及比赛包括了会计、财务、营销、管理和生产等方面的知识。因此,团队成员的知识结构应涵盖这些学科,团队里不同的角色最好由各专业的学生担任,起码要让学生能胜任所担当的角色。

2. 创新团队的谐和

采用团队模式进行创新活动的长处是十分明显的,其中特别重要的一条是团队成员的多元化组合易于激发新颖的构思与创意,产生知识的组合效应。但同时也带来了创新团队中常见的问题，即如何引导团队成员逐步进入谐和状态，形成更为强大的团队力量。在创新团队的谐和过程中，以下几点是十分重要的：

(1)建立彼此信任的团队关系，这是整个团队获得谐和十分关键的一步，如果没有彼此间充分的信任，团队成员之间的知识交流就很难发生，就会丧失彼此合作的基础，整个团队也就势必形如散沙，毫无战斗力量；

(2)在彼此信任的前提下，有效展开相互沟通交流，实现知识的充分交叉融合，促进隐性知识向显性知识的转化，在原有知识基础上促进新知识体系的产生；

(3)在充分了解掌握团队成员各自不同的知识潜能的基础上，明确每个人的角色定位与工作职责，在有效的分工合作中达到团队技能的充分利用，形成相辅相成的团队创新知识技能体系；

(4)在信任、沟通、分工的基础上，逐步形成团队成员的共同愿望，培育共有的团队意识与思维模式，并在工作中形成共同的工作语言、协调的工作方式与一致遵守的团队活动规范。

(二)团队组织架构

1. 选择能够合作的队员

团队的合作精神十分重要。创业初期是非常辛苦的，有时无利可图，靠的全是几个人的拼劲儿，创业者们一定要能够拧成一股绳，心往一处想，劲儿往一处使，互相配合、互相支持，有事共同商量，有困难共同克服，有利益共同分享，团队的有效合作是创业成功的保证。有的创业者在创业初期不能选择合适的合作者，当在创业过程中遇到问题，意见不一致时，不能互相让步，都认为自己的意见是对的，互相争吵闹得不可开交，因此产生矛盾，其结果是不欢而散，致使创业失败。这样的例子很多，创业者要吸取教训。还有的创业者在创业初期喜欢用自己家族的人作为合伙人，召集三亲六故。开始时也许效果较好，但时间一长就会暴露出许多弊端，亲戚之间的事就变得非常难缠，最后不得不撕破脸，其结果也多为不欢而散。选择能够合作的人是要经过深思熟虑的。

2. 团队成员的组合要合理

为了保证团队的整体力量，组建团队时应特别注意以下几个问题。

一是团队成员应有高度的自觉性和责任感。团队的活动一般都在业余时间开展，并且要求每个人都有一种精神，即力争自己出色的分析，能为团队增辉。这就需要每一个团队成员都具有高度的自觉性和责任感。如果团队成员不遵守纪律，无故缺席团队的活动，或者即使参加团队活动，自己也不做认真准备，每次都只带两只耳朵来听，那么他就对团队毫无贡献，是一个毫无负责精神而又缺乏纪律修养的队员。这样的团队成员如果多了，学习团队是不会有所作为的。

二是团队成员之间的相容性和互补性。相容性主要是指团队成员各自的个性、气质、爱好与他人是否相投的问题。常言道"酒逢知己千杯少,话不投机半句多",如果在一个团队里,团队成员的脾气、个性完全不同,互不买账,不仅相互之间不能很好地沟通信息,相反经常闹对立,形成一些隔阂,很明显这样的学习团队是绝对不会成功的。所谓互补性,是指团队成员在形成总体团队结构中的相互依赖关系,例如知识结构上的互补、年龄结构上的互补、性格活跃与沉默的互补、学习成绩好与差的相互搭配等。互补性还要注意相容性的问题,例如有的团队中有些尖子生,从知识结构上考虑,一般是受团队欢迎的,但是有的尖子生过于傲慢,说话趾高气扬,不可一世,咄咄逼人,甚至经常过分地挑剔别人的毛病和不足,这必然会使他人感到压抑。所以说,从互补性方面考虑,这种尖子生可能是一个好组员;但从互容性方面考虑,这类尖子生又是不受欢迎的。

3.《创业之星》创业仿真模拟学习团队组建

采用《创业之星》软件的教学平台进行创业仿真模拟学习时,团队组建、团队分工及其职责如下。

(1)团队数量:采用《创业之星》教学平台进行创业仿真模拟一般将每个班的学生分为 8 ~ 10 组为宜。

(2)团队成员:采用《创业之星》教学平台进行创业仿真模拟一般每个团队 4 ~ 5 人为宜,不同专业、性别、性格的学生宜混合搭配。

(3)分组方法:采用《创业之星》教学平台进行创业仿真模拟,分组时自由组合,或总经理选人。

(三)《创业之星》团队分工及工作职责

采用《创业之星》教学平台进行创业仿真模拟,主要岗位有总经理(CEO)、财务总监(CFO)、市场总监(CMO)、销售总监(CSO)、生产总监(CPO)、技术总监(CTO)、人力资源(CHO)等,如图1 -4 所示。

图 1 -4　团队构成图

1. 岗位:总经理

总经理主要职责:

(1)负责组建团队,落实各人职责与分工;

(2)制定公司发展战略及各阶段经营目标;

(3)组织团队开展讨论,并制定与落实各项决策;

(4)对公司业绩总体负责。

总经理考核指标:

(1)系统量化指标——综合表现、净资产收益率、账面价值等可选指标;

(2)团队内部评分、教师课堂表现评分、实验报告等。

总经理管理工作要点:团队,分工,沟通,战略,执行。

2. 岗位:财务总监

财务总监主要职责:

(1)负责公司财务管理方面的工作;

(2)编写现金预算,制订资金筹措计划;

(3)解读财务报表,分析财务指标;

(4)做好成本分析,分析盈利预测;

(5)透过财务数据发现管理问题,提出改进建议。

财务总监考核指标:

(1)系统量化指标——财务表现、净资产收益率、紧急借款扣分等可选指标;

(2)团队内部评分、教师课堂表现评分、实验报告等。

财务总监管理工作要点:现金流,筹资策略,财务分析。

3. 岗位:市场总监

市场总监主要职责:

(1)负责公司的市场营销推广工作;

(2)运营市场背景与竞争形势分析;

(3)市场定位与产品定位分析;

(4)制订各阶段广告宣传计划;

(5)制订各阶段市场开发计划。

市场总监考核指标:

(1)系统量化指标——市场表现;

(2)团队内部评分、教师课堂表现评分、实验报告等。

市场总监管理工作要点:销售预测,SWOT(优势、劣势、机会、威胁)分析,竞争分析,定位,4P(产品、价格、促销、渠道)组合。

4. 岗位:销售总监

销售总监主要职责:

(1)负责公司产品的销售工作;

(2)消费者需求分析,竞争对手分析;

(3)各阶段各市场的产品定价策略;

(4)销售网点规划与建设;

(5)获取订单情况分析。

销售总监考核指标:

(1)系统量化指标——成长表现;

(2)团队内部评分、教师课堂表现评分、实验报告等。

销售总监管理工作要点:市场预测,渠道分配,产品报价,订单管理,库存管理,市场分析,品牌管理及销售管理等。

5. 岗位:生产总监

生产总监主要职责:

(1)负责公司所有产品的生产制造工作;

(2)根据销售计划落实产品生产计划;

(3)制订厂房与设备的采购计划;

(4)制订各阶段原料采购计划;

(5)安排各阶段生产任务,控制生产成本。

生产总监考核指标:

(1)系统量化指标——平均销售毛利率、固定资产率、库存周转率等;

(2)团队内部评分、教师课堂表现评分、实验报告等。

生产总监管理工作要点:与销售的配合,成本控制,库存控制。

6. 岗位:技术总监

技术总监主要职责:

(1)负责公司新产品的研发计划;

(2)消费者需求与产品发展潜力分析;

(3)新产品特性的设计、研发投入规划;

(4)资质认证投入规划;

(5)产品投资回报分析。

技术总监考核指标:

(1)系统量化指标——新产品投资回报率、市场占有率;

(2)团队内部评分、教师课堂表现评分、实验报告等。

技术总监管理工作要点:产品研发,资质认证,投资回报分析。

7. 岗位:人力资源

人力资源主要职责:

(1)根据公司用人需要招募人员;

(2)与公司招募的人员签订劳动合同,办理保险;

(3)制订员工培训计划,提升员工技能。

人力资源考核指标:

(1)系统量化指标——人力成本分析、人力成本回报率;

(2)团队内部评分、教师课堂表现评分、实验报告等。

人力资源管理工作要点:人力成本控制等。

二、市场调研与创业项目的选定

(一)市场调研

市场调研是创业准备工作的一个重要方面,创业项目无论大小,都要做市场调研。市场调研的内容包括以下几方面。

1. 市场行情调研

创业之前首先要对市场的行情进行调研,要充分了解即将生产的产品在市场上有没有销路,或要提供的服务项目有没有人享用,价格情况怎么样,别人生产的情况怎么样。对于这些,创业者都要了解清楚。

2. 竞争对手情况调研

创业者在开业之前对于现在的竞争对手和潜在的竞争对手情况都要搞清楚,目的在于争取客源。在采取促销手段方面,要在制定经营策略上胜出对手,这样才能在未来的经营中立于不败之地。

3. 货源情况调研

创办生产型企业的创业者要清楚原料来源情况;创办商业型企业的创业者要清楚货源情况。货源对企业经营有重要影响,货源充足,价格低廉,意味着未来有利润可赚;货源短缺,价格高昂,意味着以后经营艰难或者会亏损。

4. 经营场所周围环境情况调研

创业者在确定经营场所之前,对于预选场所的周围环境情况要进行调研。调研的内容包括:经营场所周围的道路情况、居民居住情况、人文情况、环境污染情况、企业效应辐射情况,等等。这些情况的好坏对企业未来的经营会产生影响。

5. 国家政策情况调研

创业者在经营之前,一定要对国家政策情况调查清楚,要了解哪些项目国家鼓励经营,哪些项目国家不允许经营,哪些项目国家有优惠政策,哪些项目国家没有优惠政策,还要清楚国家对哪些项目有特殊规定。了解国家政策对企业经营非常必要,同时对于创业者来说也更为重要。

(二)创业项目的选定

1. 项目的选择

项目的选择可以从多个角度去考虑。如创业者已拥有一定的技术,利用这种技术生产的产品也有销售市场,那就可以选择这方面项目;又如,在创业者所居住的地方有可利用的生产资料来源,国家又允许开采或使用,那么就可以选择可利用的生产资料来源的项目。总之选择创业项目的方式、渠道很多。

选择创业项目时要注意几个问题:

(1)所选的创业项目不能违反国家法律、法规或政策的规定;

(2)所选的创业项目不能以牺牲环境为代价;

(3)所选的创业项目一定要有相应的资金保证;

(4)所选的创业项目一定要在创业者能够驾驭的范围之内;

(5)所选的创业项目要有人力资源保证;

(6)所选的创业项目不能无利可图。

如果以上几个问题能够解决,则创业项目基本可以选定。

2. 创业项目的选址

创业企业需要有固定的经营场所,经营场所选在什么地方与企业未来的经营发展有很大关系。创业项目的选址十分重要,应结合企业的不同性质进行选择。

(1)生产型创业企业要选择具备生产条件的地点。生产型创业企业选择的地点交通要便利,生产用电要满足,生产用水要保证,即"三通",路通、电通、水通。生产所需的原料基地要尽量离企业近些;企业所使用的劳动力资源尽量就地解决;若能享受当地的税收优惠政策则更好。

(2)商业型创业企业要选择适合的地点经营。现代商业企业的经营寻求的是规模效应,一个都市有若干个商业圈,处在商业圈内的企业相对好经营,处在商业圈之外的企业则不好经营。商业圈之内的铺面称为"旺铺",创业型的商业企业要尽量将经营地点确定在商业圈内。新创业的企业一般规模比较小,商业圈内的铺面租金又比较高,因此新创建的企业在商业圈内选择经营地点比较困难。创业者可以结合企业的具体情况,选择租柜台、联合经营、委托代销等多种方式,抢占旺铺一角,以求站稳脚跟,谋未来发展;也可以在商业圈边缘选择经营地点,或在客流量较多的地方选择经营地点。

(3)服务型创业企业要选择有客源的经营场所。服务型企业包含的门类很多,每一种类型的企业经营的特点不一样，所以选择经营场所的方式也不一样，但是有一点是相同的，即必须有客流量。如服务对象是针对社团机关的，就要在机关附近选址；服务对象是针对居民的，就要在居民区附近选址；服务对象是针对学生的，就要在学校附近选址。服务型企业都是要面对一定群体的，只要有客流量，企业就可以开张纳客，在经营中求发展。

创业企业经营选址固然重要，但也不要求十全十美，俗话说“好酒不怕巷子深”。企业开张后还在于自身经营的好坏，如果经营得不好，再好的经营地点也没用。

3. 创业资金的筹集

创业需要资金，这是大家共知的。那么创业所需资金从哪里取得呢？也就是说，在创业时怎样筹集资金？这是创业者在创业之初面临的问题，也是不可回避的问题。往往许多时候，创业者由于无法筹集到资金而使创业项目半路夭折，真是“一分钱难倒英雄汉”。其实创业所需资金的来源渠道很多，如使用自己的积蓄、向亲朋好友借款、合伙出资、向金融机构贷款、由出资人出资，等等。企业筹资(或称为企业融资)是企业经营之中非常难解决的问题。对于创业筹资，本书另有专门论述，在此就不再赘述了。

4. 创业企业的申请

在中国境内，创办企业要按照国家法律的规定，在工商部门进行注册登记，申请营业执照；在税务部门提交纳税申请，以便以后向国家纳税；在银行申请开户，以便以后进行转账业务结算；在公安部门申请篆刻图章；等等。一系列手续办理完毕之后，企业才可以开始经营。本书后面章节有大量篇幅介绍创业企业的申请办理流程，在此就不详细叙述了。

复习思考题

1. 简述“创新”的来源与含义。
2. 简述熊彼特的创新理论。
3. 简述创新的特点。
4. 简述创新过程的概念及内容。
5. 简述创新过程的创造性思维。
6. 实现创造性思维的技法有哪些？
7. 简述创业概念及特征。
8. 创业者对于机会的把握要注意哪些方面？
9. 简述创业风险及其来源。
10. 简述创业观念及创业者需要具备的条件。
11. 创业实训的准备工作有哪些？
12. 创业项目如何选定？

素质拓展

活动策划

【实训目标】

培养编制计划的能力;培养策划的能力;培养统筹规划的能力。

【实训形式】

1. 根据模拟公司的决策进行公司开业活动策划。

2. 在市场调研的基础上,运用创造性思维,策划一项活动,制订计划。

3. 既可以小组为单位,每组 6 ~ 10 人,由学生推荐的组长主持,又可按照模拟公司的分组进行活动策划。

4. 收集汇总以后进行策划方案的宣讲。

【实训要求】

1. 所策划的活动内容与主题,既可以由教师统一指定,又可以由学生自选。选题要尽可能与所学专业相关。

2. 应通过调研取得较为充分的材料。

3. 要运用创造性思维,让策划的活动富有创意。

4. 要科学地规划有关要素,计划书的结构要合理、完整。

5. 撰写策划书是计划职能的基本手段,是未来就业的重要技能,一定要高度重视、积极参与。

【成果与检测】

1. 每个人都要起草一份策划书。

2. 共同为模拟公司起草一份策划书或计划书。

3. 各组派代表发言;各组分别对其他组进行评分,并指出成功与不足之处;各组对组员进行评分。

4. 由教师与学生共同对各模拟公司的策划创意与计划编制进行评估,确定成绩。

第二章　企业登记注册与行业行政管理

章前导读

管理的艺术性

成为优秀的管理者需要天赋，就像音乐家演奏出完美的音乐同样需要天赋一样。这种说法虽然不完全正确，但是“管理”在很大程度上就像一门艺术。值得庆幸的是，管理的艺术是可以培养的。

某位知名的管理者曾说过：“管理是引导人们完成任务的艺术。”所谓“管理”就是要引导人们完成任务，因此管理者的职责便是任务导向、成就导向、人员的发展导向。管理是在组织中进行的，组织是指人们为实现特定目标而建立起来的集体。

对于“管理”而言，更正式的定义为：管理是在特定环境下，通过对组织拥有的资源进行计划、组织、领导、协调和控制，整合人们的工作，有效率、有效果地追求和实现组织目标的过程。

注意两个关键术语：“有效率”和“有效果”。这两个术语的基本含义是正确地做事。

(1)效率——手段：效率是指实现组织目标的手段。有效率指的是明智的、低成本的使用资源——人力资源、货币资源和原材料等。

(2)效果——结果：效果是指组织目标和结果。有效果指的是获得结果、做出正确的决策并成功地实现。

教学目标

本章主要学习企业登记注册与行业行政管理，主要了解和掌握企业名称登记与企业登记注册、工商登记注册与办理相关手续等内容。

知识要点

企业登记注册　行政管理　企业名称登记与企业登记注册　工商登记注册与办理相关手续

第一节　企业名称登记与企业登记注册

大学生创业要申请注册公司，就必须了解注册公司的相关政策和注册流程，然后针对注册过程中每一个程序的要求预先做好计划并准备相关证件和资料，这样可以省去许多麻烦，避免走弯路，在节省宝贵时间的同时，又可以保证提交资料的准确性。

一、企业名称登记的基本知识

（一）企业名称的组成

企业名称即企业的名字、字号，是一个企业区别于其他企业或其他社会组织，被社会识别的标志。

企业名称一般由四部分组成（以某公司为例）：

行政区划　＋　字号　＋行业特点＋组织形式
齐齐哈尔市　金康健　　商贸　　有限公司

1. 行政区划

行政区划指本企业所在地县级以上行政区域的名称或地名。

具备下列条件的企业法人，可以将企业名称中的行政区划放在字号之后，组织形式之前。

（1）使用控股企业名称中的字号。

（2）使用外国（地区）出资企业字号的外商独资企业，可以在名称中间使用“（中国）”等字样。例如“天根生化科技（北京）有限公司”“日立电梯（中国）有限公司”。

2. 字号

企业名称中的字号应当由两个以上汉字组成，行政区划不得用作字号，但县级以上行政区划地名具有其他含义的除外。企业名称可以使用自然人投资者的姓名作字号。

3. 行业特点

企业名称中的行业表述，应当是反映企业经济活动性质所属的国民经济行业类别或企业经营特点的用语。企业名称中的行业特点应与主营业务相一致。如主营销售百货，则企业名称应以商贸、经贸或销售为行业特点；如主营生产机械设备，则企业名称应以工贸或机械生产为行业特点。企业经济活动性质分别属于国民经济行业不同大类的，应选择主要经济活动性质所属的国民经济行业类别用语表述企业名称中的行业特点。

企业名称中不使用国民经济行业类别用语来表述企业所从事行业的，应当符合以下条件。

(1)企业经济活动性质分别属于国民经济行业五个以上不同大类。

(2)企业注册资本(或注册资金)1 亿元人民币以上或是企业集团的母公司。

(3)与同一工商行政管理机关核准或登记注册的企业名称中字号都不相同。

(4)企业为反映其经营特点,可以在名称中的字号之后使用国家(地区)名称或者县级以上行政区划的地名。有的地名不视为企业名称中的行政区划,例如“天津×××四川火锅有限公司”“重庆×××韩国烧烤有限公司”。“四川火锅”和“韩国烧烤”之类的词均视为企业的经营特点。

(5)企业名称不恰当或者暗示有超越其经营范围的业务。

4. 组织形式

依据《中华人民共和国公司法》《中华人民共和国中外合资经营企业法》《中华人民共和国中外合作经营企业法》《中华人民共和国外资企业法》申请登记的企业名称,其组织形式为“有限公司(有限责任公司)”或“股份有限公司”。依据其他法律、法规申请登记的企业名称(如合伙企业、个人独资企业等),组织形式不得申请为“有限公司(有限责任公司)”或“股份有限公司”。非公司制企业可以申请用“厂”“店”“部”“中心”等作为企业名称的组织形式,例如“重庆×××食品厂”“北京××商店”“哈尔滨××技术开发中心”。

(二)企业名称受理审核

申请企业名称要预先核准登记,凡文件、证件齐全的,工商行政管理机关在受理后完成对申请名称的核准或核驳手续。

(三)企业名称登记管辖范围

工商行政管理机关对企业名称实行分级登记管理。

1. 国家工商管理局登记管辖范围

(1)冠以“中国”“中华”“全国”“国家”“国际”字样的。

(2)名称中间使用“中国”“中华”“全国”“国家”等字样的。

(3)不含行政区划的。

2. 市工商局登记管辖范围

(1)市人民政府批准设立或者行业归口管理部门审查同意,由政府各部门设立的企业。

(2)企业集团。

(3)专业从事进出口业务、劳务输出业务、对外承包工程的企业或者资产评估机构、验资机构、审计机构、典当机构、中小企业信用担保机构、工商注册代理机构、专业经纪组织、因私出入境中介机构、境外就业中介机构、人才中介机构、征信机构。

(4)股份有限公司。

(5)国有独资公司。

(6)注册资本3 000万元(含)人民币以上的有限责任公司。

(7)出资额在3 000万元(含)人民币以上的个人独资企业。

(8)外商投资企业。

3. 区县工商分局登记管辖范围

区县工商分局受理上述企业以外的其他企业、内资企业分支机构及个体工商户的企业名称登记,分局根据市局复核意见进行核准。

(四)其他内容提示

1. 股东(出资人)的资格证明

股东(出资人)为企业的,出具加盖本企业公章的营业执照复印件;股东(出资人)为事业单位法人的,出具加盖本单位公章的事业单位法人证书;股东(出资人)为社会团体的,出具加盖本单位公章的社会团体法人证书;股东(出资人)为自然人的,出具本人的身份证或其他合法身份证明的复印件。

2. 名称保留期

预先核准的企业名称保留期为3~6个月。预先核准的企业名称在保留期内,不得用于从事经营活动,也不得进行转让。

3. 禁忌内容和文字

企业名称不得含有下列内容和文字。

(1)有损国家、社会公共利益的。

(2)可能对公众造成欺骗或者误解的。

(3)外国国家(地区)名称、国际组织名称。

(4)政党名称、党政军机关名称、群众组织名称、社会团体名称及部队番号。

(5)其他法律、行政法规规定禁止的。

企业名称应当使用符合国家规范的汉字,不得使用外国文字、汉语拼音字母、阿拉伯数字。

4. 其他注意事项

(1)在名称中间使用“国际”字样的,“国际”不能作为字号或经营特点,只能作为经营特点的修饰语,并应符合行业用语的习惯。例如,国际贸易、国际货运代理等。

(2)使用自然人姓名作字号的,该自然人应是企业的投资人或股东。需要注意的是,所用投资人姓名与党和国家领导人或老一辈革命家的姓名相同的,不得使用。

(3)以商标作字号应提交商标所有权人出具的同意函,以及国家有关部门对该商标的认定证明。

工商行政管理机关的工作人员审核申请人提交的书面材料后，符合条件的，当场发给《企业名称预先核准通知书》。

二、企业登记注册的基本知识

（一）注册资本和注册资金

1. 注册资本和注册资金的概念

（1）注册资本是公司制企业登记注册的事项之一，是投资人对企业的永久性投资，是经国家确认的公司独立财产的货币形态，包括流动资金和固定资产以及无形资产，也叫法定资本。

（2）注册资金是国家授予企业法人经营管理的财产或者企业法人自有财产的数额体现。

（3）注册资本与注册资金的概念有很大差异。注册资金所反映的是企业经营管理权；注册资本则反映的是企业法人财产权，所有的股东投入的资本一律不得抽回，由企业行使财产权。注册资金是企业实有资产的总和，注册资本是出资人实缴的出资额的总和；注册资金随实有资金的增减而增减，即当企业实有资金比注册资金增加或减少20%以上时，要进行变更登记；而注册资本未经法定程序，不得随意增减。

2. 对公司注册资本的具体要求

（1）依照《中华人民共和国公司法》（以下简称《公司法》）规定，公司的注册资本必须经法定的验资机构出具验资证明，该证明是表明公司注册资本数额的合法证明，依照国家有关法律、行政法规的规定，能够出具验资证明的法定验资机构是会计师事务所和审计事务所。

（2）《公司法》规定，有限责任公司的注册资本为在公司登记机关登记的全体股东认缴的出资额。公司全体股东的首次出资额不得低于注册资本的20%，也不得低于法定的注册资本最低限额，其余部分由股东自公司成立之日起两年内缴足；其中，投资公司可以在5年内缴足。

（3）有限责任公司注册资本的最低限额为人民币3万元。法律、行政法规对有限责任公司注册资本的最低限额有较高规定的，从其规定（《公司法》第二十六条）。一人有限责任公司的注册资本最低限额为人民币10万元，股东应当一次足额缴纳公司章程规定的出资额（《公司法》第五十九条）。

（二）验资证明

1. 验资证明的概念

验资证明是会计师事务所或者审计事务所及其他具有验资资格的机构出具的证明资金真实性的文件。

2. 办理验资证明

委托人委托验资机构验资需按规定办理委托手续，填写委托书，并提交下列文件。

(1)公司章程。

(2)公司名称预先核准通知书。

(3)投资单位上个月月末资产负债表。

(4)投资人的合法身份证明。

(5)各类资金到位证明，包括：

①以货币出资的应提交银行进账单。

②以非货币出资的，应提交经有法定评估资格的机构评估的报告书和财产转移手续；以新建或新购入的实物作为投资的，也可以不经过评估，但要提供合理作价证明。建筑物以工程决算书为依据，新购物品以发票上的金额为出资额。

(6)验资机构要求提交的其他文件。

验资后，验资机构应出具验资报告，连同验资证明材料及其他附件一并交与委托人，作为申请注册资本的依据。

3. 股东缴纳出资

有限责任公司股东发起人的出资方式有以下几种。

(1)货币。设立公司必然需要一定数量的货币，用以支付创建公司时的开支和生产经营费用。所以股东可以以货币进行出资。

(2)实物。实物指有形物，即既能看得见又可摸得到的东西。实物出资一般是指机器设备、原材料、零部件、建筑物、厂房等。

(3)工业产权。工业产权的保护对象为发明、实用新型、外观设计、商标、服务标记、厂商名称(商号)、货源标记或原产地名称、制止不正当竞争等。严格来说，只包括那些经过法定程序被依法授予的并在一定时间内和地域内所独占的受法律保护的财产权利(也包括基于该财产权利所产生的人身权利)。在我国，工业产权主要是指专利权(包括发明、实用新型和外观设计三种专利权)和注册商标专用权(包括商品商标和服务商标两种商标专用权)。这些工业产权可分别依据《中华人民共和国专利法》《中华人民共和国商标法》等法律和行政法规取得。工业产权在法律上属于无形财产。

(4)非专利技术。非专利技术确切地说应当是非专利成果，它是受《中华人民共和国技术合同法》保护的一种无形财产。在广义上，它可以被看作一种特殊的工业产权；但在狭义上，由于未经法定程序授予，也无独占性和明确的时间、地域限制，故被排斥在工业产权之外。

(5)土地使用权。在我国，土地所有权只能属于国家或集体，除国家建设征用土地外，土地是不能被买卖的，只能被依法租用。即便是全民所有制的单位，也只能依法取得土地的使用权,其所有权仍归国家。土地使用权的取得是有限期的,在该限期内,使用人有权将其依法使用的土地用作出资,但在使用期限届满时,土地便应重新回到国家或集体的手中。

(三)营业执照

1. 营业执照的概念

(1)营业执照指工商行政管理机关发给工商企业、个体工商户的准许从事某项生产经营活动的凭证。

(2)营业执照格式由国家市场监督管理总局统一规定,主要包括企业名称、企业地址、负责人姓名、筹建或开业日期、经营性质、生产经营范围、生产经营方式等。没有营业执照的工商企业或个体工商户一律不许开业,不得刻制公章、签订合同、注册商标、刊登广告,银行不予开立账户。

(3)根据创办企业不同的法律形态,企业的营业执照分别为个体工商户营业执照、个人独资企业营业执照、合伙企业营业执照、企业法人营业执照等。

2. "电子执照"的概念

(1)"电子执照"是指各类经济组织的营业执照副本(网络版),是根据《公司法》《中华人民共和国企业登记管理条例》《中华人民共和国公司登记管理条例》等有关登记注册的法律、法规,由依法成立的具有认证资格的认证机构认证,以数字证书为基础,由工商行政管理部门制作、核发、载有企业注册登记信息的电子信息证书。

(2)"电子执照"是企业营业执照副本(网络版),是企业营业执照的表现形式之一,用于办理网上名称查询、网上注册登记、网上信用查询、网上年检、网上广告数据填报、网上投诉、法律法规咨询、工商业务表格下载等工商业务,还可以享受与税务、质监等部门的证照互动、网上报税、网上报关、网上采购、网上竞标等其他服务。

(四)公司章程

1. 公司章程的概念

公司章程是关于公司组织和行为的基本规范。公司章程不仅是公司的自治法规,而且是国家管理公司的重要依据。

2. 公司章程的作用

(1)公司章程是公司设立的最主要条件和最重要的文件。公司的设立程序以订立公司章程开始,以设立登记结束。我国《公司法》明确规定,订立公司章程是设立公司的条件之一。审批机关和登记机关要对公司章程进行审查,以决定是否给予批准或者给予登记。没有公司章程,公司不能获得批准,也不能获得登记。

(2)公司章程是确定公司权利、义务关系的基本法律文件。公司章程一经有关部门批准，并经公司登记机关核准，即对外产生法律效力。公司依公司章程，享有各项权利，并承担各项义务。符合公司章程的行为，受国家法律的保护；违反章程的行为，有关机关有权对其进行干预和处罚。

（3）公司章程是公司对外进行经营交往的基本法律依据。公司章程规定了公司的组织和活动原则及其细则，包括经营目的、财产状况、权利与义务关系等，为投资者、债权人和第三人与该公司进行的经济交往提供了条件和资信依据。凡依公司章程而与公司进行经营交往的所有人，可以依法受到有效保护。

3. 怎样制定公司章程

鉴于公司章程的上述作用，必须强化公司章程的法律效力。这不仅是公司活动本身的需要，也是市场经济健康发展的需要。公司章程与《公司法》一样，共同肩负调整公司活动的责任。这就要求公司的股东和发起人在制定公司章程时，必须考虑周全，规定得明确详细。公司登记机关必须严格把关，使公司章程做到规范化，从国家管理的角度，对公司的设立进行监督，保证公司设立以后能够进行正常的运行。

有限责任公司章程由股东共同制定，经全体股东一致同意，由股东在公司章程上签名盖章。修改公司章程，必须经代表三分之二以上表决权的股东通过。有限责任公司的章程必须载明下列事项：公司名称和住所；公司经营范围；公司注册资本；股东的姓名和名称；股东的权利和义务；股东的出资方式和出资额；股东转让出资的条件；公司机构的产生办法、职权、议事规则；公司的法定代表人；公司的解散事由与清算办法；股东认为需要规定的其他事项。

第二节　工商登记注册与办理相关手续

大学生创办企业多数是结合自己的专业，符合高新技术企业的要求。而高新技术企业法律形式要求为有限责任公司，因此本节重点介绍有限责任公司的创建程序与相关手续，为大学生创业提供一次实操的机会。

有限责任公司注册流程如图 2－1 所示。

一、工商注册登记与印章

（一）进行工商注册登记

根据法律规定，由工商行政管理部门负责对企业的开业、变更、停业及其经营活动进行监督。

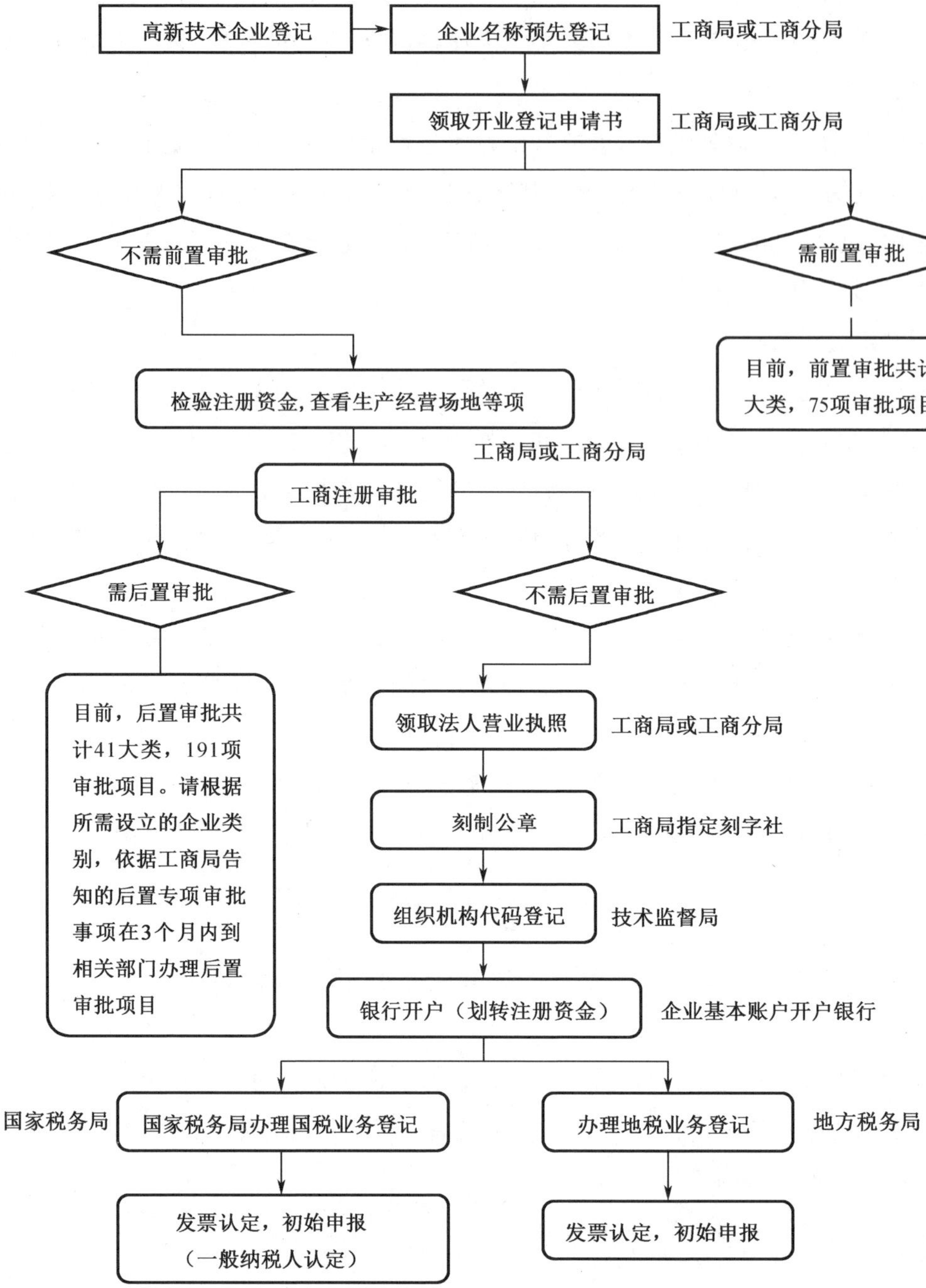

图2-1　有限责任公司注册流程

1. 名称预先核准

由全体股东指定的代表或者共同委托的代理人，向公司登记机关申请公司名称预先核准。

申请公司名称预先核准，应提交下列文件。

(1)全体股东签署的公司名称预先核准申请书。

(2)股东的法人资格证明或者自然人身份证明。

(3)全体股东指派的代表或者共同委托的代理人的证明；受委托人的证明，受托代理机构及代理人的资质证明。

(4)公司登记机关要求提交的其他文件。

(5)公司登记机关自收到上述所列文件之日起10日内，做出核准或者驳回的决定。公司登记机关决定核准的，即发给《企业名称预先核准通知书》。

(6)预先核准的名称保留期为6个月，预先核准的公司名称在保留期内，不得用于从事经营活动，不得转让。

2. 企业认定程序

企业认定程序只为申请高新技术企业办理，仅供参考。

(1)企业提出书面申请。

(2)创业服务中心对申请企业进行初审。

(3)初审合格后上报高新区科技经济发展部。

(4)科技经济发展部和创业服务中心考查企业。

(5)通知合格企业准备资料，填报申请表。

(6)材料初审，签署推荐意见。

(7)发证，授牌。

3. 申请设立登记文件材料

由全体股东指定的代表或者共同委托的代理人，向公司登记机关申请设立登记。申请设立有限责任公司，应提交下列文件。

(1)公司董事长签署的设立登记申请书。

(2)全体股东指定代表人或者共同委托代理人的证明，受委托人的身份证明，受托代理机构及代理人员的资质证明。

(3)公司章程。

(4)具有法定资格的验资机构出具的验资证明(企业办理注册资金)，验资具体内容如下：

①验资即资本验证，是指注册会计师接受委托，按独立审计准则的要求，对被审验单位的实收资本(股本)及其相关资产、负债的真实性与合法性进行的审验。

②企业确定委托验资的会计师事务所后，与事务所签订验资业务约定书，其内容主要包括验资类型、目的、范围、双方权利与义务、收费标准与付费方式等。企业领取需要自填的基本情况表等资料。

③注册会计师实施必要的验资程序，取得充分、适当的验资证据，经对上述资料分析、评价后，形成验资意见，出具验资报告。

④验资报告用于工商登记时的资本证明。

(5)股东的法人资格证明或者自然人身份证明。

(6)载明公司董事、监事、经理的姓名、住所的文件以及有关委派、选举或者聘用的证明。

(7)公司法定代表人任职文件和身份证明。

(8)《企业名称预先核准通知书》。

(9)公司住所证明。

(10)法律、行政法规规定设立有限责任公司必须报经审批的，须提交有关批准文件。

(11)公司申请登记的经营范围中，由法律、行政法规规定必须报经审批的项目，应当在申请登记前报经有关部门审批，并提交批准文件。

4. 办理特殊行业许可证

创业企业的经营范围中属于行政法规限定的项目，在进行企业登记之前，必须依法经过批准，作为企业登记的前置条件。办理特殊行业许可证时，要注意前置审批项目和后置审批项目。如生产食品卫生许可证、音像制品经营许可证、网站经营许可证、新民办学校办学许可证等，可参见前置审批项目目录。

(1)前置审批项目是指依据行政审批制度改革精神，由市人民政府公布保留的在办理营业执照之前需要进行专项审批的项目。

前置审批项目目录供企业和个体工商户在申请登记及开展经营时参考。因法律、法规新设定的行政审批项目或国务院、市政府决定调整的项目，应当依照相关规定执行。

(2)后置审批项目是指在取得营业执照之后必须办理专项审批的项目。

经公司登记机关核准设立登记并发给企业法人营业执照，公司即告成立，公司凭企业法人营业执照刻制印章、开立银行账户、申请纳税登记。

(二)刻制印章

1. 刻制印章的名称

公司刻制印章包括公章和法定代表人章。公章指刻有单位名称，一经加盖即代表单位名义的印章(如单位公章、业务章、合同章、财务专用章、发票专用章及其他专用章等)。

2. 刻制印章法律规定

我国法律、法规规定任何机关、组织、社会团体、企事业单位、公司及其他法人等刻制公章，必须经主管部门同意，凭有关证明文件向当地公安机关申请，经公安机关审查同意后，到指定的刻制单位刻制。公章刻制完成后，还应在公安机关及相应的主管部门进行印鉴备案后，方可正式使用。

3. 刻制印章的程序

(1)领取并如实填写《申请刻制印章审批表》，统一报公安机关审批。

(2)公安机关审批同意后，由工商局指定刻字公司承刻。

(3)刻制完成后进行印鉴留底备案。

二、组织机构代码证与银行账户

(一)办理组织机构代码证

1. 统一代码标识制度

所谓统一代码标识制度，是由各级代码主管部门给每个企事业单位、社会团体、党政机关赋予一个在全国范围内唯一的、始终不变的、符合国家关于机构代码编制规则的法定代码标识，在赋予代码的同时采集单位相关的公共信息，其主要信息项均按国家规定标引了供检索(统计)之用的分类代码。

每个代码不仅代表唯一的单位，而且也表达了这个单位的一些最基本的要素。以统一代码为特征的标准信息单元经技术处理后，输入计算机，形成分层级的代码信息网络系统，从而为实现信息共享提供了技术手段。

2. 组织机构代码

组织机构代码是由组织机构代码主管部门根据国家关于实行统一代码标识制度的规定，给每个企事业单位、社会团体和党政机关颁发在全国范围内唯一的、始终不变的、符合国际标准化组织(ISO)有关机构编码规则的法定代码标识。

该代码由8位字符本体代码和1位字符校验码组成，表示形式为：

1 2 3 4 5 6 7 8 –8，本体代码(8位)和校验码(1位)。

3. 办理组织机构代码证时间

新开办企业办理完工商登记后，凭工商执照介绍信去技术监督局办理企业代码证书，向技术监督部门申请领取企业代码证。企业首先领取申请表，如实填写，加盖单位公章，并附营业执照副本复印件、法人代表身份证复印件、经办人身份证复印件等，送交技术监督部门，经审核后，发给企业代码证。

(二)开立银行账户

1. 银行账户的概念

银行账户是各单位为办理结算和申请贷款在银行开立的户头，也是单位委托银行办理信贷和转账结算以及现金收付业务的工具，它具有监督和反映国民经济各部门、各单位活动的作用。

根据《银行账户管理办法》规定，银行账户分为基本存款账户、一般存款账户、临时存款账户和专用存款账户，各类账户均有不同的设置和开户条件。

2. 开立银行账户的注意事项

（1）企业与银行的往来业务主要包括开设账户（开户）、购领结算凭证、办理结算及借款。

新开办的企业应先向中国人民银行办理银行开户许可手续，取得银行开户许可证。

（2）取得开户许可证后，企业应选定开户银行，向该银行领取开户申请书，如实填写并由主管部门审核盖章后，附银行开户许可证、营业执照正本、企业代码证正本及复印件，交开户银行审核。银行同意开户后，送交预留印鉴，包括企业财务专用章、法人代表章，领取银行账号后，可刻制账号章。按结算要求，企业只能开设一个基本账户。

（3）购领结算凭证，企业根据结算业务的需要，向开户银行购领有关结算凭证，如现金缴款单、信汇单、支票等，所需款项可用现金支付，也可由银行转账。购领支票，则须提交预留印鉴。

三、涉税业务与工资保险统计登记

（一）涉税业务

企业会计人员与税务部门的往来最为频繁，会计人员往往兼任办税人员。

开办期间涉税业务主要包括税务登记、购领发票、纳税申报。

1. 办理国税、地税开业登记

从事生产、经营活动的企业单位和个人，自领取营业执照或有关部门批准成立之日起30日内，持以下证件和资料向办税服务厅“税务登记”窗口提出申请办理税务登记。

（1）营业执照复印件。

（2）法人代码证复印件。

（3）公司章程复印件。

（4）验资报告复印件。

（5）开户许可证（银行账号证明）复印件。

（6）法人身份证复印件。

（7）会计从业资格证书复印件（2 人）。

（8）开业申请书。

（9）从业人员名单。

（10）注册地和经营地场所使用证明，其中包括：自有房屋须附房屋产权或使用权证明；租用房屋须附房屋租赁协议。

（11）《税务登记表》一式三份。

（12）税务机关要求提供的其他有关证件和资料。

税务登记机关核准后，发给税务登记证，企业持税务登记证和税务机关的专用介绍信刻制发票专用章。

税务登记证用于申请减免退税、购领发票、办理外出经营活动证明等税务事项。

2. 发票购领

（1）需要使用增值税专用发票的企业，应事先办理一般纳税人认定。

（2）企业办理税务登记及一般纳税人认定后，企业办税人员应到税务机关资料发售处领取购票申请，如实填写并加盖公章，附税务登记证副本、办税人员证件交资料发售处。经税务机关审核后，发给发票购领簿。

（3）企业凭发票购领簿，根据税务机关核准的发票种类、数量向有关发票购领点购领发票。购领增值税专用发票，实行验旧售新办法。首次购票，应提交加盖有增值税一般纳税人确认章的税务登记证副本、财务专用章或发票专用章印模。

（4）按规定，企业经营业务的发生都应向付款方开具发票，并加盖财务专用章或发票专用章。有条件的企业应向税务机关申请电脑开票，购买、安装经税务机关认可的应用软件，购领电脑版专用发票，利用软件中的电脑开票模块，将开票数据录入系统并打印出专用发票。

（5）企业应建立发票登记和保管制度，加强对专用发票的管理。增值税专用发票以外的其他发票购领与开具，其手续和要求与增值税发票大致相同。

3. 纳税申报

企业无论有无经营收入，无论是否享受税收减免，都应在规定的申报期限内办理纳税申报。企业办税人员在规定的期限内，持有关报表及其他纳税资料，向主管税务机关办理纳税申报。税务机关申报处经审核无误后，加盖"已申报"戳记，退回申报表一联给企业留存。实行电脑开票的企业，可利用软件中的纳税申报模块，将已录入的开票数据及录入的扣税数据，自动生成纳税申报表及其他申报资料，并将其复制到申报数据软盘一并上报税务机关。

为提高效率，企业可以向税务机关申请网上申报，通过专用网或互联网，经签字及数据加密后，直接将申报数据发送给税务机关的纳税数据接收系统。

企业必须依法接收税务机关的税务检查，准备好相关证件、凭证、账册、报表及其他纳税资料，如实反映情况并给予税务检查必要的协助与配合。

4. 增值税一般纳税人的申请认定

（1）增值税一般纳税人是指年应征增值税销售额（包括一个公历年度内的全部应税销

售额)超过《中华人民共和国增值税暂行条例》及《中华人民共和国增值税暂行条例实施细则》规定的增值税小规模纳税人标准的纳税人。

凡符合增值税一般纳税人条件的纳税人,必须主动提出申请,向增值税征收机关申请办理一般纳税人的认定手续。

(2)申办一般增值税纳税人的程序。

①增值税一般纳税人的申请认定,由各区、县国家税务局和直属分局负责实施。

②按要求填写《增值税一般纳税人申请(认定)审批表》后,需一并提供书面申请、工商执照(副本)、税务登记证副本(国税)及其复印件以及税务机关需要提供的其他资料,报主管税务机关申请办理增值税一般纳税人申请认定手续。

③主管税务机关收到《增值税一般纳税人申请(认定)审批表》及有关资料后,对照国家税务总局和各自省市的国家税务局关于增值税一般纳税人认定的标准及有关规定进行审核。

④税务机关做出认定结论后,应及时通知纳税人,并将《增值税一般纳税人申请(认定)审批表》(一份)、工商执照(副本)、税务登记证副本(国税)退还给纳税人。

⑤认定为增值税一般纳税人的纳税人应带好税务登记证副本(国税)和《发票领购簿》到税务机关,由税务部门在两证(簿)上加贴年检合格的标识。

(3)相关政策。

①增值税一般纳税人的认定范围包括符合规定标准的企业、企业性单位及个体经营者。

②从事货物销售、加工、修理修配劳务的纳税人,必须符合以下条件,方可申请办理增值税一般纳税人认定。

a. 销售货物或应税劳务的年销售额达到或超过规定标准以上的纳税人。

其中,从事货物生产或提供应税劳务的纳税人,包括以从事货物生产或提供应税劳务为主,并兼营货物批发或零售(指全部增值税应税销售额中,批发或零售货物以外的销售额超过50%)的纳税人,年销售额在100万元(含100万元)以上;从事货物批发或零售的纳税人,年销售额在180万元(含180万元)以上。

b. 已开业的小规模工业企业会计核算健全,实际年应税销售额在上述规定标准以下、30万元(含30万元)以上的。

c. 新成立的生产经营规模较大,财务力量较强,会计核算健全的企业。

d. 具有进出口经营权的企业。

e. 持有盐业批发许可证并从事盐业批发的企业。

f. 加油站。

(4)已开业的小规模企业,连续12个月内累计应税销售额达到规定标准的次月,须申请办理增值税一般纳税人的认定手续。

(5)对符合增值税一般纳税人条件,但不申请办理增值税一般纳税人认定手续的,应按销售额依照增值税适用税率计算应纳税额,不得抵扣进项税额,也不得使用增值税专用发票。

(6)已认定为增值税一般纳税人的纳税人,应按规定参加每年一次的增值税一般纳税人资格年度检验。

(二)办理工资保险统计登记

办理员工的工资和社会各项保险工作的主管部门是劳动和社会保障局。带营业执照副本和企业公章,到所属区县相关部门办理,主要办理社会养老保险、失业保险和医疗保险。

办理统计登记的主管机关是统计局。

复习思考题

1. 如何进行企业名称登记?
2. 简述企业名称的受理审核与企业名称登记管辖范围。
3. 如何进行企业登记注册?
4. 简述注册资本和注册资金的概念。
5. 对公司注册资本的具体要求有哪些?
6. 如何办理验资证明和营业执照?
7. 怎样制定公司章程?
8. 简述工商注册登记与印章。
9. 如何办理组织机构代码证与开立银行账户?
10. 简述涉税业务与工资、保险统计登记。

素质拓展

青年游戏比赛

在一次中、美、日三国青年游戏比赛中，每队出16名男队员和1名女队员，共设3个比赛项目。

第一个比赛项目是走原木。每队16名男队员站在一根原木上，然后要想办法让本队的女队员通过这根原木，从原木的一端走到另一端，最快到达者为胜，但是女队员和男队员都不允许从原木上掉下来。

美国队率先表演。他们的16名男队员整齐排列在原木上，由那名女队员走原木。当她来到第一名男队员面前时，她要通过这名男队员，两个人必须配合默契地抱在一起保持平衡，然后女队员再小心谨慎地转到第二名男队员的怀里。结果这些男队员就像传篮球一样，顺利地将女队员从原木的一端传到另一端，惹得在场的观众哈哈大笑。

随后是日本队出场。他们的男队员整齐地站在原木上，然后躬着腰双手扶原木，把他们的脊梁对接成一条路，那名女队员爬上男队员的脊背，晃晃悠悠走到另一端。日本队的表演得到了观众们的赞叹。

最后出场的是中国队。男队员们两个人一组，面对面，手拉手，脚对脚站在原木上，身体则向两侧倾斜，把中间让了出来。8对男队员在原木上搭建了一条通道，那名女队员迅速从通道的一端跑到另一端。中国队的出色表演赢得了在场观众的热烈掌声。

第一个比赛项目结束，中国队以最快的速度赢得第一名，日本队第二，美国队第三。裁判给予中国队最佳技巧奖，给予日本队最佳协作奖，美国队则获得最佳娱乐奖。

第二个比赛项目是过河。树林中有一条齐腰深的湍急小河，男队员要想尽一切办法让女队员走过河，比赛的规则是女队员的脚不能湿，也不能抬着女队员过河。工具是绳子、斧头、锯，还有手臂般长的短木板。

裁判的哨音一响，三国的队员迅速行动起来。日本队16名男队员一起跳下河，排成一队，把短木板反搭在自己的肩头，准备让女队员通过男队员肩膀上的木板走过河。

美国队拿起斧头和锯，要把河边一棵树锯倒，让女队员从独木桥上过河。

中国队则派出两名队员，其中一名队员拿着绳子的一端，飞快游过河去，两人把绳子分别系在河两边的树上，架起空中绳索。

日本队女队员站在男队员的肩膀上，一步三晃，提心吊胆地向前迈进，女队员每走过一名男队员，这名男队员则迅速抽身再走到前面排队，继续向对岸铺设这条用肩膀搭成的板桥。

美国小伙子们手下锋利的斧头和锯很快就把树砍倒了，美国姑娘轻松自如地从独木桥上过了河。

中国队男队员把绳索系好之后，迅速在河里站成一排给女队员搭成人桥，女队员稳稳抓住绳索，从男队员的肩膀上顺利走到河对岸。

日本姑娘由于没有扶手保持平衡，两次从男队员的肩膀上掉下来坠入水中。不过最终，他们还是到达了对岸。

第二个比赛项目结束，中国队获得了第一名，并获得最佳创新奖。日本队获得忧患奖。美国队获得了消耗自然资源奖。

第三个比赛项目比较复杂。这个项目是给女队员各自一只漏桶，要求里面装 2 000 克的水，然后跑 100 米，看看谁剩下的水最多，谁跑得最快。男队员可以用身体辅助女队员，想办法不让水漏掉，除了身体之外，不允许用其他的办法堵漏桶，但可以利用身体和衣物运送水。

中国队男队员脱掉鞋，把 2 000 克水分装在鞋里，迅速抵达了终点，赢得了在场观众一片掌声，但是水却被鞋吸收了 300 克。

日本队把水含在嘴里，跟随在中国队的后面，那扭捏的姿态和欲吞不能、欲吐不行的神态，让观众们忍俊不禁，他们到达终点后水却多出 400 克。

最让观众笑破肚皮的是美国队。他们 14 个人站成两排，肩膀对肩膀形成一副担架，让女队员平躺在这副担架上，然后把漏桶放在女队员的肚皮上，让肚皮堵住桶底儿。再由两名队员把水倒进桶里，并负责稳固，然后他们优哉游哉地向目的地进发，全场观众乐得前仰后合。自然美国队是最后一个到达终点的，但是他们的水却几乎没有损失。

这次美国队赢得了最佳游戏奖和最佳节约奖，中国队获得最快速度奖，日本队只得到了最佳忍耐奖。

【讨论题】

1. 评价一下整个比赛情况，你有什么体会和感想？

2. 你有类似的经历吗？感觉如何？与大家分享一下。

第二篇　实训操作篇

开篇语

席勒谈创新的灵感

席勒:“在我看来,你之所以会有这种抱怨,完全归咎于你的理智加在你的想象力之上的限制。如果理智对那涌入大门的意念仍要做太严格的检查,那便扼杀了心灵创作的一面。也许就单一某个意念而言,它可能毫无意义,甚至是极端荒唐的,但随之而来的几个意念,都可能是很有价值的。也许,虽然几个意念都是一样的荒谬,但合在一起,却成了一个具有某种意义的东西。理智其实并无法批判所有意念,除非它能把所有涌上心头的意念一一保留,然后再统筹做一比较批判。就我看来,一个充满创意的心灵,应该把理智从大门的警卫岗位上撤回来,好让所有意念自由地、毫无限制地涌入,而后再就整体做一检查。你那份可贵的批判力(或者你自己要称它为什么)就因为无法容忍所有创造者心灵的那股短暂的纷乱,而扼杀了灵感的泉涌。这份容忍功夫的深浅也就是一位有思想的艺术家与一般梦者的区别。因此,你之所以发现毫无灵感,实在都是因为你对自己的意念批判得太早、太严格。”

本篇主要包括两部分内容:创业者电子沙盘模拟实战(创业者电子沙盘概述、创业者电子沙盘模拟规则、创者电子沙盘模拟过程与实战、创业者电子沙盘模拟记录册)、《创业之星》创业仿真模拟实战(《创业之星》创业仿真模拟实战概述、《创业之星》创业仿真模拟运营规则、《创业之星》创业仿真模拟实战过程、《创业之星》创业仿真模拟实战记录、《创业之星》创业仿真模拟决策问题)。

第三章　创业者电子沙盘模拟实战

章前导读

我想跟什么样的人合作

曾经有人采访比尔·盖茨，问他成功的秘诀是什么。比尔·盖茨回答："因为有很多的成功人士在为我工作。"

陈安之在其《超级成功学》中提到：

成功的人很多，但在生活中我并不认识，也没有办法去为他工作。而让成功的人为我工作，在现阶段我更没有这个实力。

只有合作，是我最喜欢和最欣赏的方法。我也力图凭借宽松的工作环境和积极高效的工作团队，与更多的人公平合作，以便在未来替自己经营一个能够抵御风险的事业。我最喜欢合作的人应该有以下几个特点。

1. 不甘心。21世纪，最大的危机是没有危机感，最大的陷阱是满足。人要学会用望远镜看世界，而不是用放大镜看世界。顺境时要想着为自己找个退路，逆境时要懂得为自己找出路。

2. 学习能力强。学历代表过去，学习能力掌握将来。懂得从任何细节、所有人身上学习和感悟，并且要懂得举一反三。最主要的"学习"，其实强调的是"学"与"习"两方面。学一次，做一百次，才能真正掌握。学、做、教是一个完整的过程，只有达到教的程度，才算真正吃透。而且在更多的时候，学习是一种态度。只有谦卑的人，才能真正学到东西。大海之所以成为大海，是因为它比所有的河流水平面都低。

3. 行动力强。只有行动才会有结果，行动不一样，结果也不一样。只知道而不去做，等于不知道，做了没有结果，等于没有做。不犯错误，一定会错，因为不犯错误的人一定没有尝试。错了不要紧，一定要善于总结，然后再做，一直到正确的结果出来为止。

4. 要懂得付出。要想杰出一定得先付出，没有点奉献精神，是不可能创业成功的。要先用行动让别人知道，你创造的价值超过你的所得，别人才会开更高的价。

5. 有强烈的沟通意识。沟通无极限，这更是一种态度，而非一种技巧。一个好的团队当然要有共同的愿景，非一日可以得来。需要无处不在的沟通，从目标到细节，甚至到家庭等，都在沟通的内容之列。

6.诚恳大方。每个人都有不同的立场，不可能要求利益都一致。关键是大家都要开诚布公地谈清楚，不要委曲求全。相信诚恳与诚信才是合作的前提。

7.有最基本的道德观。曾经有一个记者在家写稿时，他四岁的儿子吵着要他陪。记者很烦，就将一本杂志的封底撕碎，对儿子说："你先将这上面的世界地图拼完整，爸爸就陪你玩。"过了不到5分钟，儿子又来拉他的手说："爸爸，我拼好了，陪我玩！"记者很生气："小孩子要玩是可以理解的，但如果说谎话就不好了。你怎么可能这么快就拼好世界地图？"儿子非常委屈："可是我真的拼好了呀！"记者一看，果然拼好了。不会吧，家里出现了神童？他非常好奇地问："你是怎么做到的？"儿子说："世界地图的背面是一个人的头像。我反过来拼，只要这个人拼好了，世界就完整了。"所以做事先做人，做人做好了，他的世界也就是好的。

大家可以看到，我希望合作的人的这七个特点，跟年龄、性别、相貌、体重、学历、出身、背景、能力都没有太大的关系。因为人和人最大的不同，并不在以上因素，而在于对人、对事、对己的不同态度。我也希望能交到彼此有共鸣的朋友，一起开创我们的未来。

教学目标

本章主要学习创业者电子沙盘模拟实战，主要了解和掌握创业者电子沙盘概述、创业者电子沙盘模拟规则、创业者电子沙盘模拟过程与实战、创业者电子沙盘模拟记录册等内容。

知识要点

创业者电子沙盘　创业者电子沙盘模拟运营规则　创业者电子沙盘模拟过程　创业者电子沙盘模拟实战

第一节　创业者电子沙盘概述

创业者电子沙盘是依据物理沙盘，以先进的企业资源计划系统（ERP）为平台，以标准企业流程为参考，可以单独使用，也可配合物理沙盘来共同完成模拟企业的实际经营业务。

一、创业者电子沙盘简介

创业者电子沙盘采用《创业者企业模拟经营系统》软件来组织与管理。该软件首创基于流程的互动经营模式，实现了选单、经营过程、报表生成、赛后分析的全自动化管理，将教师彻底从选单、报表录入、监控中解放出来，而将重点放于企业经营的本质分析。

创业者电子沙盘的主要特点为：

（1）B/S 架构，集成 Web Publish Service，安装简洁；

（2）实时监控、记录经营全过程，从烦琐的选单、报表录入、监控中解放出来；

（3）实时网上互动选单；

（4）自带 IM（instant message），便于裁判与队员沟通；

（5）可拓展性，根据需要修改企业经营参数；

（6）对提交数据的验证；

（7）经营流程及权限的控制——流程有一定灵活性，但对现金流关键点做了控制，并可“悔棋”；

（8）强大的用户决策跟踪及现金流记录——可无遗漏地暴露决策失误，进行赛后复盘分析。

创业者电子沙盘有以下优点：

（1）操作简单，市场竞单更加方便快捷，电子沙盘对抗赛运营 8 年，而物理沙盘通常运营 6 年；

（2）规范游戏规则，保证对抗的公平性和数据的真实性，让学生及时发现物理沙盘操作中的失误；

（3）能够保留每次对抗的经营数据结果，可连续对抗演练，也可以分阶段演练；

（4）教师可以复盘讲解，教学过程容易控制，20 种分析模型方便教师进行点评。

二、创业者电子沙盘模拟经营系统安装说明

1. 系统安装

（1）安装准备

关闭 QQ、迅雷等网络应用程序，确保 80 端口不被占用，检测方法为进入开始→运行，执

行命令 CMD 和 netstat –na。系统自带 Web Publisher 服务，因此需要关闭 IIS 服务，关闭方法为进入开始→运行，执行命令 services. msc，然后找到 IIS 服务并关闭它。

(2)应用程序安装

在光盘上双击安装程序，程序名为 Install，点击下一步，直至安装完成。

(3)安装加密狗驱动程序

在 USB 端口插入加密狗，屏幕右下角会出现新硬件提示，鼠标点击后出现硬件安装向导，如图 3 –1 所示。

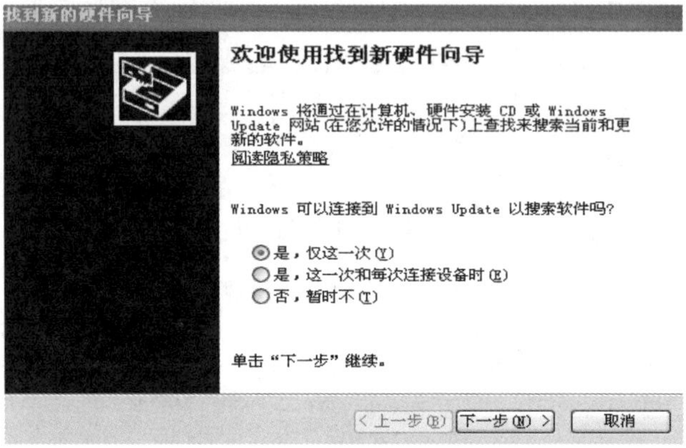

图 3 –1　硬件安装向导

点击下一步，出现硬件安装方式选择，如图 3 –2 所示。

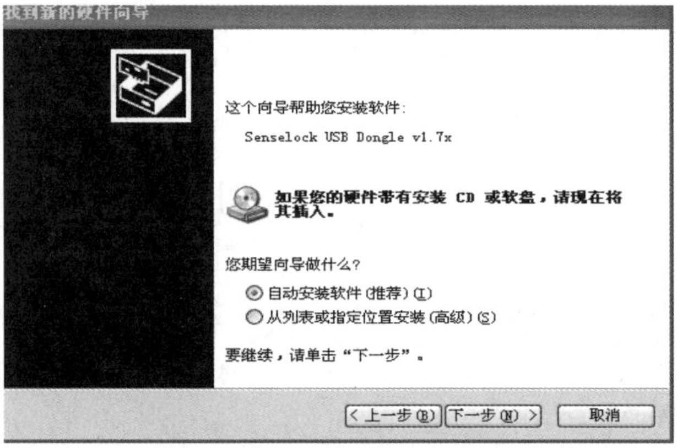

图 3 –2　硬件安装方式选择

可以选择自动安装软件，也可选从列表或指定位置安装，加密狗驱动程序在光盘中查找。安装完成后需要进入设备管理器检测是否成功安装。注意在使用过程中不要将加密狗拔出。

2. 注册激活

单击桌面注册激活图标（如提示无法运行，说明加密狗安装失败），填入正确的学校名称，单击生成注册信息，然后按照提示在相应网址中注册。完成注册后将生成一个注册文件，必须将注册文件放在目录文件夹“C:\Program Files\创业者”中。激活网址 http://www.135e.com。

注意：在同机上二次安装，无须再次注册激活，注册文件系统自动保留，仍然有效。

3. 服务启动

单击桌面上的服务启动红色图标，当右下角出现红色小图标时表示服务启动成功。

注意：服务启动可能较慢，请不要多次单击。

4. 登录说明

前台（即学生端）——http://服务器 IP/Member/Login. asp。

后台（即教师端）——http://服务器 IP/Manage/Login. asp，初始账号与密码均为 admin。

注意：如果后台登录密码忘记，只能重新安装应用程序，以初始账号进入，原有经营数据将丢失，但备份仍然有效，请务必牢记账号与密码。

三、创业者电子沙盘模拟课堂教学组织与管理

1. 经营前准备

学生经营前准备：

(1)角色到位——总经理、财务总监、生产总监、营销总监、采购总监；

(2)每队一张盘面——代表一家虚拟企业；

(3)每队灰币若干——代表创业资金；

(4)每队联网电脑至少一台——输入经营决策。

任务清单（分角色）、会计报表、预算表、产品核算统计表等若干。

管理员（教师）经营前准备：

(1)服务器安装、网络连接、投影仪等到位；

(2)银行、客户、原料供应商等辅助角色到位。

提示：

●若人员不够，银行、客户、原料供应商也可省略，采用自助式交易。

2. 系统初始化

(1)打开 IE，键入 http://服务器 IP/manage，输入默认系统管理员账号及密码（均为 admin）。

(2)设置系统参数。可以根据训练需要，修改经营参数，也可以接受默认值。双击“系

统参数”，修改相应参数并确认，如图 3－3 所示。

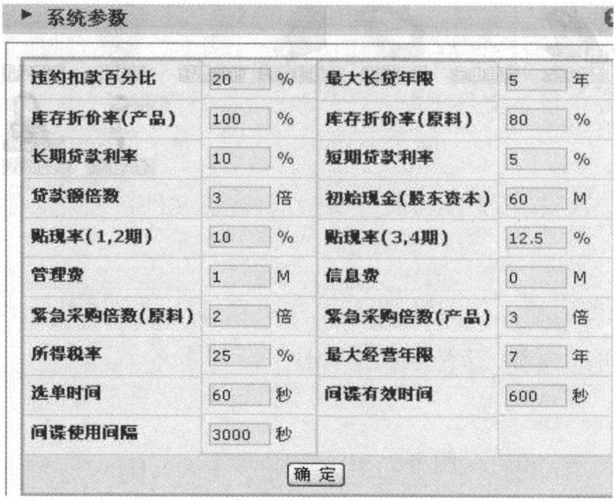

▶ 系统参数

违约扣款百分比	20	%	最大长贷年限	5	年
库存折价率(产品)	100	%	库存折价率(原料)	80	%
长期贷款利率	10	%	短期贷款利率	5	%
贷款额倍数	3	倍	初始现金(股东资本)	60	M
贴现率(1,2期)	10	%	贴现率(3,4期)	12.5	%
管理费	1	M	信息费	0	M
紧急采购倍数(原料)	2	倍	紧急采购倍数(产品)	3	倍
所得税率	25	%	最大经营年限	7	年
选单时间	60	秒	间谍有效时间	600	秒
间谍使用间隔	3000	秒			

确 定

图 3－3　设置系统参数

（3）确定分组方案。《创业者企业模拟经营系统》支持 6～12 队同时经营，管理员可根据分组情况，双击“数据初始化”，选择分组方案，并将各队命名为 A、B、C……，初始状态设为 NEW，经营时间设为第 1 年第 1 季。

提示：

- 本教程引用规则及参数均为系统默认；
- 经营初始状态只有现金，即各企业的创业资金，这也是系统名称的由来；
- 经营过程中不可以修改系统参数；
- 以上工作时学生端不可进入系统。

（4）添加运行管理员。运行管理员负责查看企业资源状态、发布公共信息、订单管理等日常事务。双击“管理员列表”，添加新管理员，输入管理员账号、密码，如图 3－4 所示。

（5）打开新 IE 窗口，以运营管理员身份登录系统。

3. 企业登录注册

（1）各队系统操作人员登录前台，在 IE 地址栏中键入 http：//服务器 IP/Member/Login.asp，以管理员为其分配的队名（A、B、C……）和初始密码（均为“1”）登录系统。

（2）用户登记。首次进入系统需要修改密码、填写公司名称、宣言及各角色姓名，如图 3－5 所示。

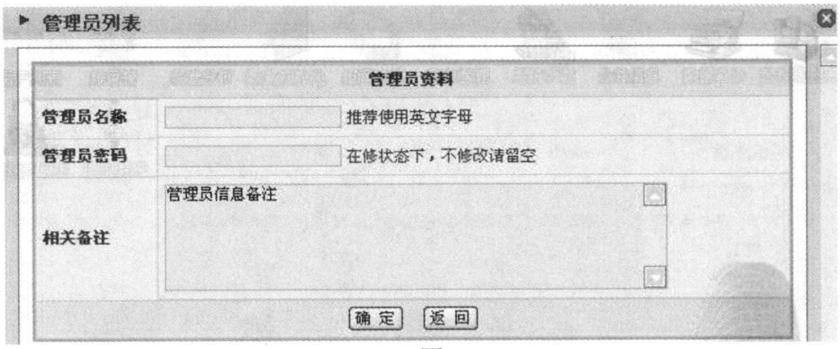

图 3－4　添加运行管理员

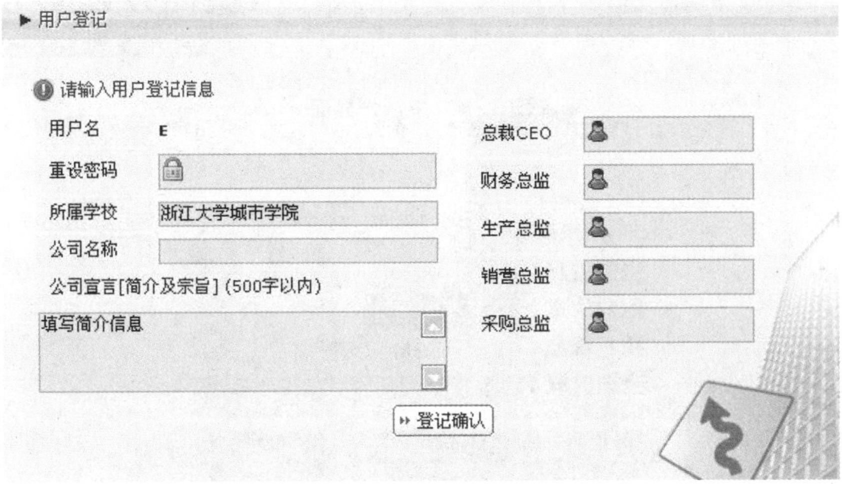

图 3－5　输入用户登记信息

提示：

每一项均必填。

（3）创业者电子沙盘系统登录

以齐齐哈尔大学经济与管理学院经济管理实践中心创业者电子沙盘系统为例，其外网地址为 http://116. 61. 16. 125/Member/Login. asp，内网地址为 http://服务器 IP/Member/Login. asp。

登录身份为组名：A、B、C、D、E、F，初始密码为 1。

（4）操作界面（图 3－6）

用户动态信息区：组织结构、厂房、生产线等企业概况，经营资源动态信息等，如图 3－7 所示。

系统控制台，如图 3－8 所示。

图 3－6　主操作界面

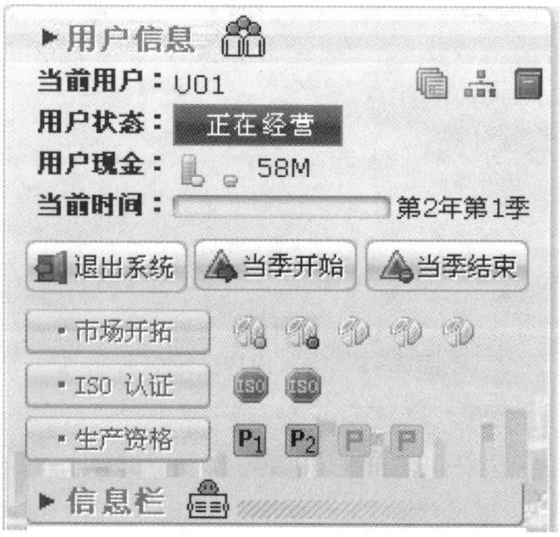

图 3－7　用户动态信息区

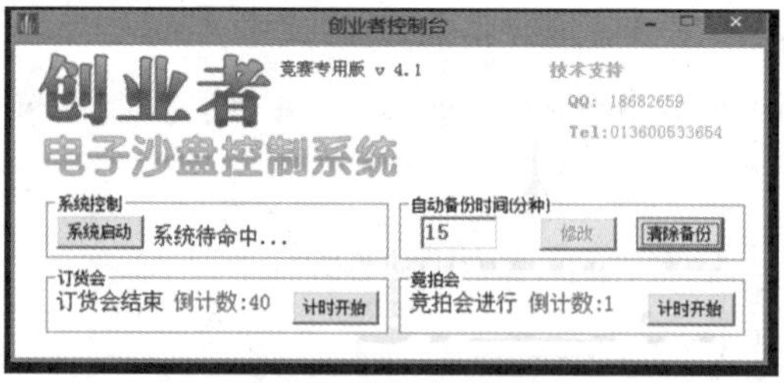

图 3－8　系统控制台

第二节　创业者电子沙盘模拟规则

一、创业者电子沙盘运营规则

ERP 是企业信息化中综合性很强的一个系统，涉及企业的多个部门和许多业务。企业之间的竞争需要遵循一定的规则，因此创业者电子沙盘模拟的规则也尽可能体现企业运营和市场经营的情况。创业者电子沙盘模拟实战的运营规则如下。

1. 运营规则

(1)生产线(表 3－1)

表 3－1　生产线

生产线	购置费/M	安装周期/Q	生产周期/Q	总转产费/M	转产周期/Q	维修费/(M/年)	残值/M
手工线	5	—	2	0	—	1	1
自动线	15	3	1	2	1	2	3
柔性线	20	4	1	0	—	2	4

注:在系统中,M 表示金额,Q 表示周期。

无论何时出售生产线，从生产线净值中取出相当于残值的部分计入现金，净值与残值之差计入损失；只有空的并且已经建成的生产线方可转产；当年建成的生产线、转产中生产线都要交维修费。

(2)折旧——平均年限法(表 3－2)

表 3－2　折旧

单位:M

生产线	购置费	残值	建成第 1 年	建成第 2 年	建成第 3 年	建成第 4 年	建成第 5 年
手工线	5	1	0	1	1	1	1
自动线	15	3	0	3	3	3	3
柔性线	20	4	0	4	4	4	4

当年建成的生产线当年不计提折旧,当净值等于残值时生产线不再计提折旧,但可以继续使用。

(3)融资(表 3－3)

表 3－3　融资

贷款类型	贷款时间	贷款额度	年息/%	还款方式
长期贷款	每年年初	所有长贷和短贷之和不能超过上年权益的 3 倍	10	年初付息,到期还本; 每次贷款为 10 的倍数
短期贷款	每季度初		5	到期一次还本付息; 每次贷款为 20 的倍数
资金贴现	任何时间	应收款额	10(一、二季度) 12.5(三、四季度)	变现时贴息,可对一、二季度应收联合贴现(三、四季度同理)
库存拍卖	原材料 8 折,成品按成本价			

（4）厂房（表 3－4）

表 3－4　厂房

厂房	买价/M	租金/（M/年）	售价/M	容量/条	
大厂房	40	5	40	6	厂房出售得到 4 个账期的应收款，紧急情况下可厂房贴现（四季度贴现），直接得到现金，如厂房中有生产线，同时要扣租金
小厂房	30	3	30	4	

每季均可租或买，租满一年的厂房在满年的季度（如第二季度租的，则在以后各年第二季度为满年，可进行处理），需要用“厂房处置”进行“租转买”“退租”（当厂房中没有任何生产线时）等处理。如果未加处理，则原来租用的厂房在满年季末自动续租，厂房不计提折旧，生产线不允许在不同厂房间移动。

（5）市场准入（表 3－5）

表 3－5　市场准入

市场	开发费/（M/年）	时间/年	
本地	1	1	开发费用按开发时间在年末平均支付，不允许加速投资。 市场开发完成后，领取相应的市场准入证
区域	1	1	
国内	1	2	
亚洲	1	3	
国际	1	4	

无须交维护费，中途停止使用也可继续拥有资格并在以后年份使用。

（6）资格认证（表 3－6）

表 3－6　资格认证

认证	ISO9000	ISO14000	
时间/年	2	2	平均支付，认证完成后可以领取相应的 ISO 资格证。可中断投资
费用/（M/年）	1	2	

无须交维护费，中途停止使用也可继续拥有资格并在以后年份使用。

(7)产品(表3－7)

表3－7 产品

名称	开发费用/(M/季)	开发周期/季	加工费/(M/个)	直接成本/(M/个)	产品组成
P_1	2	2	1	2	R_1
P_2	2	3	1	3	R_2+R_3
P_3	2	4	1	4	$R_1+R_3+R_4$
P_4	2	5	1	5	$R_2+R_3+2R_4$

(8)原料(表3－8)

表3－8 原料

名称	购买价格/(M/个)	提前期/季
R_1	1	1
R_2	1	1
R_3	1	2
R_4	1	2

(9)紧急采购

付款即到货，原材料价格为直接成本的2倍，成品价格为直接成本的3倍。

紧急采购原材料和产品时，直接扣除现金。上报报表时，成本仍然按照标准成本记录，紧急采购多付出的成本计入费用表损失项。

(10)选单规则

市场老大(某市场上一年所有产品销售总和第一且该市场无违约)有优先选单权(有若干队销售并列第一，则老大随机或可能无老大)；以本市场本产品广告额投放大小顺序依次选单；如果两队本市场本产品广告额相同，则看本市场广告投放总额；如果本市场广告总额也相同，则看上一年市场销售排名；如仍无法决定，先投广告者先选单。第一年无订单。

提示：

●必须在倒计时大于10秒时选单，出现确认框要在3秒内按下确认按钮，否则可能造成选单无效；

●在某细分市场（如本地、P1）有多次选单机会，只要放弃一次，则视同放弃该细分市场所有选单机会。

（11）破产标准

破产标准为现金断流或权益为负。

（12）其他规则

①第一年无订单。

②交单可提前，不可推后，违约则收回订单。

③违约金扣除——向下取整；库存拍卖所得现金——向下取整；贴现费用——向上取整；纳税——向上取整。

④库存折价拍卖、生产线变卖、紧急采购、订单违约计入损失。

2. 重要参数（图3－9）

▶ 系统参数

违约扣款百分比	20	%	最大长贷年限	5	年
库存折价率(产品)	100	%	库存折价率(原料)	80	%
长期贷款利率	10	%	短期贷款利率	5	%
贷款额倍数	3	倍	初始现金(股东资本)	65	M
贴现率(1,2期)	10	%	贴现率(3,4期)	12.5	%
管理费	1	M	信息费	0	M
紧急采购倍数(原料)	2	倍	紧急采购倍数(产品)	3	倍
所得税率	25	%	最大经营年限	6	年
选单时间	60	秒	选单补时时间	20	秒
间谍有效时间	600	秒	间谍使用间隔	3000	秒
竞拍时间	90	秒	竞拍同拍数	2	
市场老大	◉有 ○无				

确 定

图3－9　系统参数

提示：

●每个市场每个产品选单时第一个队选单时间为 60 秒，自第二个队起，选单时间设为 40 秒；

●图中的初始现金 65 M 和选单时间为暂估数，以比赛时公布为准；

●信息费 1 M/次。

3. 竞单会

系统一次放 2 张单同时竞。

创业者电子沙盘在第 3 年和第 5 年订货会后，召开竞单会，并于第 2 年结束和第 4 年结束时下发第 3 年和第 5 年参加竞单会的订单明细。

参与竞标的订单标明了订单编号、市场、产品、数量、ISO 要求等，而总价、交货期、账期三项为空。竞标订单的相关要求说明如下：

(1)投标资质

参与投标的公司需要有相应市场、ISO 认证的资质。

中标的公司需为该单支付 1 M 标书费，计入广告费。

如果已竞得单数 + 本次同时竞单数 > 现金余额，则不能再竞。即必须有一定现金库存作为保证金。如同时竞 2 张订单，库存现金为 3 M，已经竞得 2 张订单，扣除了 2 M 标书费，还剩余 1 M 库存现金，则不能继续参与竞单。

破产队不能参与投标。

(2)投标程序

参与投标的公司须根据所投标的订单，在系统规定时间内(90 秒，以倒计时形式显示)填写总价、交货期、账期三项内容，确认后由系统按照以下公式计算：

$$得分 = 100 + (5 - 交货期) \times 4 + 应收账期 - 总价$$

得分最高者中标。

如果计算分数相同，则先提交者中标。

提示：

●总价不能低于成本价，也不能高于成本价的 3 倍；

●必须为竞单留足时间，如在倒计时小于或等于 10 秒再提交，可能无效；

●竞得订单与选中订单一样，算市场销售额。

二、企业运营流程

企业运营流程须按照经营记录所列任务清单流程严格执行。每步操作完成后，各队必须将该工作在“系统”中同步记录，即双击对应的任务图标，按照任务执行提示输入相应的数字，然后确定。经系统确认后的操作，便不能退回重做，沙盘上的运行结果必须与“系统”的结果一致，否则，以系统结果为准。

任务清单代表了企业简化的工作流程，是企业竞争模拟中各项工作需要遵守的执行顺序。分为年初 7 项工作，每季度 18 项工作及年末 5 项工作，另有 5 项特殊工作可以随时进行。

1. 年初 7 项工作

(1)新年度规划会议

新年伊始，企业管理团队要制定(调整)企业战略，做出经营计划、设备投资规划、营销策划方案等。具体来讲，需要进行销售预算和可承诺量的计算。

常言道：“预则立，不预则废。”预算是企业经营决策和长期投资决策目标的一种数量表现，即通过有关的数据将企业全部经济活动的各项目标具体地、系统地反映出来。销售预算是编制预算的关键和起点，主要是对本年度要达成的销售目标的预测。销售预算的内容有销售数量、价格和销售收入等。

可承诺量的计算：参加订货会之前，需要计算企业的可接单量。企业可接单量主要取决于现库存和生产能力，因此产能计算的准确性直接影响到销售交付。

(2)投放广告

双击系统中广告按钮，如图 3－10 所示。

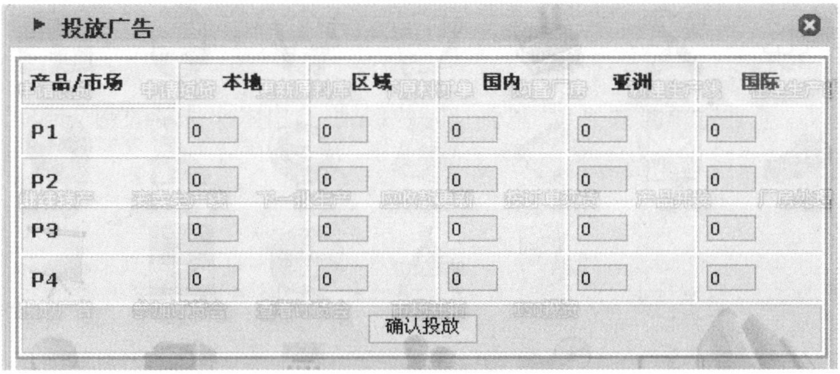

图 3－10　投放广告

请根据产品及市场分别投放广告，每投入 1 M 广告费将获得一次选单机会，以后每多投入 2 M 则增加一次选单机会。如：投入 7 M 表示最多有 4 次机会，但是能否有 4 次拿单机会取决于市场需求和竞争态势；投入 2 M 只是比投入 1 M 优先拿到订单。

在系统中填入广告费的同时，请财务总监登记现金支出，并在盘面中取出相应现金放置于盘面“广告费”处。

当然投放广告的前提是市场已经开发，如果尚未开发完成，系统将不允许投放广告，该市场名称显示为红色。

(3)参加订货会选订单/登记订单

广告投放完毕，双击参加订货会，系统出现“等待订货会开始”字样，同时可以查询市场中其他企业本年度广告投放情况。

当所有队伍广告均投放完毕，裁判将宣布开始订货会。

选单过程(图 3－11)分为若干个回合，依次为(本地，P1)、(本地，P2)、(本地，P3)、(本地，P4)、(区域，P1)、(区域，P2)……(国际，P3)、(国际，P4)，最多 20 回合，每回合选单可能有若干轮，每轮选单中，各队按照排定的顺序，依次选单，但只能选一张订单。当所有队都选完一轮后，若还有订单，开始进行第二轮选单，以此类推，直到所有订单被选完或所有队退出选单为止，本回合结束。

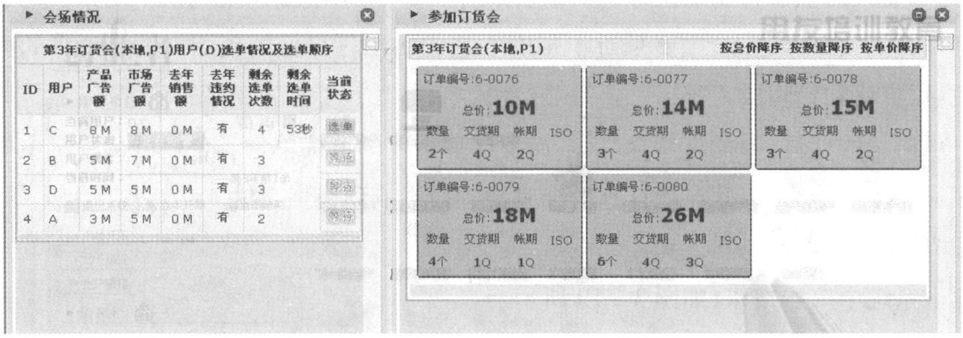

图 3－11　选择订单

当轮到某一企业选单时，“系统”以倒计时的形式，给出本次选单的剩余时间。在倒计时内必须选单，否则系统视为放弃本回合。

提示：

● 当屏幕显示的倒计时时间小于或等于 5 秒时，有可能造成选单无效。

单击欲选订单，确认后选中。若无合适订单，可以放弃本回合选单。无论是主动放弃还是被动放弃本回合选单，都不影响以后回合选单。

系统将按照以下规则自动排定选单顺序，只有拥有选单权限的企业才可以选择订单。

①上一年度本市场销量排名第一的企业，如在该市场没有违约记录，则在本年该市场投入广告的产品中优先选单(注：若有几队销量并列第一，则由系统随机决定市场老大，也可能无市场老大)。

②按照各企业在本市场某一产品上投放广告费的多少排定选单顺序。

③如果在一个产品上投入的广告费用相同，按照投入本市场的广告费总额(即 P1、P2、

P3 和 P4 的广告费之和）排定选单顺序。

④如果本市场的广告费总额也一样，按照上一年度本企业在该市场上实现的销售额排名排定选单顺序。

⑤如果上一年度实现的销售额也相同，则先投广告者先选。

订单有以下五个要素。

①数量——要求各企业一次性按照规定数量交货，不得多交，不得少交，也不得拆分交货。

②总价——交货后企业将获得一定的应收款或现金。

③交货期——交货的最后期限，可以在该交货时限之前进行交货，但不得延后。如订单规定 3Q 交货，则表示在当年的第一季度、第二季度或者第三季度交货均可。

④账期——在交货后若干季度收到现金，如账期为 2Q，实际在第 3 季度完成交货，则将在下一年第一季度更新应收款时收到现金（注：收现时间从实际交货季度算起，而非订单上规定的交货期）。

⑤ISO 要求——分别有 ISO9000 及 ISO14000 两种认证，企业只有具备相应认证方可获得有认证要求的订单，系统将自动判定企业是否拥有该认证（注：无须对 ISO 单独投放广告）。

各企业应根据相应产能、设备投资计划选取订单，避免接单不足导致设备闲置或盲目接单导致无法按时交货。

可在系统中双击“订单信息”查询。

（4）支付应付税（所得税）

依法纳税是每个企业及公民的义务。请财务总监按照上一年度利润表的“所得税”一项数值取出相应的现金放置于沙盘上“税金”处，会计主管做好现金收支记录。

如果企业本年度在弥补前五年亏损之后，仍有盈利，则（盈利部分 × 所得税率）计入当年应付税金，并在下一年缴纳。如第 1，2，3 年税前利润分别为 −5 M、−6 M、20 M，则第 1，2 年不需要计税，第 3 年计税为 $(-5-6+20)\times 25\% = 2.25$ M，则实际支付 2 M（向下取整）税，并在第 4 年初付现缴纳。

（5）支付长贷利息

累计长贷 × 长贷利率为应付长贷利息，请财务总监取出相应现金放置于沙盘“利息”处。

（6）更新长期贷款/长期贷款还款

在盘面上将长期贷款空桶往现金方向推一格（表示 1 年），从现金库取出到期本金，归还至银行，并做好登记。

提示：

●支付应付税、支付长期贷款利息、更新长期贷款/长期贷款还款几步所付现金在系统中均与广告费同时扣除，系统将自动判定现金是否足够支付广告费、应付税及长期贷款本息。

(7)申请长期贷款

如有授信额度，可以申请长期贷款，长期贷款申请必须是10的倍数。可申请额度为

上一年度所有者权益×贷款倍数－已有长短贷之和

可在系统中双击申请长贷，填入申请数量及年限。同时需要在交易平台获得相应数量的现金，做好现金登记；并将空桶置于盘面(1个空桶表示20 M)长期贷款相应年份位置，做好标记。

2. 每季度18项工作

(1)季初盘点

财务总监需要核对盘面现金与系统是否相符。在系统中单击当季开始，系统自动完成产成品下线、生产线安装及转产完工。

(2)更新短期贷款/短期贷款还本付息

更新短期贷款：如果企业有短期贷款，请财务总监将空桶向现金库方向移动一格。移至现金库时，表示短期贷款到期。

短期贷款还本付息：短期贷款的还款规则是利随本清。短期贷款到期时，每桶需要支付20 M×5%＝1 M利息，因此本金与利息共计21 M。财务总监从现金库中取现金，其中20 M还给银行，1 M放置于沙盘上的“利息”处并做好现金收支记录。

提示：

●短期贷款更新及到期本息归还在系统中与当季开始一并操作。

(3)申请短期贷款

短期贷款只有在这一时点上可以进行，财务总监到银行办理贷款手续。可以申请的最高额度为

上一年度所有者权益×贷款倍数－已有长短贷之和

短期贷款申请数量必须是20的倍数。

可在系统中双击申请短期贷款，填入申请数量；并将空桶置于短期贷款Q4位置处，做好标记。

(4)原材料入库/更新原料订单

供应商发出的订货已经运抵企业时，企业必须无条件接受货物并支付料款。采购总监

将原料订单区中的空桶向原料方向推进一格，到达原料库时，向财务总监申请原料款，支付给供应商，换取相应的原料，同时做好现金登记。

在系统中双击更新原料库，在途原料自动向前推进一个提前期，同时系统要求入库的原材料必须确认支付现金，原材料到期必须付现，否则系统不允许通过。

提示：

●更新原料库在系统中是必需的操作，即使现付金额为零，也需要确认，只有如此，后面的操作权限方可启动。

(5)下原料订单

采购总监根据年初制订的采购计划，决定采购原料的品种及数量，每个空桶代表一批原料，将相应数量的空桶放置于对应品种的原料订单处。

提示：

●在盘面中分别用红、橙、蓝、绿四种彩币表示 R1、R2、R3、R4 四种原料。

在系统中双击下原料订单，输入各种原料订购数量，并确认。

提示：

●必须一次性输入各类原料订购数量，该操作每个季度只能进行一次。

(6)购买/租用厂房

厂房为一大(6 条生产线)一小(4 条生产线)，企业最多只可以使用一大一小两个厂房。企业在新建生产线之前，必须以买或租的方式获得厂房，且生产线不可以在不同厂房之间移动位置。选择租用，租金在开始租用的季度交付，即从现金处取等量钱币，放在租金费用处，并将一只内放租金额字条的空桶，放在 Q4 应付款处，每季度推进空桶。一年租赁期满时，如果决定续租，需再次将相应的现金放在租金处，并将有租金字条的空桶放在 Q4 应付款处(注：并未发生应付款，仅作记账用)；如果决定买厂房，取出厂房价值等量现金放置于盘面上厂房价值处。

在系统中，双击购置厂房，可进行相应的操作，系统将自动扣除相应租金或厂房价值。

(7)更新生产/完工入库

由运营总监将各生产线上的在制品推进一格。产品下线表示产品完工，将产品放置于相应的产品库中。

系统中此工作在当季开始自动完成。

(8)新建/在建/转产/变卖生产线

①新建生产线

投资新设备时,生产总监向指导教师领取新生产线标识及产品标识。生产线标识翻转放置于厂房相应位置,其上放置与该生产线安装周期相同的空桶数。每个季度向财务总监申请建设资金,其额度为

建设资金 = 设备总购买价值/安装周期

财务总监做好现金收支记录。

在系统中双击新建生产线,选择所在厂房、生产线类型、产品类型,确认后系统自动扣除第一笔安装款。

②在建生产线

生产线购买之后,需要进行二期以上投资的均为在建生产线,当需要进行二期以上的投资时,生产总监向财务总监申请建设资金,放置于空桶内,财务总监做好收支记录。

在系统中双击在建生产线,复选需要继续投资的生产线,也可以不选择某条在建生产线,即表示本期不投资。

提示:

●本操作在系统中每个季度只能进行一次。

以自动线为例,安装周期为3Q,总投资额为15 M,安装操作可按表3-9进行:

表3-9 安装操作

操作时间/Q	投资额/M	安装完成
1	5	启动1期安装
2	5	完成1期安装,启动2期安装
3	5	完成2期安装,启动3期安装
4		完成3期安装,生产线建成

投资生产线的支付不一定需要连续,可以在投资过程中中断投资,也可以在中断投资之后的任何季度继续投资,但必须按照表3-9的投资原则进行操作。

提示:

●一条生产线待最后一期投资到位后,必须到下一季度才算安装完成,允许投入使用;

●生产线安装完成后,盘面上必须将投资额放在设备价值处,以证明生产线安装完成,并将生产线标识翻转过来,系统会在当季开始自动判定生产线是否安装完成;

●参赛队之间不允许相互购买生产线,只允许向设备供应商(裁判)购买;

●手工生产线安装不需要时间,随买随用。

③生产线转产

生产线转产是指生产线生产其他产品。不同生产线类型转产所需要的调整时间和资金投入是不同的,可参阅规则。如果需要转产且该生产需要一定的转产周期及转产费用,请生产总监翻转生产线标识,领取新的产品标识,按季度向财务总监申请并支付转产费用放于生产线标识上,停工满足转产周期要求并支付全部转产费用后,再次翻转生产线标识,开始新的生产。财务总监做好现金收支,并将转产费放于盘面相应位置处。

在系统中双击生产线转产,选择需要转产的生产线及转产后生产产品并确认,系统会在当季开始时自动判定转产是否完成。

以自动线为例,转产需要一个周期,共 2 M 转产费。在第一季度开始转产,投资 2 M 转产费,第二季度完成转产,可以生产新产品。

提示:

●手工线、柔性线可以生产任何产品,但若需要生产其他产品,在系统中仍需要进行转产操作,但不需要花费时间,也不发生费用。

④变卖生产线

将变卖的生产线按残值放入现金区,其他剩余价值放入“其他损失”费用处,计入当年“综合费用”,并将生产线交还给供应商即可完成变卖。

在系统中双击变卖生产线,选择欲变卖的生产线,确认即可。

提示:

●在建及在产的生产线不可以变卖,转产中的生产线可以变卖。

(9)开始下一批生产

更新生产/完工入库后,某些生产线的在制品已经完工,某些生产线已经建成,可以考虑开始生产新产品。如果有该产品生产资格,由生产总监按照产品结构从原料库中取出原料,并向财务总监申请产品加工费,将上线产品摆放到离原料库最近的生产周期。

系统中双击下一批生产,选择相应空生产线确认生产即可,系统自动扣除原料和现金(加工费),同时判定有无生产资格,如果有一项不符,系统将提示,并且放弃本次上线生产。

提示:

●下一批生产前提有三个,原料、加工费、生产资格;

●任何一条生产线的产品只能有一种。

(10)更新应收款/应收款收现

财务总监将应收款向现金库方向推进一格(到达现金库时应收款即成为现金),并做好现金收支记录。

在系统中双击应收款更新,如有应收款到期,则需在系统中输入到期应收款数。如果填入的到期数额大于实际应到数额,则系统不予通过;如果填入的数额小于应收的数额,系统按照实际填写的数额收现(即现金增加)。剩余到期未收现的部分,自动计入下一季度应收款。

提示:

●如果没有到期的应收款,也要确认更新(值为0),不做此操作,系统将无法启动后面操作;

●本操作为一次性操作,即确认更新后,本季度不能再次操作,并且将关闭应收款更新之前的操作。

(11)按订单交货

营销总监检查各成品库中的成品数量是否满足客户订单要求,满足则按照客户订单交付约定数量的产品给客户。客户检查数量和交货期是否满足订单要求,满足则收货,并按订单上列明的条件支付货款。若为现金(0账期)付款,营销总监直接将现金置于现金库,财务总监做好现金收支记录;若为应收账款,营销总监将现金置于应收款相应账期处。

在系统中双击按订单交货,选择要交货的订单,系统将自动减少成品库存,增加相应现金或应收款。如果库存不足或交货期已过,系统就不允许交货。

提示:

●必须按订单整单交货;

●交货必须在订单规定的交货期内或之前。

(12)产品研发投资

按照年初制订的产品研发计划,营销总监向财务总监申请研发资金,置于相应产品生产资格位置,并做好现金收支记录。

在系统中双击产品研发,复选本季度欲研发的产品,确认。本操作每个季度只能进行一次。当研发完成,可去管理员处换取相应生产标识。

(13)厂房出售(买转租)/退租/租转买

如果企业已租或已购买了厂房,可以进行如下处理(系统中双击厂房处理):

①如果已购买的厂房中没有安装生产线,可卖出,增加Q4账期应收款,“系统”确认后,将代表厂房价值的现金放置于Q4应收账款的位置;

②如果已购买的厂房中有生产线，卖出后增加Q4账期应收款（手工操作同上），并自动转为租用，从现金中扣除一年租金（将租金放在租金费用处），记下起租的季度（在应付账款Q4处放一只内放租金金额字条的空桶）。

如果租用的厂房已满一年，可以进行如下处理：

①不论是否有生产线，均可支付现金，转为购买（租转买），此时，只需要按厂房的购买价格（大厂房40 M，小厂房30 M）扣除足量现金即可；

②如果厂房中没有生产线，可以选择退租，系统将删除该厂房，在盘面中将相应应付款处空桶取走；

③对已租用的厂房继续租用时，可以不执行任何操作，“系统”将自动判定交下一年度租金的时间，当季结束时自动从现金中扣除（后面有进一步说明）。

（14）新市场开拓/ISO资格认证投资

此步只有每年第四季度才允许操作。营销总监向财务总监申请市场开拓/ISO资格认证投资费用，财务总监取出现金放置在要开拓的市场及ISO认证处。

在系统中双击市场开拓或ISO认证投资，复选要进行开拓的项目，确认即可。

提示：

●只有每年第四季度才允许该操作。

（15）支付管理费/更新厂房租金

管理费用是企业为了维持运营发放的管理人员工资、必要的差旅费、招待费等。财务总监取出1 M摆放在“管理费”处，并做好现金收支记录。

在应付款处如果有租金字条的空桶更新满四个季度，则需要续租厂房，现金库中取出下一年度租金放于盘面租金处。

在系统中单击当季（年）结束，系统将自动扣除管理费，并判定厂房是否需要续租。

提示：

●系统将在当季（年）结束后自动判定能否获取生产资格，营销总监此时应携带开发费去管理员处换取生产资格。

（16）现金收入合计

财务总监统计本季度现金收入总额。

（17）现金支出合计

财务总监统计本季度现金支出总额。第四季度的统计数字中包括四季度本身和年底发生的。

(18)期末现金对账

财务总监盘点现金余额，并与系统进行核对。

3. 年末5项工作

(1)缴纳违约订单罚款

企业经营，诚信为本，如果未能及时交货，需要接受一定的惩罚，有以下几条：

①按订单销售额的一定比例缴纳罚款，并直接从现金中扣除，计入当年其他损失；

②收回该订单；

③即使在该市场完成的销售额最高，也无权获得市场老大地位。

(2)支付设备维修费

已经建成的每条生产线需要支付1 M/年的维修费，生产总监向财务总监提出申请，财务总监取出现金放置于盘面"维修费"处，并做好现金收支记录。

提示：

● 当年建成的生产线(不论在哪个季度)需要支付设备维修费。

(3)计提折旧

厂房不提折旧，设备(生产线)按平均年限法计提折旧，在建工程及当年建成的设备不计提折旧。财务总监从生产净值中取出折旧费放置于盘面"折旧"处。

提示：

● 若净值等于残值，则无须再提折旧；

● 折旧与现金流无关。

(4)新市场/ISO资格换证

营销总监检查新市场/ISO资格认证投资是否已经完成，若完成则可携带开发费去管理员处换取相应标识。

(5)结账

财务总监需要编制综合费用表、利润表和资产负债表。

以上5项工作，在第四季度单击当年结束，系统将自动完成，同时系统还完成支付管理费、更新厂房租金及检测产品开发完成情况等工作。

年度经营结束之后，管理员会将盘面上的各项成本取走，为来年经营做好准备。系统进入下一年度，等待广告投放。

4. 5项特殊工作(随时可以进行)

(1)紧急采购

有以下两种情况会用到此功能。

①如果下一批生产原材料预定不够，又需要当期使用，可以用成本价的2倍现金采购原料。采购总监提出申请，用一个灰币（现金）换取原料（彩币）；将另一个灰币（现金）置于盘面“其他损失”处。

②按订单交货发现产成品库存不足，可以直接以成本价的3倍价格采购，以直接成本价值现金去管理员处换取成品；另外将2倍直接成本现金放置于盘面“其他损失”处。

在系统中双击紧急采购，选择相应货品，输入采购数量，确认即完成操作。

（2）出售库存

但现金断流时，可以用此方式融资。产品可以按照成本价售出；原料按照8折的价格售出，即直接成本为10 M原料，回收8 M现金；若收回现金出现小数则向下取整，如出售直接成本8 M原料，收回6 M现金。

携带产品或原料到交易处兑换相当于直接成本价值的现金，折价部分置于盘面“其他损失”处。

在系统中双击出售库存，选择相应货品，输入出售数量，确认即完成操作。

（3）贴现

不同账期的应收款采用不同的贴现率，1，2期应收款按1∶9（10 M应收款扣1 M贴息，小于10 M的贴现均收取1 M贴息）的比例贴现，3，4期应收款按1∶7（8 M应收款扣1 M贴息，小于8 M的贴现也收取1 M贴息）的比例贴现。只要有足够的应收账款，可以随时贴现（包括次年支付广告费时，也可使用应收贴现）。从应收款中取出收现部分放于盘面“现金”处，其余放于“贴息”处。

双击系统贴现操作，可选贴某一账期的应收款，输入贴现的金额，然后确认贴现即可。

提示：

●可将1，2期应收款加总贴现，如1期贴4 M，2期贴6 M，则总共扣1 M贴息；3，4期操作相同。

（4）厂房贴现

正常情况下出售厂房后，直接转入4Q的应收账款。但在急用的情况下，且操作步骤没有到变卖厂房的操作时，可以利用本功能直接将厂房的价值按照4Q应收账款贴现（按1∶7的比例）。可将厂房价值分别转入现金、租金及贴息处。

例如：如果紧急出售有生产线的大厂房，将实际转入现金30 M，其中5 M转入贴现费用、5 M转入厂房租金。如果紧急出售的大厂房中无生产线，则将转入现金35 M。

在系统中双击“厂房贴现”图标，确认即可完成操作。

（5）间谍

市场竞争，信息的价值不言而喻。系统中设置了间谍功能，支付一定的信息费（或免费)，可在规定时间内查看其他企业产品开发、市场开发、ISO 投资、生产线建设等情况。

5. 操作任务汇总表

为了便于迅速掌握操作，将任务清单中所有操作特点列出，便于查询，如表 3-10 所示。

表 3-10　操作任务汇总表

手工操作流程	系统操作对应按钮	系统操作要点	系统操作次数限制
新年度规划会议			
投放广告	投放广告	输入广告费并确认	1 次/年
参加订货会选订单/登记订单	参加订货会	选单	1 次/年
支付应付税	投放广告	系统自动	1 次/年
支付长期贷款利息	投放广告	系统自动	1 次/年
更新长期贷款/长期贷款还款	投放广告	系统自动	1 次/年
申请长期贷款	申请长贷	输入贷款数额并确认	不限
季初盘点(请填余额)	当季开始	产品下线，生产线安装完工(系统自动)	1 次/季
更新短期贷款/短期贷款还本付息	当季开始	系统自动	1 次/季
申请短期贷款	申请短贷	输入贷款数额并确认	1 次/季
原材料入库/更新原料订单	更新原料库	需要确认金额	1 次/季
下原料订单	下原料订单	输入并确认	1 次/季
购买/租用厂房	购置厂房	选择并确认，自动扣现金	不限
更新生产/完工入库	当季开始	系统自动	1 次/季
新建/在建/转产/变卖生产线	新建生产线，在建生产线，生产线转产，变卖生产线	选择并确认	新建/转产/变卖，不限 在建 1 次/季
紧急采购(随时进行)	紧急采购	随时进行，输入并确认	不限
开始下一批生产	下一批生产	选择并确认	不限
更新应收款/应收款收现	应收款更新	需要输入到期金额	1 次/季
按订单交货	按订单交货	选择交货订单确认	不限
产品研发投资	产品研发	选择并确认	1 次/季
厂房出售(买转租)/退租/租转买	厂房处理	选择确认，自动转应收款	不限
新市场开拓/ISO 资格认证投资	市场开拓， ISO 认证投资	仅第四季度允许操作	1 次/年

表 3－10（续）

手工操作流程	系统操作对应按钮	系统操作要点	系统操作次数限制
支付管理费/更新厂房租金	当季（年）结束	系统自动	1 次/季
出售库存	出售库存	随时进行，输入并确认	不限
厂房贴现	厂房贴现	随时进行	不限
应收款贴现	贴现	随时进行，输入并确认	不限
—	间谍	随时进行，确认	不限
缴纳违约订单罚款	当年结束	系统自动	1 次/年
支付设备维修费	当年结束	系统自动	1 次/年
计提折旧	当年结束	系统自动	1 次/年
新市场/ISO 资格换证	当年结束	系统自动	1 次/年
结账	当年结束	系统自动	1 次/年

6. 账务处理

在系统中账务处理要点汇总如表 3－11 所示。

表 3－11　账务处理要点

手工操作流程	系统操作对应按钮	账务处理要点
新年度规划会议		无
投放广告	投放广告	计入综合费用表广告费
参加订货会选订单/登记订单	参加订货会	无
支付应付税	投放广告	无
支付长期贷款利息	投放广告	计入利润表财务费用
更新长期贷款/长期贷款还款	投放广告	无
申请长期贷款	申请长贷	无
季初盘点（请填余额）	当季开始	无
更新短期贷款/短期贷款还本付息	当季开始	利息计入利润表财务费用
申请短期贷款	申请短贷	无
原材料入库/更新原料订单	更新原料库	无
下原料订单	下原料订单	无
购买/租用厂房	购置厂房	计入综合费用表厂房租金
更新生产/完工入库	当季开始	无

表 3－11(续)

手工操作流程	系统操作对应按钮	账务处理要点
新建/在建/转产/变卖生产线	新建生产线,在建生产线,生产线转产,变卖生产线	计入综合费用表转产费或其他损失
紧急采购(随时进行)	紧急采购	计入综合费用表其他损失
开始下一批生产	下一批生产	无
更新应收款/应收款收现	应收款更新	无
按订单交货	按订单交货	计入利润表销售收入及直接成本
产品研发投资	产品研发	计入综合费用表产品研发
厂房出售(买转租)/退租/租转买	厂房处理	无
新市场开拓/ISO 资格认证投资	市场开拓,ISO 认证投资	计入综合费用表 ISO 资格认证
支付管理费/更新厂房租金	当季(年)结束	计入综合费用表管理费及租金
出售库存	出售库存	计入综合费用表其他损失
厂房贴现	厂房贴现	租金计入综合费用表租金,贴息计入利润表财务费用
应收款贴现	贴现	贴息计入利润表财务费用
缴纳违约订单罚款	当年结束	计入综合费用表其他损失
支付设备维修费	当年结束	计入综合费用表设备维护费
计提折旧	当年结束	计入利润表折旧
新市场/ISO 资格换证	当年结束	无
—	间谍	计入综合费用表信息费
结账	当年结束	生成综合费用表、利润表及资产负债表

利润表各项目钩稽关系如表 3－12 所示。

表 3－12　利润表钩稽关系

编号	项目	钩稽关系
1	销售收入	—
2	直接成本	—
3	毛利	=1－2
4	综合费用	—

表 3－12(续)

编号	项目	钩稽关系
5	折旧前利润	=3－4
6	折旧	—
7	支付利息前利润	=5－6
8	财务费用	—
9	税前利润	=7－8
10	所得税	—
11	年度净利润	=9－10

资产负债表中各项目来源及钩稽关系如表 3－13 所示。

表 3－13　资产负债表各项目来源及钩稽关系

项目	来源说明	项目	来源说明
现金	盘面或系统	长期负债	盘面
应收款	盘面	短期负债	盘面
在制品	盘面或系统	应交所得税	本年利润表
产成品	盘面或系统	—	—
原材料	盘面或系统	—	—
流动资产合计	以上五项之和	负债合计	以上三项之和
厂房	盘面或系统	股东资本	初始设定(不变)
生产线	盘面或系统	利润留存	上年利润留存＋上年年度净利
在建工程	盘面或系统	年度净利	本年利润表
固定资产合计	以上三项之和	所有者权益合计	以上三项之和
资产总计	＝流动资产合计＋固定资产合计	负债和所有者权益总计	＝负债合计＋所有者权益合计

第三节　创业者电子沙盘模拟过程与实战

一、创业者电子沙盘课程设计

(一)创业者电子沙盘课程教学目标与内容

1. 课程目标与课程价值

创业者电子沙盘课程教学目标：

(1)让学生切身体验从筹资、融资、投资到企业经营管理的创业全过程；

(2)让学生在企业战略制定、组织部署、产品研发、生产、物流、市场、销售、财务管理、团队协作等多个方面进行系统训练；

(3)让学生在课程中体验完整的企业经营过程，感受创业型企业的发展历程，感悟正确的经营思路和管理理念。

创业者电子沙盘课程价值：

(1)让学生全面掌握创业所涉及的管理知识，了解企业创建及经营管理全过程；

(2)使每个学生都能更深切地体会局部与整体的关系，体会到企业基于流程的运作模式，树立团队精神，培养责任意识；

(3)是对传统课堂教学及案例教学的有益补充。

2. 课程内容与课程特点

创业者电子沙盘课程内容：

(1)继承 ERP 系统沙盘直观形象，同时实现了选单、经营过程、报表生成的全自动，经营分析数据的多维呈现和自动生成；

(2)学生经营过程自动化，重点关注企业经营的本质分析。

创业者电子沙盘课程特点：

(1)采用 B/S 架构，基于 Web 的操作平台，实现本地或异地的训练；

(2)可以对运作过程的主要环节进行控制，避免了环节作弊和随意挪用现金的操作；

(3)实现交易活动(银行贷款、订货、采购等)本地操作，以及操作合法性、验证自动化；

(4)可以与实物沙盘结合使用，也可脱离物理沙盘单独开课；

(5)有多组训练的选择，普通版可在 6 ~ 18 组中任选；

(6)可以有限地改变运行环境参数，调节运行难度。

(二)创业者电子沙盘模拟实训的要求与组织管理

1. 实训要求

(1)每个学生都要参与所有的实训流程,并担任一个重要职务,完成一项具体工作。

(2)实训前要认真学习本实训手册的相关内容,明确实训目的、内容和相关要求,确保实训效果。

(3)在实训过程中,要树立端正的实训态度和良好的团队精神。

(4)在实训过程中要特别注意人身和财物的安全。

(5)遵守实训纪律,保证按时出勤,并完成相关任务;遵守国家法律法规,遵守实训教室的相关规定,听从安排。

(6)做好实训记录,记好实训日记,为撰写实训报告做好准备工作。

(7)认真撰写个人实训总结和模拟企业经营分析报告,字数分别不少于5 000和8 000。模拟企业经营分析报告与该模拟企业CEO的个人实训总结合一。

2. 学生分组与组织管理

(1)学生分组由指导教师根据实际情况掌握。对于6组手工沙盘,以班级为单位进行对抗赛,最多可分6组,每组以5～6人为宜,人数少的班级可以分为4～5组。8组以上手工沙盘或电子沙盘可以考虑进行年级对抗赛。填写《ERP电子沙盘模拟团队组建与考核记录表》。

(2)角色分工由各团队自行协商产生。实训期间可做角色互换。

(3)在实训期间,各模拟企业CEO应管理好各企业人员。

3. 成绩评定

参照用友杯全国大赛的扣分规则,仅供参考。

(1)运行超时扣分

运行超时是指不能按时提交报表的情况。处罚:超时10分钟之内的,按总分1分/分钟(含1分钟内)计算罚分。超过10分钟时,按2分/分钟扣罚,但最多只允许再超时5分钟。如果到15分钟还不能提交报表的,系统自动封账。被强行封账的参赛队按自动退出比赛处理。

上报的报表必须是账实相符的报表,如果上交的报表与“系统”提供的状况有误(如销售统计与利润表不符、资产负债表不平等),在总得分中扣罚10分/次,并以系统提供的报表为准修订沙盘状态。

(2)违规扣分

在运行过程中下列情况属违规:

①在每年后的公开查访时段,盘面与系统提供的状态不符;

②对裁判正确的判罚不服从；

③在比赛期间擅自到其他赛场走动；

④其他严重影响比赛正常进行的活动。

如有以上行为者，视情节轻重，扣除该队总得分的 20～50 分。

(3) 破产处理

若是现金断流，管理员可增加其库存现金，增加部分计入该队当年损益，并将其经营状态由“bankrupt”改为“operation”；若是权益为负，可修改其经营状态。以上处理后，该队可继续经营。

(4) 学生成绩评定

学生成绩评定综合以下内容：

①企业间实战对抗的成绩，占 30%；

②每个成员在企业内的排名，占 20%；

③案例讨论的参与情况，占 20%；

④实训报告成绩，占 20%；

⑤出勤及遵守纪律情况等，占 10%。

二、企业经营

1. 基本流程

电子沙盘的基本操作流程包括年初、年中、年末三个大的组成部分。年初工作涉及投放广告、参加订货会、长期贷款等；年中工作涉及各个季度的经营，短期贷款、原料采购、生产、交货、产品研发等；年末工作涉及市场开拓、生产认证、年末结账和报表等。

(1) 投放广告

投放广告如图 3－10 所示。

提示：

- 创业者电子沙盘第一年只有起始资金，无订单不开订货会。
- 投放广告的操作从第二年开始。

各队在对市场预测研究的基础上，按市场、产品组合投入广告，并确认，如图 3－12 所示（如页面文字为红色则表示该市场未开发完成）。

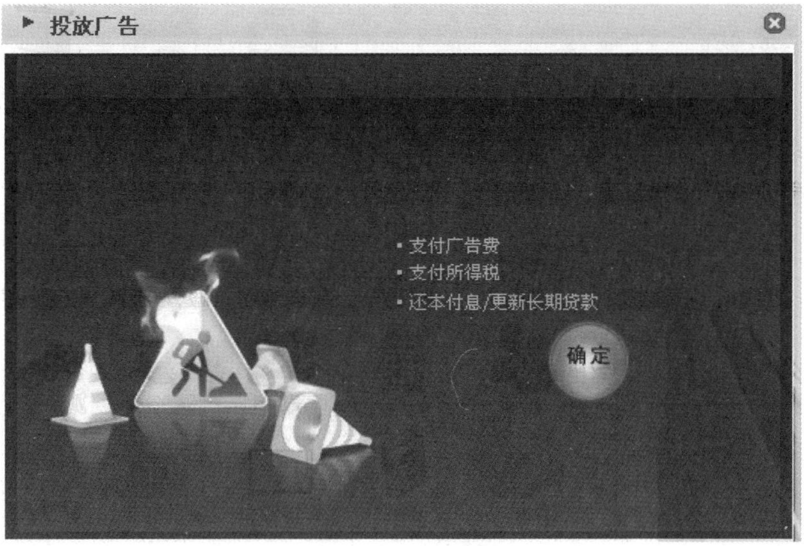

图 3-12 投放广告确认

提示：

●若一个市场都未开发，也需要确认投放（系统认为投放金额为0）；

●竞单从第二年开始，第一年是基本建设年；

●市场预测表中第一年需求量及价格数据仅仅起占位作用，实际有效预测数据从第二年开始。

（2）参加订货会

双击参加订货会，进入等待订货会页面，如图 3-13 所示。

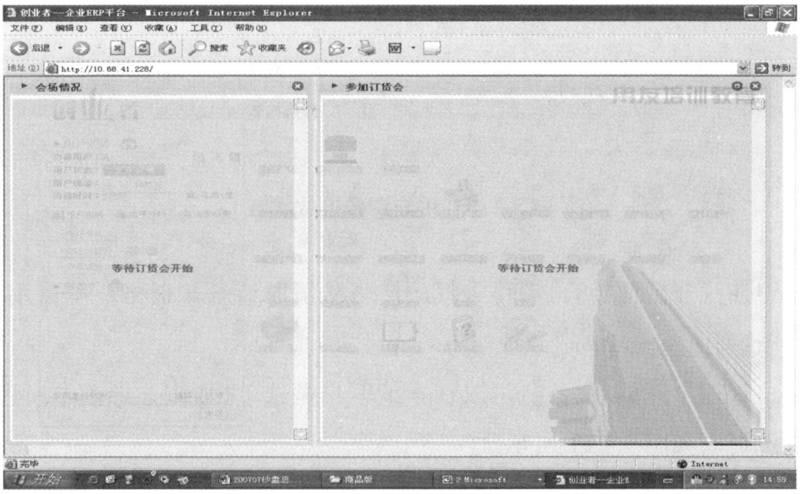

图 3-13 等待订货会界面

提示：

●订货会从第二年开始。

管理员等待所有队伍均投放完广告，即可开始订货会。双击后台订单管理，出现图 3 – 14 所示界面。单击开始选单即可。

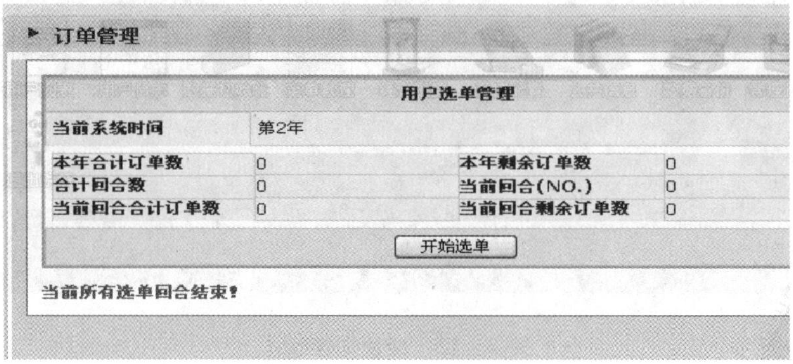

图 3 – 14　订单管理

若有队伍未投放广告，则订单管理出现图 3 – 15 所示界面，无法开始订货会。A、B 队广告已经投放完毕，等待订货会开始。C、D 队未投放广告。

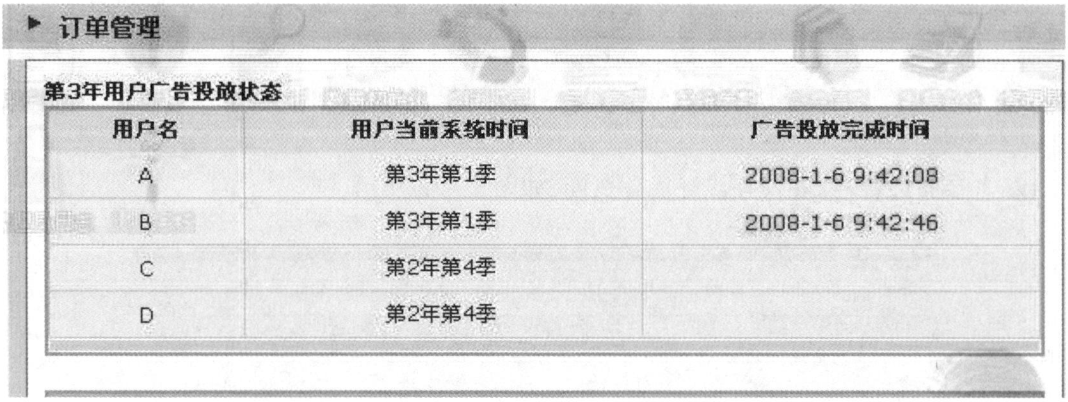

图 3 – 15　用户广告投放状态

若管理员想强行开始订货会，需将未投放广告队伍取消参赛资格。单击用户列表，再单击用户名，将其状态由“operation”改成“bankrupt”。

各队竞单。管理员开单后，各队可以在本地客户端选单(规则参照前章所述)。

订货会选单页面如图 3 – 11 所示。

提示：

●若出现界面消失，可点击鼠标右键，选择刷新；

●订货会结束后必须单击离开会场，方能进行后续经营；

●订货会进行中，管理员可以选择重新开单，单击订单管理，开始选单。之前已经选中的本年订单系统自动删除。

(3)年初申请长期贷款(图 3－16)

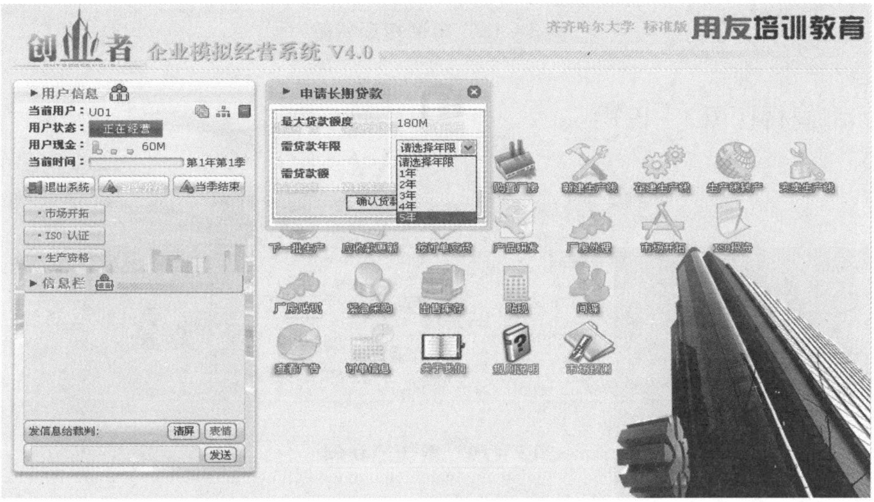

图 3－16 申请长期贷款

(4)当季开始(图 3－17)

图 3－17 当季开始

(5)申请短期贷款(图 3－18)

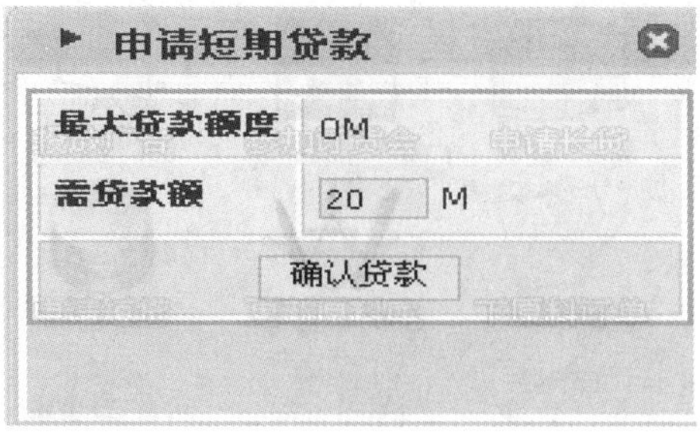

图 3－18　申请短期贷款

(6)更新原材料(图 3－19)

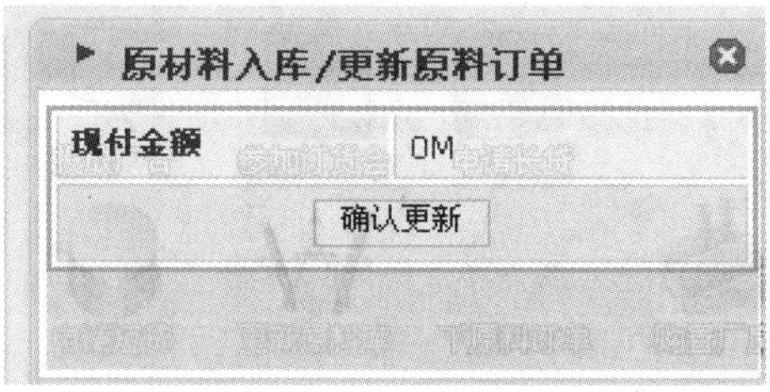

图 3－19　更新原材料

(7)下原料订单(图 3－20)

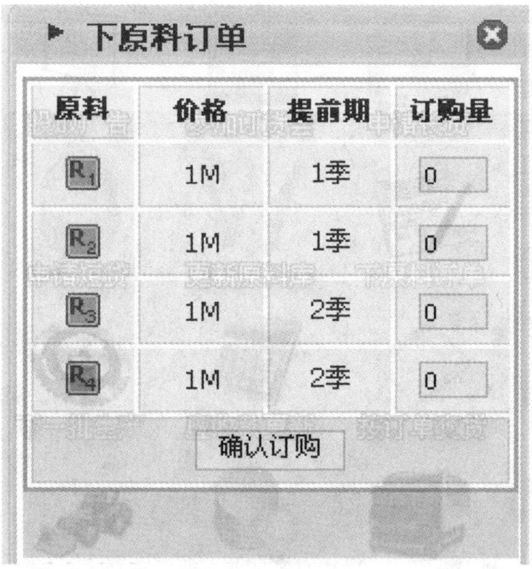

图 3－20　下原料订单

(8)新增厂房(图3－21)

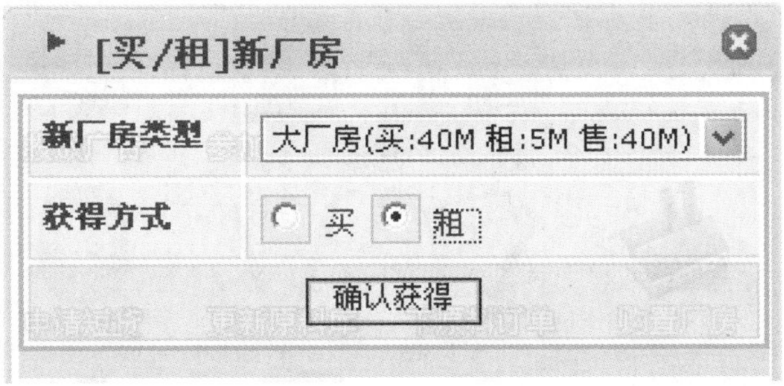

图3－21　新增厂房

(9)新建生产线(图3－22)

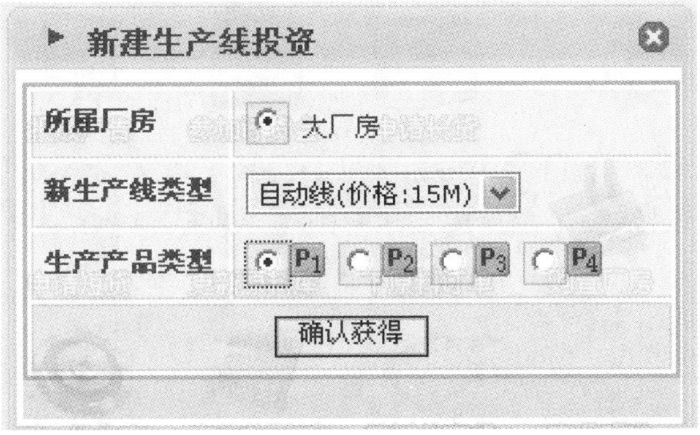

图3－22　新建生产线投资

(10)在建生产线投资(图3－23)

图3－23　在建生产线投资

(11)生产线的其他操作

①生产线转产(图 3－24)

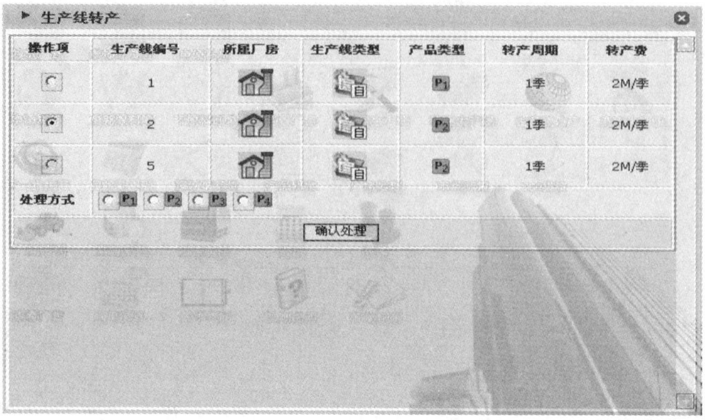

操作项	生产线编号	所属厂房	生产线类型	产品类型	转产周期	转产费
	1			P1	1季	2M/季
	2			P2	1季	2M/季
	5			P2	1季	2M/季

图 3－24　生产线转产

②变卖生产线(图 3－25)

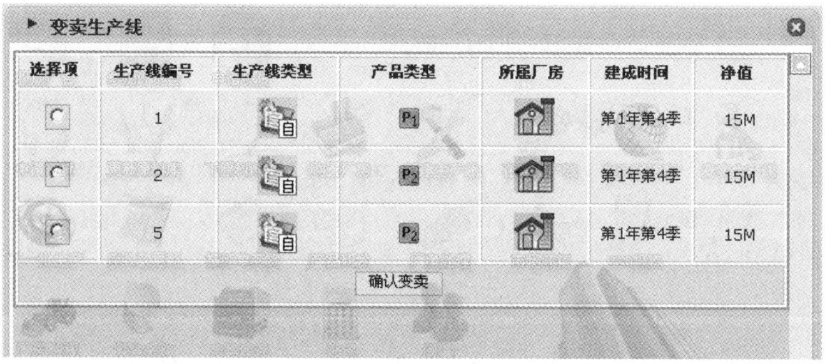

选择项	生产线编号	生产线类型	产品类型	所属厂房	建成时间	净值
	1		P1		第1年第4季	15M
	2		P2		第1年第4季	15M
	5		P2		第1年第4季	15M

图 3－25　变卖生产线

(12)生产(图 3－26)

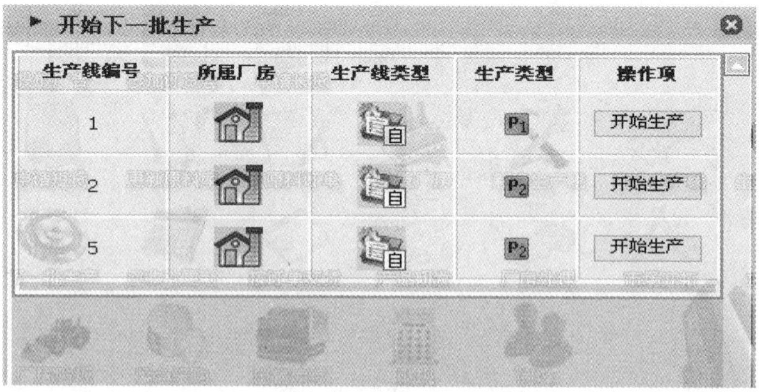

生产线编号	所属厂房	生产线类型	生产类型	操作项
1			P1	开始生产
2			P2	开始生产
5			P2	开始生产

图 3－26　开始下一批生产

(13)应收款更新(图 3－27)

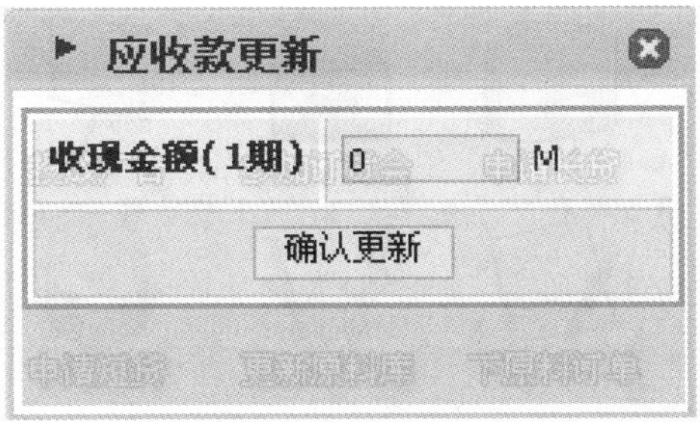

图 3－27　应收款更新

(14)按订单交货(图 3－28)

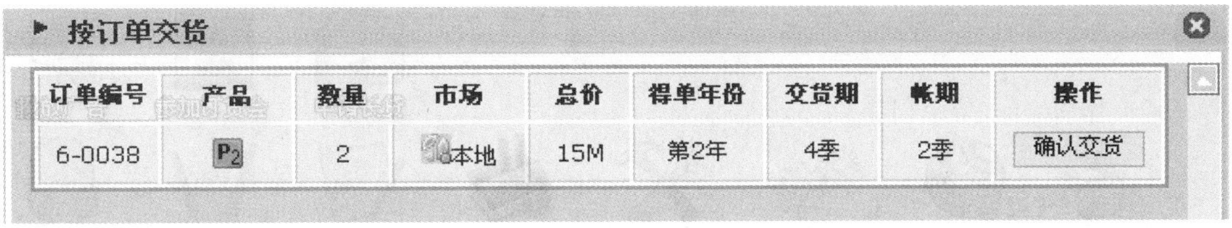

图 3－28　按订单交货

(15)产品研发投资(图 3－29)

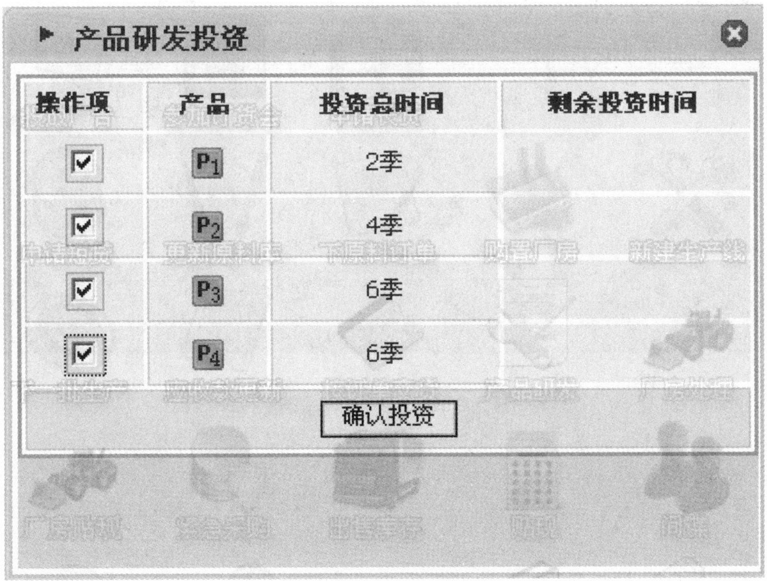

图 3－29　产品研发投资

(16)厂房处理(图 3－30)

图 3－30　厂房处理

(17)当季(年)结束(图 3－31)

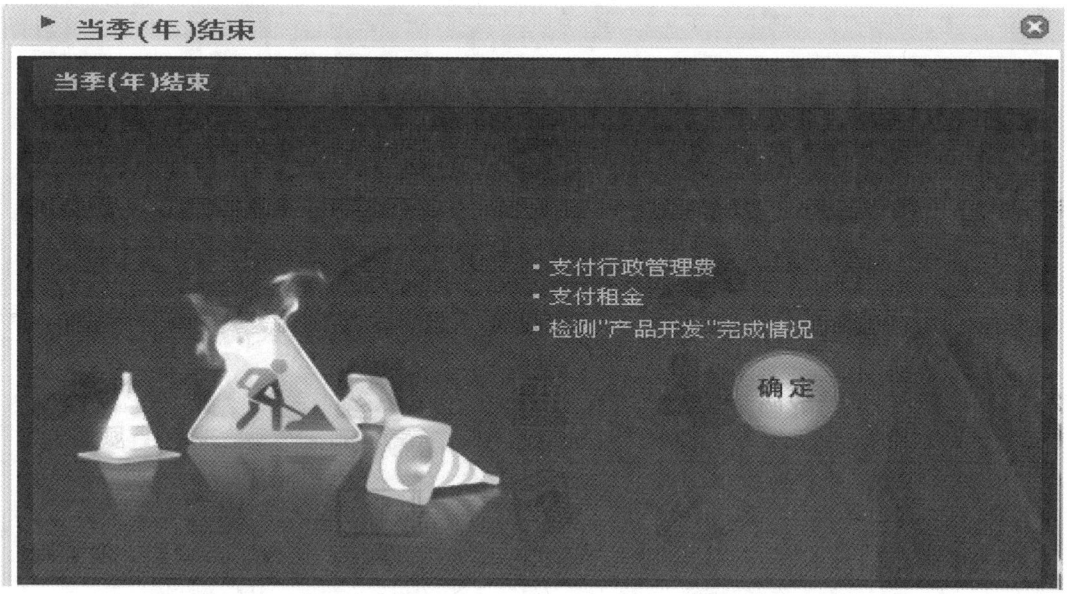

图 3－31　当季(年)结束

(18)市场开拓投资(图 3－32)

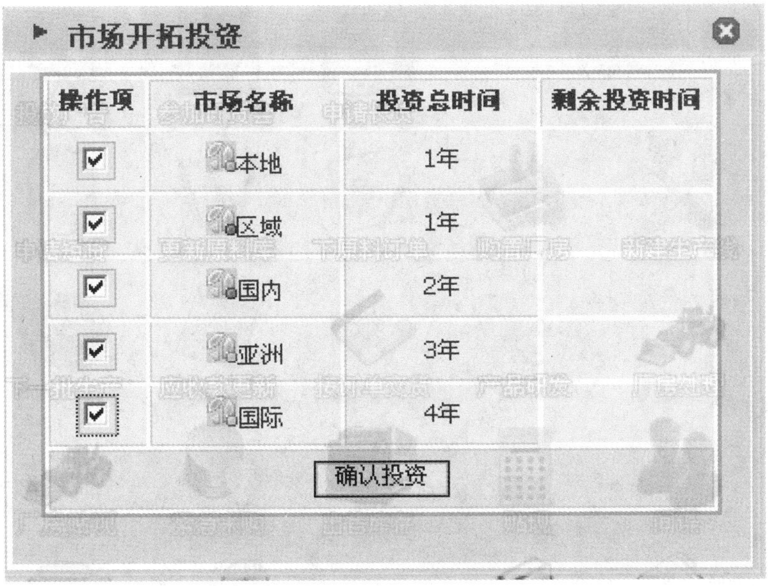

图 3－32　市场开拓投资

(19)ISO 认证投资(图 3－33)

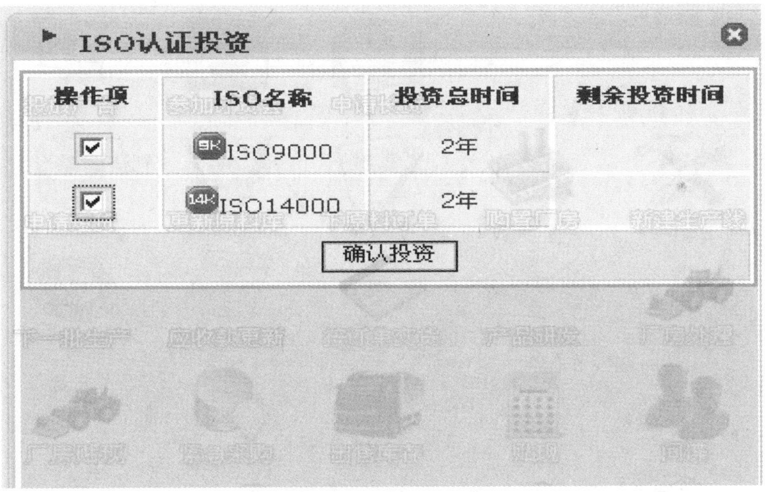

图 3－33　ISO 认证投资

(20)当季(年)结束(图3－34)

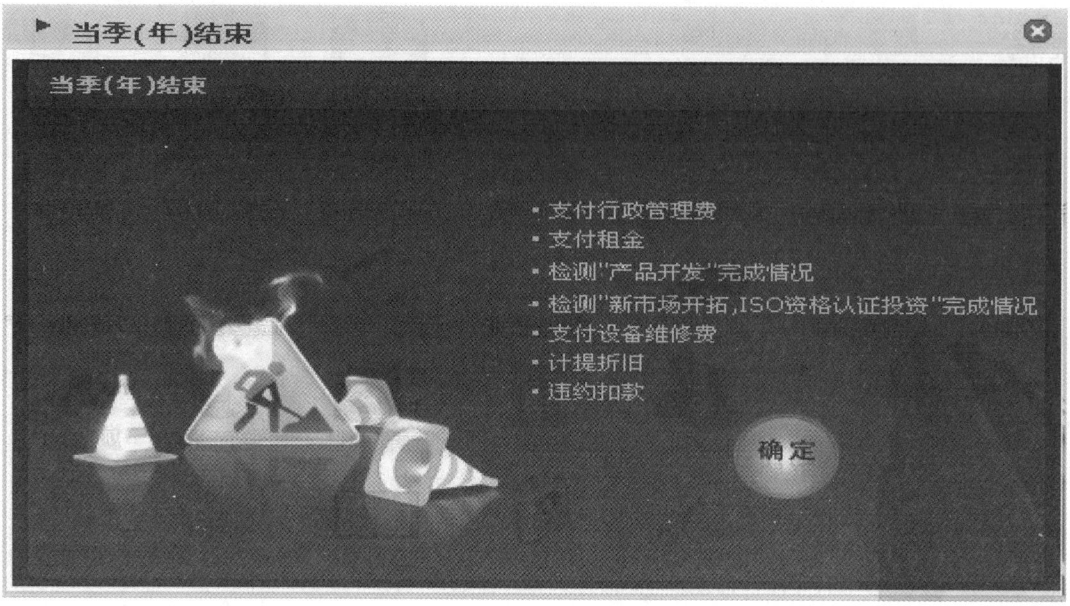

图3－34　当季(年)结束

2. 特殊流程

(1)厂房贴现(图3－35)

图3－35　厂房贴现

(2)紧急采购(图3－36)

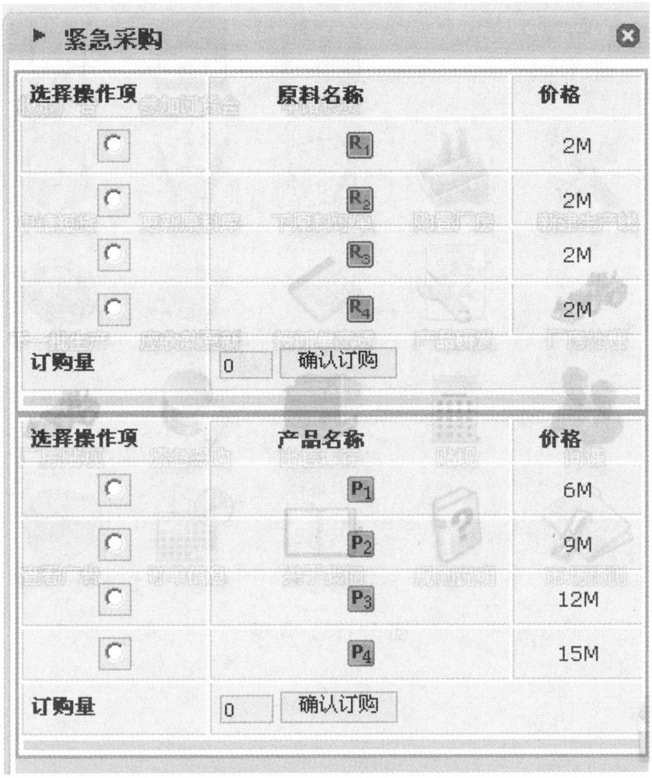

图3－36　紧急采购

(3)出售库存(图3－37)

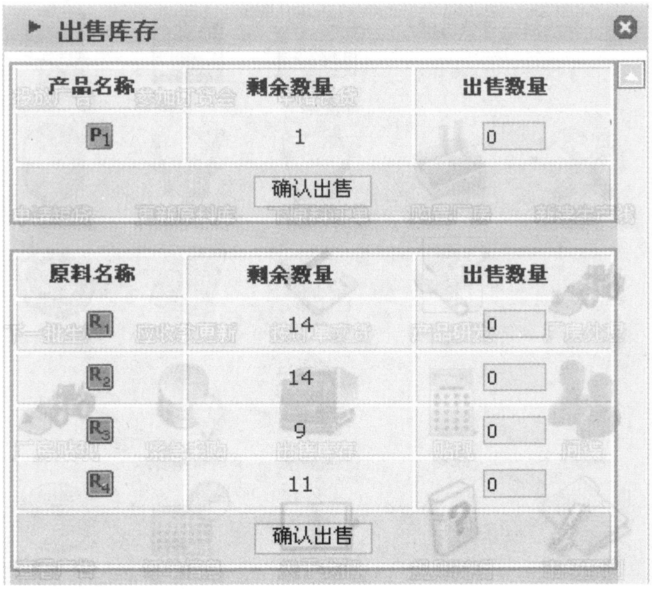

图3－37　出售库存

(4)贴现(图 3－38)

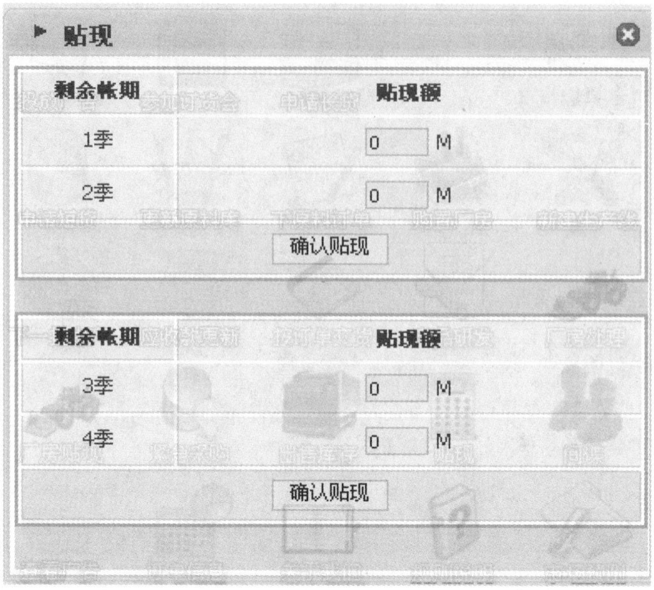

图 3－38　贴现

(5)企业间谍(图 3－39)

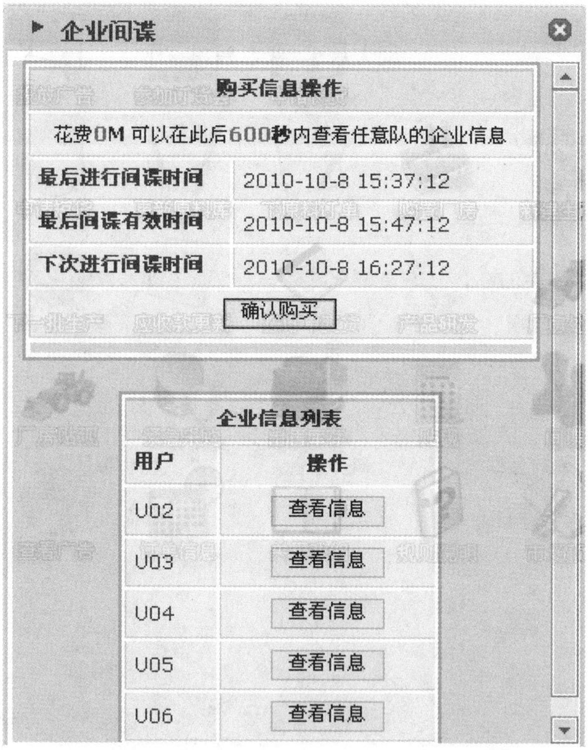

图 3－39　企业间谍

3. 特别提示

（1）组间交易（图 3－40）

各队之间协商一致后，可以到管理员处进行组间交易。管理员双击组间交易按钮，选择出货方（卖方）、入货方（买方）、交易产品、数量及总价，确认即完成组间交易。

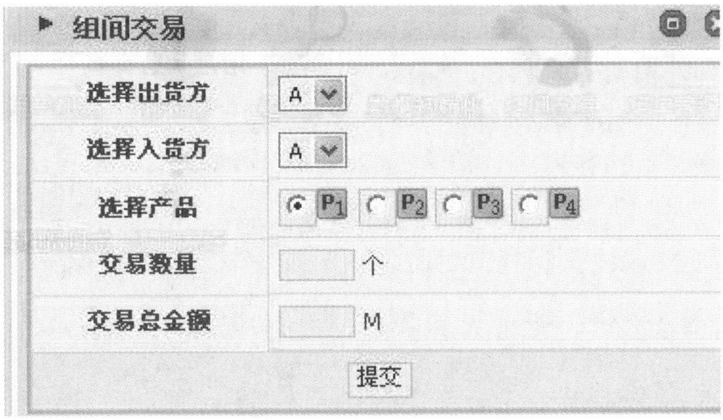

图 3－40　组间交易

提示：

- 出货方（卖方）账务处理视同销售，入货方（买方）账务处理视同紧急采购；
- 只允许现金交易，并且只能交易产成品（P1、P2、P3、P4）；
- 管理员需要判断双方系统时间是否符合逻辑，是否存在合谋；
- 交易双方必须在同一年份。

（2）破产

破产检测由系统自动完成。破产后若想继续经营，要联系市场（教师、裁判）进行处理。

4. 相关处理

（1）各企业年内经营

可参照前章所述流程并参照流程表完成四个季度经营，不过有几点需要特别提示。

提示：

- 每一步需要付现金的操作系统均为先判断库存现金是否足够支付，若不够则系统不允许操作，并提示；
- 广告投放完毕、当季开始、当季（年）结束、更新原料库四处，系统自动检测已有现金加上最大贴现和出售所有库存及厂房贴现是否足够支付，如果不够，则破产退出系统，需联系裁判；
- 当年结束，若权益为负，则破产退出系统，需联系裁判；
- 请注意更新原料库及更新应收款两个操作，这是其他操作的开关；
- 对操作顺序并无严格要求；
- 可通过 IM 与裁判联系。

(2)还原处理

各队在经营过程中会出现误操作或者其他原因,需要取消当前操作,管理员可以根据实际情况将用户数据还原。点击用户列表—用户名—用户本年还原(图 3-41),可将用户数据还原至订货会结束时状态。

图 3-41　还原处理

提示:

●还原点设置时间为订货会结束那一刻;

●本年订货会结束至下一年度订货会开始之间任一时刻可以还原某队数据至本年度订货会结束;

●进行订货会时千万不要进行还原操作,否则可能出错;

●管理员可对还原队伍进行一定惩罚(如扣现金)。

(3)数据备份

可在任意时刻将当前比赛数据进行备份。系统中只能同时有一套比赛数据。

管理员职责:当在规定时间内完成当年经营(系统中完成"当年结束")时,要求各队将当年报表交至管理员处核对。管理员可点击左上角该队名称,随时查看其报表与资源状况。当所有企业均完成经营时,可通过 IM 公布上一年市场老大状况及综合报表情况(可通过公共信息查询)。各队在研判上一年市场情况及竞争态势后,需在规定时间内投放下一年广告,开始新一年经营。

(4)赛后评分

完成预先规定的经营年限,将根据各队的最后权益、生产能力、资源状态等进行综合评分,分数高者为优胜。总分计算公式为

$$总分 = 最终权益 \times (1 + A/100) - 罚分$$

综合得分 A 为表 3-14 所示各项分数之和。

表 3-14　评分

评分项	分数
手工生产线	+5/条

表 3－14(续)

评分项	分数
半自动生产线	+7/条
全自动/柔性线	+10/条
区域市场开发	10
国内市场开发	10
亚洲市场开发	10
国际市场开发	10
ISO9000	10
ISO14000	10
P1 产品开发	10
P2 产品开发	10
P3 产品开发	10
P4 产品开发	10

[最终权益×(1+A/100)]可在系统中排行榜查询。

罚分可以由管理员自行定夺。主要因素有：

①报表准确性；

②关账是否及时；

③广告投放是否及时；

④盘面与系统数据是否一致；

⑤是否有影响比赛的不良行为。

第四节　创业者电子沙盘模拟记录册

创业者电子沙盘模拟记录册，如下所示。

经营模拟过程记录册

公司名称：____________________

职　　务：____________________

姓　　名：____________________

学　　号：____________________

日　　期：____________________

______公司　第 1 年企业运营(操作)流程

顺序	企业运营流程——每执行完一项操作,CEO 请在相应的方格内打钩。					
	操作流程	系统操作说明	记录			
年初	新年规划会议					
	广告投放	输入广告费确认				
	参加订货会/登记销售订单	选单				
	支付应付税(25%)	系统自动				
	支付长期贷款利息	系统自动				
	更新长期贷款/长期贷款还款	系统自动				
	申请长期贷款	输入贷款数额并确认				
年中	季初盘点(请填余额)	产品下线,生产线安装完工(系统自动)				
	更新短期贷款/短期贷款还本付息	系统自动				
	申请短期贷款	输入贷款数额确认				
	原材料入库/更新原料订单	需要确认金额				
	下原料订单	输入并确认				
	购买/租用厂房	选择并确认,自动扣现金				
	更新生产/完工入库	系统自动				
	新建/在建/转产/变卖生产线	选择并确认				
	紧急采购(随时进行)	随时进行,输入并确认				
	开始下一批生产	选择并确认				
	更新应收款/应收款收现	需要输入到期金额				
	按订单交货	选择交货订单确认				
	产品研发投资	选择并确认				
	厂房出售(买转租)/退租/租转买	选择确认,自动转应收款				
	支付管理费/更新厂房租金	系统自动				
	出售库存	随时进行,输入并确认				
	厂房贴现	随时进行				
	应收款贴现	随时进行,输入并确认				
	新市场开拓/ISO 资格认证投资	仅第四季度允许操作				
	季末收入合计					
	季末支出合计					
	季末数额对账					
年末	缴纳违约订单罚款(25%)	系统自动				
	支付设备维护费	系统自动				
	计提折旧	系统自动				(　)
	新市场/ISO 资格换证	系统自动				
	结账					

______公司　第 1 年企业运营(操作)流程

操作顺序	请按顺序执行下列各项操作。各总监在方格中填写原材料采购/在制品/产品出库及入库情况。其中:入库数量为“+”,出库数量为“-”。季末入库合计为“+”数据相加,季末出库合计为“-”数据相加。				
年初	新年规划会议				
	广告投放				
	参加订货会/登记销售订单				
	支付应付税(25%)				
	支付长期贷款利息				
	更新长期贷款/长期贷款还款				
	申请长期贷款				
		一季度	二季度	三季度	四季度
年中	季初盘点(请填余额)				
	更新短期贷款/短期贷款还本付息				
	申请短期贷款				
	原材料入库/更新原料订单				
	下原料订单				
	购买/租用厂房				
	更新生产/完工入库				
	新建/在建/转产/变卖生产线				
	紧急采购(随时进行)				
	开始下一批生产				
	更新应收款/应收款收现				
	按订单交货				
	产品研发投资				
	厂房出售(买转租)/退租/租转买				
	支付管理费/更新厂房租金				
	出售库存				
	厂房贴现				
	应收款贴现				
	新市场开拓/ISO 资格认证投资				
	季末收入合计				
	季末支出合计				
	季末数额对账				
年末	缴纳违约订单罚款(25%)				
	支付设备维护费				
	计提折旧				
	新市场/ISO 资格换证				
	结账				

__________公司 第 2 年企业运营(操作)流程

顺序	企业运营流程——每执行完一项操作,CEO 请在相应的方格内打钩。					
	操作流程	系统操作说明	记录			
年初	新年规划会议					
	广告投放	输入广告费确认				
	参加订货会/登记销售订单	选单				
	支付应付税(25%)	系统自动				
	支付长期贷款利息	系统自动				
	更新长期贷款/长期贷款还款	系统自动				
	申请长期贷款	输入贷款数额并确认				
年中	季初盘点(请填余额)	产品下线,生产线安装完工(系统自动)				
	更新短期贷款/短期贷款还本付息	系统自动				
	申请短期贷款	输入贷款数额确认				
	原材料入库/更新原料订单	需要确认金额				
	下原料订单	输入并确认				
	购买/租用厂房	选择并确认,自动扣现金				
	更新生产/完工入库	系统自动				
	新建/在建/转产/变卖生产线	选择并确认				
	紧急采购(随时进行)	随时进行,输入并确认				
	开始下一批生产	选择并确认				
	更新应收款/应收款收现	需要输入到期金额				
	按订单交货	选择交货订单确认				
	产品研发投资	选择并确认				
	厂房出售(买转租)/退租/租转买	选择确认,自动转应收款				
	支付管理费/更新厂房租金	系统自动				
	出售库存	随时进行,输入并确认				
	厂房贴现	随时进行				
	应收款贴现	随时进行,输入并确认				
	新市场开拓/ISO 资格认证投资	仅第四季度允许操作				
	季末收入合计					
	季末支出合计					
	季末数额对账					
年末	缴纳违约订单罚款(25%)	系统自动				
	支付设备维护费	系统自动				
	计提折旧	系统自动				( )
	新市场/ISO 资格换证	系统自动				
	结账					

__________公司 第 2 年企业运营(操作)流程

操作顺序	请按顺序执行下列各项操作。各总监在方格中填写原材料采购/在制品/产品出库及入库情况。其中:入库数量为“+”,出库数量为“-”。季末入库合计为“+”数据相加,季末出库合计为“-”数据相加。				
年初	新年规划会议				
	广告投放				
	参加订货会/登记销售订单				
	支付应付税(25%)				
	支付长期贷款利息				
	更新长期贷款/长期贷款还款				
	申请长期贷款				
		一季度	二季度	三季度	四季度
年中	季初盘点(请填余额)				
	更新短期贷款/短期贷款还本付息				
	申请短期贷款				
	原材料入库/更新原料订单				
	下原料订单				
	购买/租用厂房				
	更新生产/完工入库				
	新建/在建/转产/变卖生产线				
	紧急采购(随时进行)				
	开始下一批生产				
	更新应收款/应收款收现				
	按订单交货				
	产品研发投资				
	厂房出售(买转租)/退租/租转买				
	支付管理费/更新厂房租金				
	出售库存				
	厂房贴现				
	应收款贴现				
	新市场开拓/ISO 资格认证投资				
	季末收入合计				
	季末支出合计				
	季末数额对账				
年末	缴纳违约订单罚款(25%)				
	支付设备维护费				
	计提折旧				
	新市场/ISO 资格换证				
	结账				

＿＿＿＿＿公司 第3年企业运营(操作)流程

顺序	企业运营流程——每执行完一项操作,CEO 请在相应的方格内打钩。					
	操作流程	系统操作说明	记录			
年初	新年规划会议					
	广告投放	输入广告费确认				
	参加订货会/登记销售订单	选单				
	支付应付税(25%)	系统自动				
	支付长期贷款利息	系统自动				
	更新长期贷款/长期贷款还款	系统自动				
	申请长期贷款	输入贷款数额并确认				
年中	季初盘点(请填余额)	产品下线,生产线安装完工(系统自动)				
	更新短期贷款/短期贷款还本付息	系统自动				
	申请短期贷款	输入贷款数额确认				
	原材料入库/更新原料订单	需要确认金额				
	下原料订单	输入并确认				
	购买/租用厂房	选择并确认,自动扣现金				
	更新生产/完工入库	系统自动				
	新建/在建/转产/变卖生产线	选择并确认				
	紧急采购(随时进行)	随时进行,输入并确认				
	开始下一批生产	选择并确认				
	更新应收款/应收款收现	需要输入到期金额				
	按订单交货	选择交货订单确认				
	产品研发投资	选择并确认				
	厂房出售(买转租)/退租/租转买	选择确认,自动转应收款				
	支付管理费/更新厂房租金	系统自动				
	出售库存	随时进行,输入并确认				
	厂房贴现	随时进行				
	应收款贴现	随时进行,输入并确认				
	新市场开拓/ISO 资格认证投资	仅第四季度允许操作				
	季末收入合计					
	季末支出合计					
	季末数额对账					
年末	缴纳违约订单罚款(25%)	系统自动				
	支付设备维护费	系统自动				
	计提折旧	系统自动				(　)
	新市场/ISO 资格换证	系统自动				
	结账					

__________公司 第 3 年企业运营(操作)流程

操作顺序	请按顺序执行下列各项操作。各总监在方格中填写原材料采购/在制品/产品出库及入库情况。其中:入库数量为“+”,出库数量为“-”。季末入库合计为“+”数据相加,季末出库合计为“-”数据相加。				
年初	新年规划会议				
	广告投放				
	参加订货会/登记销售订单				
	支付应付税(25%)				
	支付长期贷款利息				
	更新长期贷款/长期贷款还款				
	申请长期贷款				
		一季度	二季度	三季度	四季度
年中	季初盘点(请填余额)				
	更新短期贷款/短期贷款还本付息				
	申请短期贷款				
	原材料入库/更新原料订单				
	下原料订单				
	购买/租用厂房				
	更新生产/完工入库				
	新建/在建/转产/变卖生产线				
	紧急采购(随时进行)				
	开始下一批生产				
	更新应收款/应收款收现				
	按订单交货				
	产品研发投资				
	厂房出售(买转租)/退租/租转买				
	支付管理费/更新厂房租金				
	出售库存				
	厂房贴现				
	应收款贴现				
	新市场开拓/ISO 资格认证投资				
	季末收入合计				
	季末支出合计				
	季末数额对账				
年末	缴纳违约订单罚款(25%)				
	支付设备维护费				
	计提折旧				
	新市场/ISO 资格换证				
	结账				

__________公司 第4年企业运营(操作)流程

顺序	企业运营流程——每执行完一项操作,CEO请在相应的方格内打钩。					
	操作流程	系统操作说明	记录			
年初	新年规划会议					
	广告投放	输入广告费确认				
	参加订货会/登记销售订单	选单				
	支付应付税(25%)	系统自动				
	支付长期贷款利息	系统自动				
	更新长期贷款/长期贷款还款	系统自动				
	申请长期贷款	输入贷款数额并确认				
年中	季初盘点(请填余额)	产品下线,生产线安装完工(系统自动)				
	更新短期贷款/短期贷款还本付息	系统自动				
	申请短期贷款	输入贷款数额确认				
	原材料入库/更新原料订单	需要确认金额				
	下原料订单	输入并确认				
	购买/租用厂房	选择并确认,自动扣现金				
	更新生产/完工入库	系统自动				
	新建/在建/转产/变卖生产线	选择并确认				
	紧急采购(随时进行)	随时进行,输入并确认				
	开始下一批生产	选择并确认				
	更新应收款/应收款收现	需要输入到期金额				
	按订单交货	选择交货订单确认				
	产品研发投资	选择并确认				
	厂房出售(买转租)/退租/租转买	选择确认,自动转应收款				
	支付管理费/更新厂房租金	系统自动				
	出售库存	随时进行,输入并确认				
	厂房贴现	随时进行				
	应收款贴现	随时进行,输入并确认				
	新市场开拓/ISO资格认证投资	仅第四季度允许操作				
	季末收入合计					
	季末支出合计					
	季末数额对账					
年末	缴纳违约订单罚款(25%)	系统自动				
	支付设备维护费	系统自动				
	计提折旧	系统自动				( )
	新市场/ISO资格换证	系统自动				
	结账					

______公司 第 4 年企业运营(操作)流程

操作顺序	请按顺序执行下列各项操作。各总监在方格中填写原材料采购/在制品/产品出库及入库情况。其中:入库数量为“+”,出库数量为“-”。季末入库合计为“+”数据相加,季末出库合计为“-”数据相加。				
年初	新年规划会议				
	广告投放				
	参加订货会/登记销售订单				
	支付应付税(25%)				
	支付长期贷款利息				
	更新长期贷款/长期贷款还款				
	申请长期贷款				
		一季度	二季度	三季度	四季度
年中	季初盘点(请填余额)				
	更新短期贷款/短期贷款还本付息				
	申请短期贷款				
	原材料入库/更新原料订单				
	下原料订单				
	购买/租用厂房				
	更新生产/完工入库				
	新建/在建/转产/变卖生产线				
	紧急采购(随时进行)				
	开始下一批生产				
	更新应收款/应收款收现				
	按订单交货				
	产品研发投资				
	厂房出售(买转租)/退租/租转买				
	支付管理费/更新厂房租金				
	出售库存				
	厂房贴现				
	应收款贴现				
	新市场开拓/ISO 资格认证投资				
	季末收入合计				
	季末支出合计				
	季末数额对账				
年末	缴纳违约订单罚款(25%)				
	支付设备维护费				
	计提折旧				
	新市场/ISO 资格换证				
	结账				

__________公司 第 5 年企业运营(操作)流程

顺序	企业运营流程——每执行完一项操作,CEO 请在相应的方格内打钩。					
	操作流程	系统操作说明	记录			
年初	新年规划会议					
	广告投放	输入广告费确认				
	参加订货会/登记销售订单	选单				
	支付应付税(25%)	系统自动				
	支付长期贷款利息	系统自动				
	更新长期贷款/长期贷款还款	系统自动				
	申请长期贷款	输入贷款数额并确认				
年中	季初盘点(请填余额)	产品下线,生产线安装完工(系统自动)				
	更新短期贷款/短期贷款还本付息	系统自动				
	申请短期贷款	输入贷款数额确认				
	原材料入库/更新原料订单	需要确认金额				
	下原料订单	输入并确认				
	购买/租用厂房	选择并确认,自动扣现金				
	更新生产/完工入库	系统自动				
	新建/在建/转产/变卖生产线	选择并确认				
	紧急采购(随时进行)	随时进行,输入并确认				
	开始下一批生产	选择并确认				
	更新应收款/应收款收现	需要输入到期金额				
	按订单交货	选择交货订单确认				
	产品研发投资	选择并确认				
	厂房出售(买转租)/退租/租转买	选择确认,自动转应收款				
	支付管理费/更新厂房租金	系统自动				
	出售库存	随时进行,输入并确认				
	厂房贴现	随时进行				
	应收款贴现	随时进行,输入并确认				
	新市场开拓/ISO 资格认证投资	仅第四季度允许操作				
	季末收入合计					
	季末支出合计					
	季末数额对账					
年末	缴纳违约订单罚款(25%)	系统自动				
	支付设备维护费	系统自动				
	计提折旧	系统自动				( )
	新市场/ISO 资格换证	系统自动				
	结账					

________公司 第5年企业运营(操作)流程

操作顺序	请按顺序执行下列各项操作。各总监在方格中填写原材料采购/在制品/产品出库及入库情况。其中:入库数量为“+”,出库数量为“-”。季末入库合计为“+”数据相加,季末出库合计为“-”数据相加。				
年初	新年规划会议				
	广告投放				
	参加订货会/登记销售订单				
	支付应付税(25%)				
	支付长期贷款利息				
	更新长期贷款/长期贷款还款				
	申请长期贷款				
		一季度	二季度	三季度	四季度
年中	季初盘点(请填余额)				
	更新短期贷款/短期贷款还本付息				
	申请短期贷款				
	原材料入库/更新原料订单				
	下原料订单				
	购买/租用厂房				
	更新生产/完工入库				
	新建/在建/转产/变卖生产线				
	紧急采购(随时进行)				
	开始下一批生产				
	更新应收款/应收款收现				
	按订单交货				
	产品研发投资				
	厂房出售(买转租)/退租/租转买				
	支付管理费/更新厂房租金				
	出售库存				
	厂房贴现				
	应收款贴现				
	新市场开拓/ISO资格认证投资				
	季末收入合计				
	季末支出合计				
	季末数额对账				
年末	缴纳违约订单罚款(25%)				
	支付设备维护费				
	计提折旧				
	新市场/ISO资格换证				
	结账				

__________公司 第6年企业运营(操作)流程

顺序	企业运营流程——每执行完一项操作,CEO请在相应的方格内打钩。					
	操作流程	系统操作说明	记录			
年初	新年规划会议					
	广告投放	输入广告费确认				
	参加订货会/登记销售订单	选单				
	支付应付税(25%)	系统自动				
	支付长期贷款利息	系统自动				
	更新长期贷款/长期贷款还款	系统自动				
	申请长期贷款	输入贷款数额并确认				
年中	季初盘点(请填余额)	产品下线,生产线安装完工(系统自动)				
	更新短期贷款/短期贷款还本付息	系统自动				
	申请短期贷款	输入贷款数额确认				
	原材料入库/更新原料订单	需要确认金额				
	下原料订单	输入并确认				
	购买/租用厂房	选择并确认,自动扣现金				
	更新生产/完工入库	系统自动				
	新建/在建/转产/变卖生产线	选择并确认				
	紧急采购(随时进行)	随时进行,输入并确认				
	开始下一批生产	选择并确认				
	更新应收款/应收款收现	需要输入到期金额				
	按订单交货	选择交货订单确认				
	产品研发投资	选择并确认				
	厂房出售(买转租)/退租/租转买	选择确认,自动转应收款				
	支付管理费/更新厂房租金	系统自动				
	出售库存	随时进行,输入并确认				
	厂房贴现	随时进行				
	应收款贴现	随时进行,输入并确认				
	新市场开拓/ISO资格认证投资	仅第四季度允许操作				
	季末收入合计					
	季末支出合计					
	季末数额对账					
年末	缴纳违约订单罚款(25%)	系统自动				
	支付设备维护费	系统自动				
	计提折旧	系统自动				(　)
	新市场/ISO资格换证	系统自动				
	结账					

________公司 第 6 年企业运营(操作)流程

操作顺序	请按顺序执行下列各项操作。各总监在方格中填写原材料采购/在制品/产品出库及入库情况。其中:入库数量为“+”,出库数量为“-”。季末入库合计为“+”数据相加,季末出库合计为“-”数据相加。				
年初	新年规划会议				
	广告投放				
	参加订货会/登记销售订单				
	支付应付税(25%)				
	支付长期贷款利息				
	更新长期贷款/长期贷款还款				
	申请长期贷款				
		一季度	二季度	三季度	四季度
年中	季初盘点(请填余额)				
	更新短期贷款/短期贷款还本付息				
	申请短期贷款				
	原材料入库/更新原料订单				
	下原料订单				
	购买/租用厂房				
	更新生产/完工入库				
	新建/在建/转产/变卖生产线				
	紧急采购(随时进行)				
	开始下一批生产				
	更新应收款/应收款收现				
	按订单交货				
	产品研发投资				
	厂房出售(买转租)/退租/租转买				
	支付管理费/更新厂房租金				
	出售库存				
	厂房贴现				
	应收款贴现				
	新市场开拓/ISO 资格认证投资				
	季末收入合计				
	季末支出合计				
	季末数额对账				
年末	缴纳违约订单罚款(25%)				
	支付设备维护费				
	计提折旧				
	新市场/ISO 资格换证				
	结账				

复习思考题

1. 简述创业者电子沙盘。

2. 简述创业者电子沙盘模拟运营规则。

3. 简述创业者电子沙盘模拟过程。

4. 如何进行创业者电子沙盘模拟实战演练?

5. 简述创业者电子沙盘经营流程。

素质拓展

策划与交流

【实训目标】

培养学生的创意思维;培养学生运筹与决策能力;培养学生对决策方案的分析评价能力。

【实训内容与要求】

1. 将全班分成 A、B 两组,并相对而坐,围成圆圈。

2. 教师每十分钟发放一个题目(也可以抽签)。教师公布题目后,负责制订计划的一组用抢答的方式确定制订计划者,经过 5 ~ 10 分钟准备后提出一个简要的创意或计划构想。

也可在课前先确定题目,以使同学有更充分的准备时间。

3. 第一节由 A 组对指定题目进行策划,提出计划要点或构想;B 组成员对该计划构想进行分析评论,指出其合理之处、存在的问题和不足;制订一方的成员可对计划构想做进一步补充和解释说明。第二节课 A、B 两组轮换角色。

4. 每一个计划的题目进行 10 ~ 15 分钟,总共利用大约两节课时间。

【实训要领】

1. 每位学生都要有较高的参与欲望,并对相关知识能较好地掌握。

2. 选择的题目一定是同学们所熟悉的,或能收集到相关资料的,以使同学们能够顺利构思与运筹。

3. 同学在构思运筹的过程中,一方面要按照目标→环境分析→决策方案(包括行动内容、形式、时间、地点与资源配备等)的基本结构进行运筹,另一方面要通过创造性思维,形成创意和有较高质量的决策，要注意有一个清晰的思路。

4. 教师要鼓励学生发言，学生也要主动锻炼自己的表达能力。

5. 负责评价的同学要依据计划构思的要领，积极地进行分析评价。

6. 策划与交流可由轮值模拟公司主持。

【成果与检测】

1. 每个提出计划构想的学生都要编写一个简要的发言提纲，可计为一次作业成绩。

2. 由主持训练的轮值公司负责评定成绩。主要参考标准如下：

(1)对于通过竞争负责策划的学生，记1分，策划较为突出者记2分；

(2)分析评价方态度积极、观点正确，记1分，表现突出、反驳有力的记2分；

(3)其他参与发言的，一般记1分，突出的记2分，计划好、评价也好的总分记3分。

第四章 《创业之星》创业仿真模拟实战

章前导读

成语故事:守株待兔

相传在战国时期的宋国,有一个农民,日出而作,日落而息。遇到好年景,也不过刚刚吃饱穿暖;一遇灾荒,可就要忍饥挨饿了。虽然他想改善生活,但他太懒,胆子又特别小,干什么都是又懒又怕,总想碰到送上门来的意外之财。

没想到,奇迹终于发生了。深秋的一天,他正在田里耕地,旁边的树林里有人在打猎。吆喝之声此起彼伏,受惊的小野兽们没命地奔跑。突然,有一只兔子不偏不倚地一头撞死在他田边的树根上。

当天,他美美地饱餐了一顿。从此,他便不再种地,一天到晚守着那神奇的树根,等待奇迹再次出现。

成语"守株待兔",比喻妄想不劳而获,或死守狭隘的经验,不知变通。

教学目标

本章主要学习《创业之星》创业仿真模拟实战,主要了解和掌握《创业之星》创业仿真模拟实战概述、《创业之星》创业仿真模拟运营规则、《创业之星》创业仿真模拟实战过程、《创业之星》创业仿真模拟实战记录、《创业之星》创业仿真模拟决策问题等内容。

知识要点

《创业之星》创业仿真模拟的教学内容 《创业之星》创业仿真模拟教具 《创业之星》创业仿真模拟实战

第一节 《创业之星》创业仿真模拟实战概述

创新创业教育是对教育改革提出的更高要求，是破解素质教育难题的钥匙。创新创业教育体现了素质教育的内涵，突出了教育创新和对学生实际能力的培养。提升高校创新创业教育质量，使学生“具备创业意识，创造就业机会”，已经成为当代大学教育的重要组成部分。

一、《创业之星》创业仿真模拟平台简介

（一）《创业之星》平台简介及目标

1.《创业之星》平台简介

《创业之星》是在“大众创业、万众创新”大环境背景下推出的一套全面创业模拟实践软件。《创业之星》运用先进的计算机软件与网络技术，结合严密而精心设计的商业模拟管理模型及企业决策博弈理论，全面模拟真实企业的创业运营管理过程。学生在虚拟商业社会中完成企业注册、创建、运营、管理等所有决策。通过创新创业模拟实训课程，学生可以有效地将所学知识转化为实际动手的能力，提升综合素质，增强就业与创业能力。

2.《创业之星》平台目标

《创业之星》平台的目标，是为所有学生而不仅仅是部分学生提供一个创业实践的训练平台，使创业教育真正落地。学生通过《创业之星》领先的商业模拟引擎，在虚拟创业空间里全面体验创业的全过程，尽情释放才智，挥洒创业激情，放飞创业梦想！在这里，创业不再是停留在书面上的理论知识，而是真实的体验与实践。

（二）《创业之星》平台功能模块

《创业之星》涵盖了从计划、准备到实施的创业全过程。《创业之星》主要包括三大部分功能模块：创业计划、创业准备、创业管理，如图 4－1 所示。

1. 模块一：创业计划

根据《创业之星》整个训练系统平台的商业背景环境与数据规则，完成创业计划书的编写。创业者首先对背景环境进行商业机会分析，组建经营团队，制订资金筹措计划，撰写公司名称，制定公司章程，并编写一份完整的创业计划书。

图 4－1 《创业之星》功能模块

组成创业公司的训练团队首先要对市场商业机会进行研究，并分析市场竞争形势，从而制订出合理的创业计划书。创业计划书的内容主要包括摘要、公司简介、市场分析、竞争分析、产品服务、市场营销、财务计划、风险分析、内部管理等方面，如图 4－2 所示。

创业计划书								
摘要	公司简介	市场分析	竞争分析	产品服务	市场营销	财务计划	风险分析	内部管理

图 4－2 创业计划书内容

2. 模块二：创业准备

当创业者有了想法，并已经做好了资金、人员、技术、场地、设备、公司名称等方面的各项准备工作后，就进入了企业的初创阶段。参加训练的学生需要独立完成公司注册审批流程的所有工作。

公司注册的整个流程如图 4－3 所示。

3. 模块三：创业管理

创业管理是本系统的核心部分，是训练和提升学生创业能力的关键环节，也是检验创业计划可行性的实践环节。通过对真实企业的仿真模拟，所有参加训练的学生分成若干小组，组建成若干虚拟公司，在同一市场环境下相互竞争与发展。每个小组的成员分别担任虚拟公司的总经理、财务总监、营销总监、生产总监、研发总监、人力资源总监等职务，并承担相关的管理工作，通过对市场环境与背景资料的分析讨论，完成企业运营过程中的各项决策，包括战略规划、品牌设计、营销策略、市场开发、产品计划、生产规划、融资策略、成本分析等。团队成员的努力,可以使公司实现既定的战略目标,并在所有公司中脱颖而出,如图 4－4 所示。

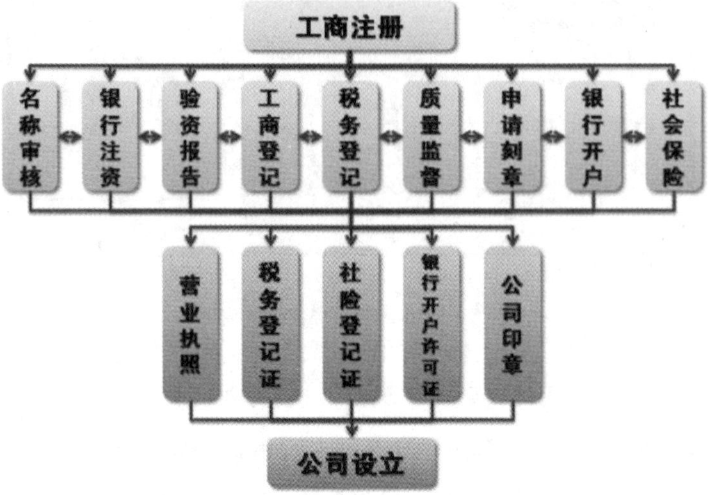

图 4－3　公司注册的整个流程

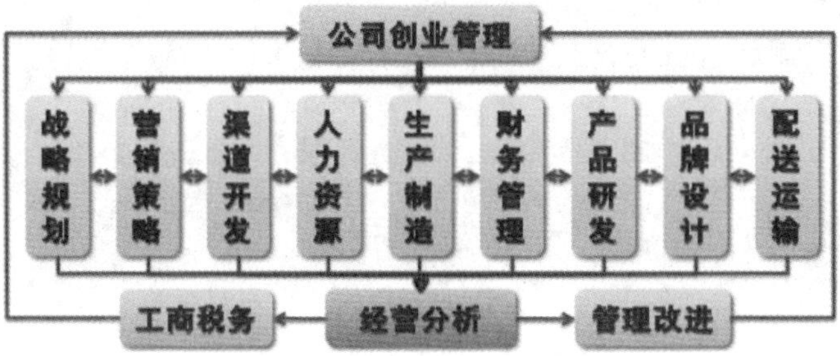

图 4－4　公司创业管理

在《创业之星》中,每个小组需要独立做出众多的经营决策,使创业企业能够逐步成长壮大。这些经营决策涉及一个创业企业的各个方面。同时,团队合作、沟通技巧、执行力等也是整个决策过程中至关重要的环节。如何综合考虑各种因素的影响,充分发挥团队的作用,是制定有效决策和最终取胜的关键。

二、《创业之星》创业仿真模拟课程教学设计

(一)《创业之星》创业仿真模拟课程教学形式

《创业之星》创业仿真模拟课程的教学方法有别于传统的知识灌输,重点在于培养学生

的创业意识、创新精神、创业能力和管理能力，激发学生的创业热情，增加实践经验。《创业之星》创业仿真模拟课程通过理论结合实践，特别是注重在实践中进行训练，在模拟实践中开展创业，在对抗实战中提升技能。

为了更好地对每一位参训学生进行全方位的实训，《创业之星》创业仿真模拟课程在不同阶段可以通过不同的训练模式进行实践操作。在创业计划书和创业准备阶段，参训学生既可以个人形式参加模拟实训，也可以团队形式进行实训。在创业管理阶段，为了更好地体验创业的全过程与实际创业的场景，一般以团队形式组建创业企业的管理层，共同配合完成企业若干时间的运营管理，并对创业计划书的设想进行检验。

《创业之星》创业仿真模拟课程是一门综合创业实训课程，更注重实践环节的体验与训练。因此，《创业之星》创业仿真模拟课程的成绩也以综合评定的方式进行评价。分数的构成主要包括以下四部分：

1. 创业计划书

创业计划书占总成绩的20%，主要检查创业计划书的完整性、系统性、可行性，并通过最终经营的绩效与创业计划书的设想进行对比，检验实际完成的情况。

2. 创业注册流程

创业注册流程占总成绩的10%，主要检验是否完全理解了各项企业创办注册的流程。

3. 创业管理实战

创业管理实战占总成绩的30%，通过经营实践，一方面检验创业计划书撰写的可行性，另一方面也是检验实际创业管理能力的重要方面。

4. 创业实训报告

创业实训报告占总成绩的40%，所占比重最大，也是最重要的评分项目，检验实训的学生是否对创业有一个系统而深刻的认识与体会。

（二）《创业之星》创业仿真模拟实训时间安排

《创业之星》创业仿真模拟是一门综合实训课程，配合高校创业教育及创业实践活动的开展，主要采用《创业之星》训练平台进行创新创业训练。《创业之星》平台包括三大部分：创业计划、创业准备、创业管理。

《创业之星》训练平台以模拟实训为主，兼顾理论学习与理解。其中，创业计划环节重点帮助学生厘清创办企业的可行性与发展规划；创业准备环节主要帮助学生了解实际成立企业需要办理事务的流程；创业管理环节通过对创业企业的实际运营管理，帮助学生更好地理解创办企业所要用到的各类管理知识，体验创业的艰辛与快乐，对企业的风险有更直接、更深刻的体验。

1. 第一阶段：创业计划

《创业之星》创业仿真模拟课堂讲解：认识创业，介绍创业的基本知识，学习创业计划书的基本结构、主要内容、撰写方法。

《创业之星》创业仿真模拟实训:熟悉商业背景环境与运营规则,通过对创业环境的分析,完成创业计划书的撰写,其中主要是在课下完成撰写。

2. 第二阶段:创业准备

《创业之星》创业仿真模拟课堂讲解:认识创业过程中需要完成的所有注册流程工作,了解相关政府或机构的职能及需要填写的表单,对整个注册过程有一个清晰认识。

《创业之星》创业仿真模拟实训:以个人或小组为单位,完成一家模拟企业创业的所有注册流程。

3. 第三阶段:创业管理

《创业之星》创业仿真模拟课堂讲解:讲解与创业运营管理相关的理论知识,包括战略、营销、财务、生产、研发、销售、人力资源等各方面,结合企业运营数据,对各小组的绩效进行分析点评,帮助学生更好地理解创业过程所需要的理论知识与决策管理。

《创业之星》创业仿真模拟实训:完成新创办企业共八个季度的运营管理,并在与其他小组的竞争中使企业不断发展壮大,并实现创业计划书中的规划与设想,在所有小组中脱颖而出。

《创业之星》创业仿真模拟总课时,可根据实际教学情况进行调整,一般可安排在32~48课时。如果时间有限,可适当减少理论部分的讲解,主要放在学生实战训练与分析点评上;或者在课堂上重点是讲解与分析,学生的模拟实训可放在课后完成,在规定的时间内只要学生将决策提交到《创业之星》平台服务器上即可。

第二节 《创业之星》创业仿真模拟运营规则

企业之间的竞争需要遵循一定的规则,创新创业的实践也需要遵循一定的规则来进行。因此,《创业之星》创业仿真模拟的规则也尽可能地体现企业运营和市场经营即创新创业实践的情况。《创业之星》创业仿真模拟实战的运营规则如下。

一、《创业之星》平台操作入门

(一)《创业之星》系统登录

1. 运行教师端程序,连接在线服务器 www. monilab. com,进入其中一个开放的教室,如:101,102,103 等,连接端口使用 80,如图 4-5 所示。如教室有密码无法进入,应及时联系技术支持人员申请体验教室号码。

2. 在出现的教室列表中选择需要登录的教室号,点击“进入教室”;或新建立一个班级,再选择新建立的班级,点击“进入教室”,如图 4-6 所示。

图 4－5　进入教室

图 4－6　选择班级

3. 点击左边菜单“系统参数设置—学员分组管理”，创建小组序号和小组名称。创建成功后会在中间列表中显示已创建的小组序号及名称，如图 4－7 所示。

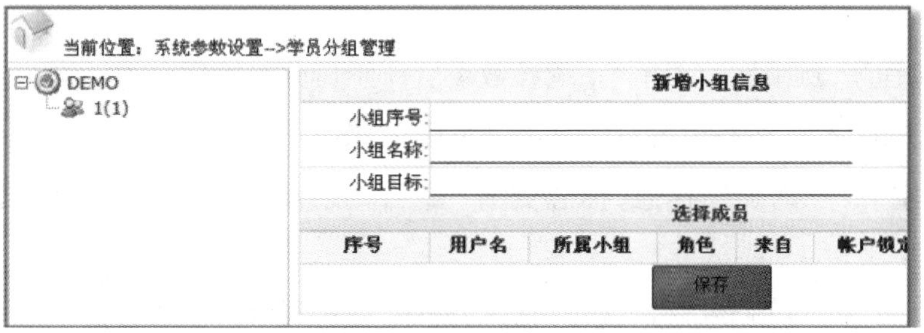

图 4－7　学员分组管理

4. 运行学生端程序，进入前面教师已经启动的班级，如图 4－8 所示。

图 4－8　运行学生端

5. 点击进入“新用户注册”界面。

6. 在出现的注册页面输入登录的学生信息，选择教师已经创建的小组号（新建的学生必须要加入小组，教师未创建小组则学生无法注册），选择个人形象，点击“注册”，如图4－9 所示。

图 4－9　新用户注册

7. 教师端程序，点击左边菜单“系统参数设置—学员分组管理”，右边会显示出新申请的学生姓名，如未出现，则在右边窗口中点击一下鼠标，然后按 F5 键刷新屏幕。点击该名字右边的“账户锁定”一栏的加锁标志，标志变为“ ”，则表示已同意该学生注册，如图 4－10 所示。

8. 在学生端，按 F5 刷新屏幕，或重新启动程序，会看到申请已获教师批准。选择刚申请注册的名字，点击登录，即可进入学生端程序的主场景。

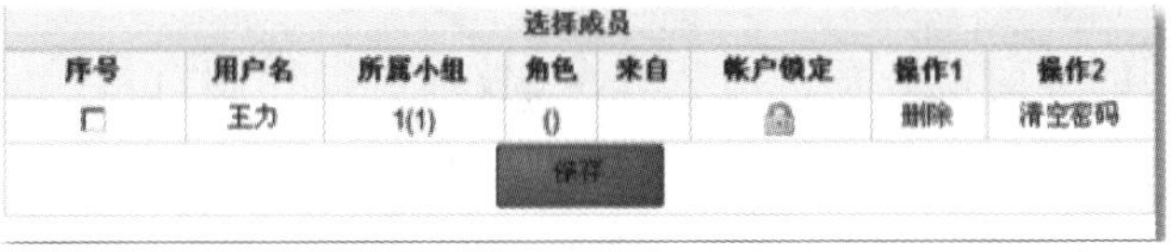

图 4-10 账户锁定

(二)创业计划

由4~6名学生组成一个小组,每个小组初始时均拥有一笔投资。在开始时,各小组团队成员针对整个市场环境背景资料及规则,撰写创业计划书。由于撰写一份完整的创业计划书需要不少时间,这部分工作主要在课前完成。

完成的创业计划书可粘贴到“公司内部—会议室—创业计划书”部分。

(三)创业准备

学生端进入的主场景,每幢楼的入口处有一个箭头形标志,鼠标移至此处,当出现提示“进入”时,点击鼠标左键,可以进入相应的场景。在创业准备阶段,需要完成公司工商税务登记注册的所有内容,按以下步骤依次去相关部门办理各项事务:

(1)租赁办公场所;

(2)公司名称登记;

(3)撰写公司章程;

(4)公司注册资金;

(5)领取验资报告;

(6)公司设立登记;

(7)刻制公司印章;

(8)办理机构代码;

(9)办理税务登记;

(10)开设公司账户;

(11)办理社会保险。

至此,已完全完成公司工商税务登记所有流程工作,公司正式成立,可以开张营业了。

接下来将进入创业企业运营管理阶段。

(四)创业管理

学生完成企业的创业的全部准备工作后,可以进入创业管理阶段。首先,在教师端程序点击“任务进度控制”菜单,点击“进入第1季度经营”,结束创业准备阶段的各项工作,进入创业企业运营管理阶段。

如不需要做前面的工商税务登记流程任务，教师可以控制直接跳转到后面的创业管理环节。在教师端点击“系统参数设置—基本环境设置”，将“是否跳过公司注册流程”一项选择“是”，再按上面步骤点击“任务进度控制”菜单，点击“进入第1季度经营”，即可跳过工商税务登记注册环节。

创业管理阶段，在每一季度截止时间前，小组成员可以反复对决策的内容进行调整修改。一旦教师端控制结束该季度运营，则不能再修改已完成的所有决策。

每一季度需要完成的决策除个别任务外，大部分不分先后，可由每位成员根据公司讨论好的策略同时去制定相关决策。

1. 研发部

研发部负责公司新产品的研究与开发工作。点击“研发部”，弹出窗口会显示研发部需要完成的决策任务以及相关操作。

产品设计：点击“决策内容—产品设计”，根据消费者需求分析的情况及公司发展战略设计需要生产的产品，产品名称由公司自己取名，并确定产品原料配置清单及计划针对的消费群体。设计好后点击“保存”，如图4－11所示。

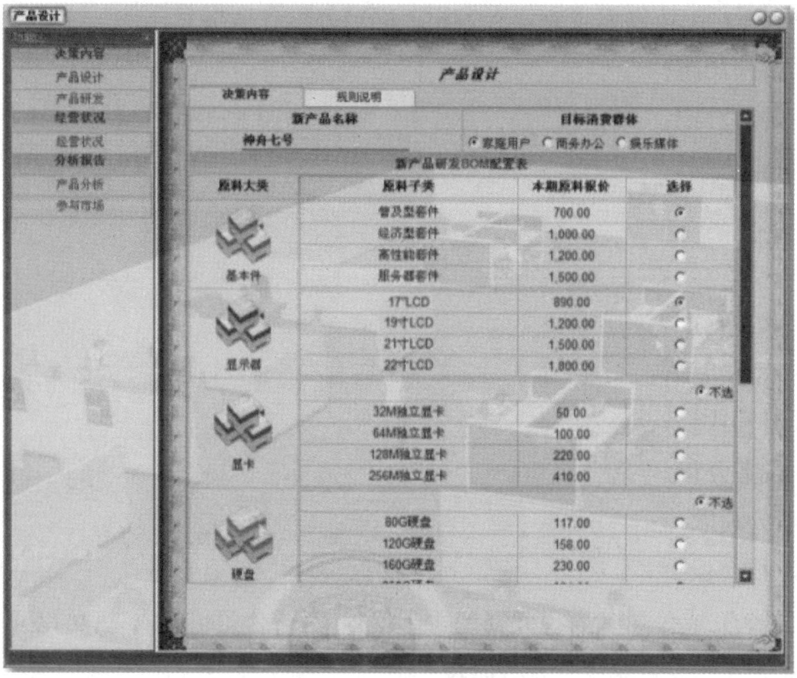

图4－11　产品设计

完成设计的产品，在窗口最下面有所有产品列表，将鼠标移到产品名称旁的“ⓘ”标志上，会显示出该产品的原料配置清单及研发进展等信息，如图4－12所示。

图 4－12　产品的原料配置清单及研发进展

产品研发：不同设计的产品根据复杂程度，需要投入的产品研发时间也不相同。点击“决策内容—产品研发”，根据窗口提示完成已设计好的产品的研发投入，如图 4－13 所示。

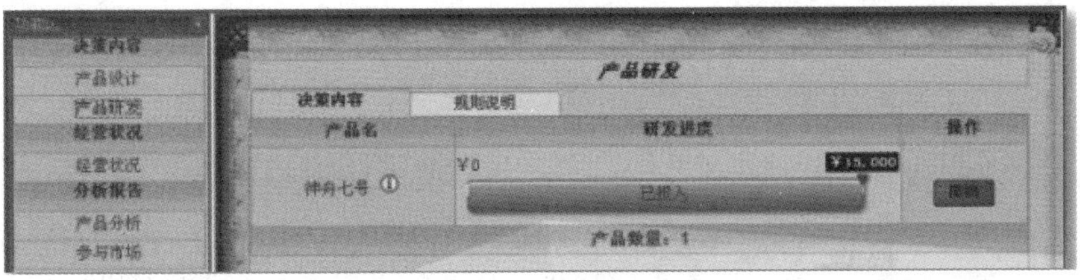

图 4－13　产品的研发投入

2. 制造部

制造部门负责公司产品的生产制造工作，包括原料采购、厂房购置、设备购置、资质认证、工人培训、订单交付等。

原料采购：根据公司设计的产品原料配置情况，采购生产产品所需要的原材料，如图 4－14 所示。

厂房购置：公司可以购买或租用厂房，用来放置生产设备，如图 4－15 所示。

设备购置：在拥有了厂房后，可以购买设备安置到指定的厂房中，如图 4－16 所示。

资质认证：部分市场需要通过认证才能进入。根据商业新闻资料的提示，安排公司的认证计划。

工人培训：安排工人的培训计划，提交给人力资源部安排培训，提升技能。

订单交付：公司拿到销售订单后，根据存货情况安排订单交付。输入要交付的订单数量，点击“发货”即可，如图 4－17 所示。

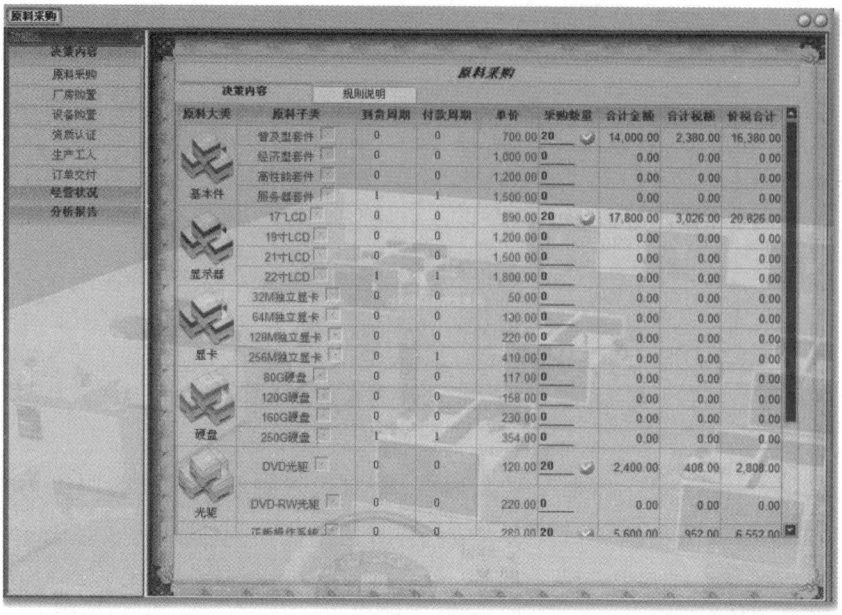

图 4－14　原料采购

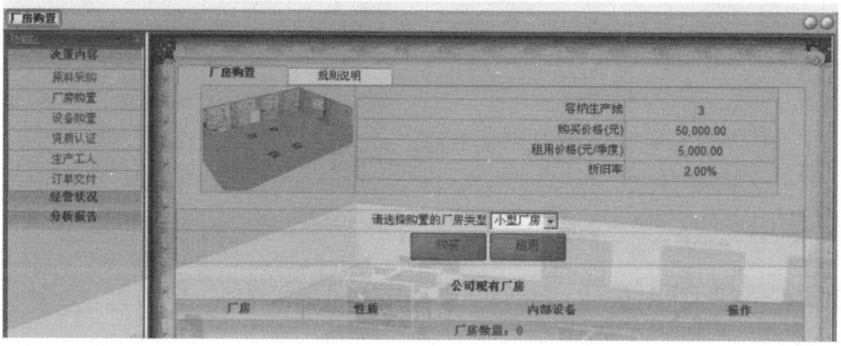

图 4－15　厂房购置

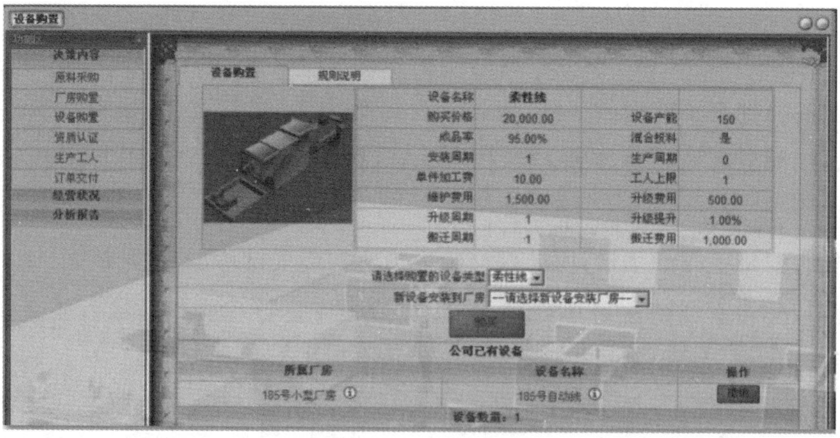

图 4－16　设备购置

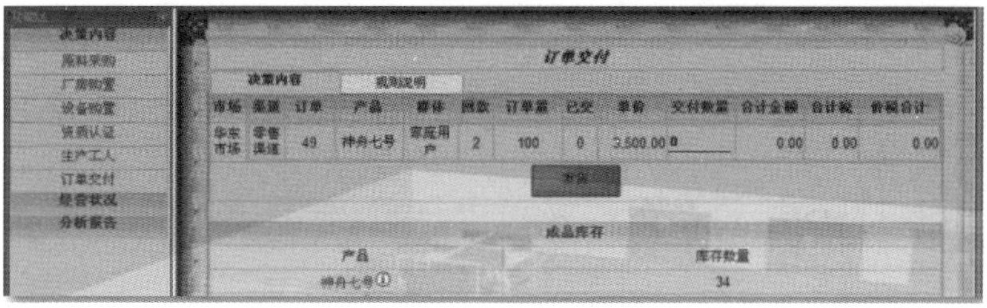

图 4－17　订单交付

3. 生产车间

如需要进行生产排产，则要首先进入到“生产车间”，点击后会跳出厂房选择窗口，如图 4－18 所示。

图 4－18　厂房列表

选择需要进入的厂房，点击“进入”，进入厂房内部后可以看到该厂房内的所有生产设备。点击要安排生产计划的生产线，在弹出的窗口中对该生产线进行生产排产或相关操作，如图 4－19 所示。

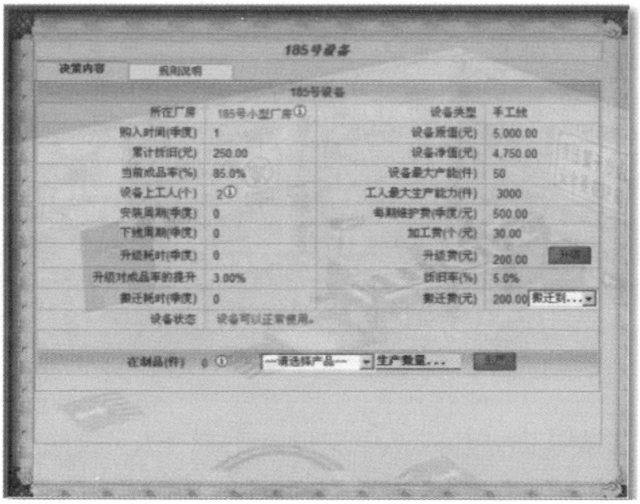

图 4－19　安排生产计划的生产线

4. 人力资源部

人力资源部负责公司人员的招募工作，包括生产线上的操作工人和销售部的销售人员。

为招募到的人员签订合同、办理保险，并根据制造部和销售部提出的培训计划，安排相关人员进行技能培训。

人员招聘：根据制造部和销售部的用人计划，到人才市场招聘生产工人和销售人员，如图 4－20 所示。

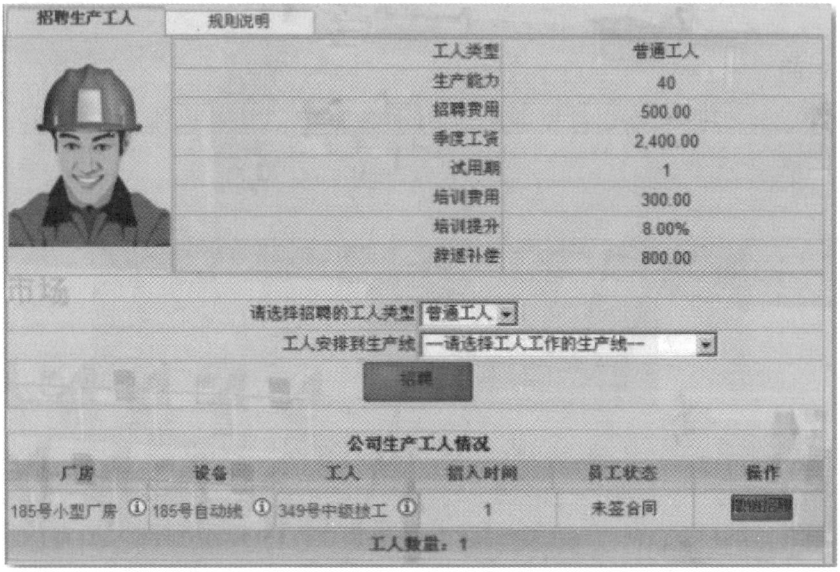

图 4－20　人员招聘

签订合同：为公司所有人员签订劳动合同，办理养老保险，包括所有管理层人员、招聘的生产工人和销售人员等，如图 4－21 所示。

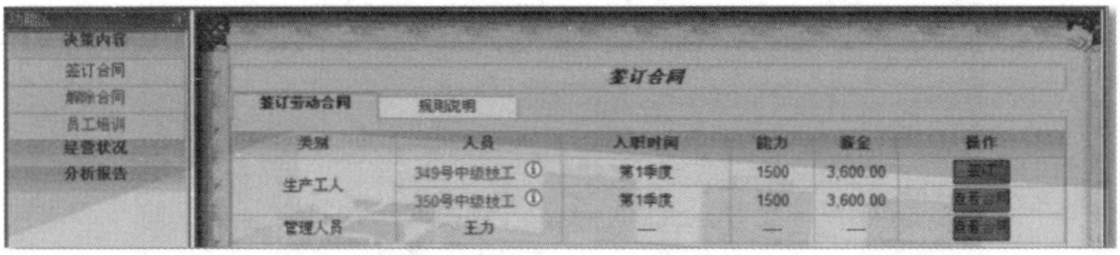

图 4－21　签订合同

员工培训：可以为操作工人和销售人员安排培训，提升人员技能。如要安排培训，首先由相关部门提交培训计划；如要对生产工人培训，首先到制造部安排培训计划，如图 4－22 所示。

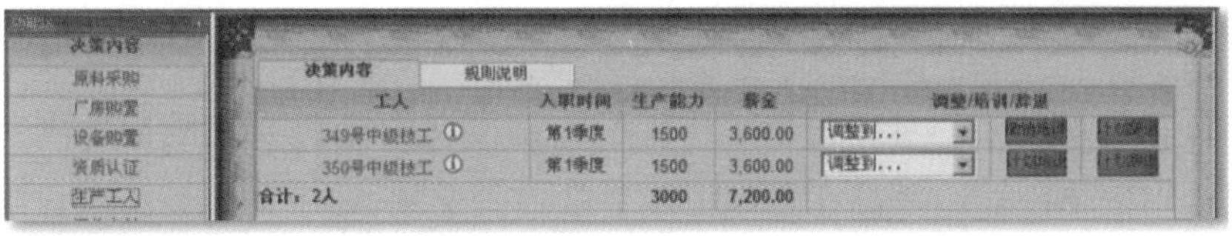

图 4 – 22　安排培训计划

再转到人力资源部，可以看到制造部提交的生产工人培训计划。点击“培训”按钮，即可安排对该名工人的技能培训，如图 4 – 23 所示。

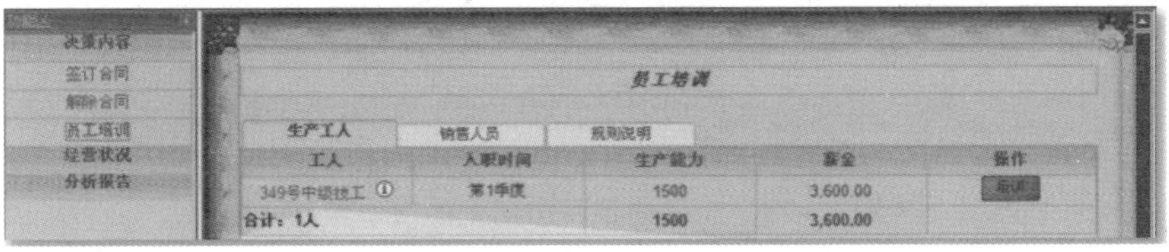

图 4 – 23　员工培训

5. 市场部

市场部负责公司市场整体推广工作，包括区域市场的开发以及产品在市场上的广告宣传投入。

市场开发：根据公司战略，选择相关的市场开发投入费用，如图 4 – 24 所示。

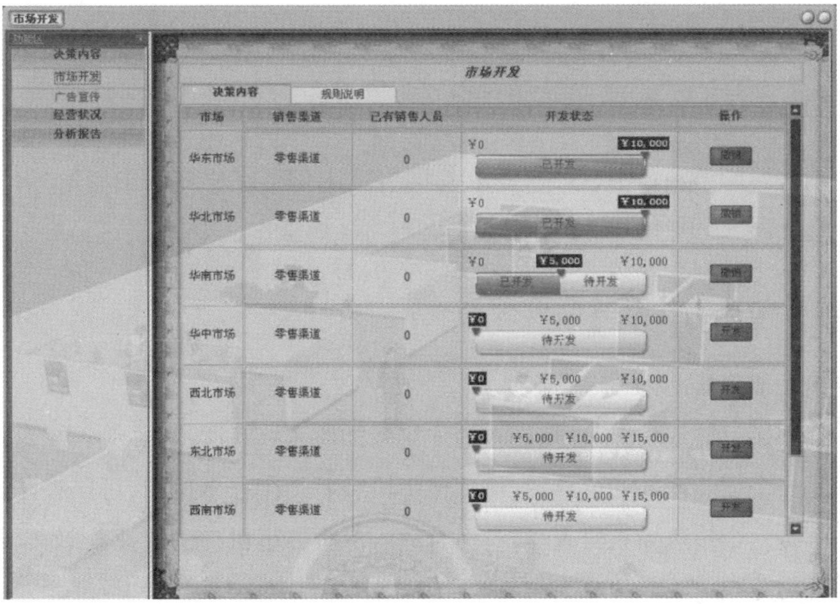

图 4 – 24　市场开发

广告宣传:针对公司的每一个产品制订本季度的广告宣传计划。

6. 销售部

销售部负责公司产品的对外销售工作。销售部要负责销售人员的岗位安排,以及针对每一个市场的不同情况制定产品在不同市场上的报价策略,如图 4 – 25 所示。

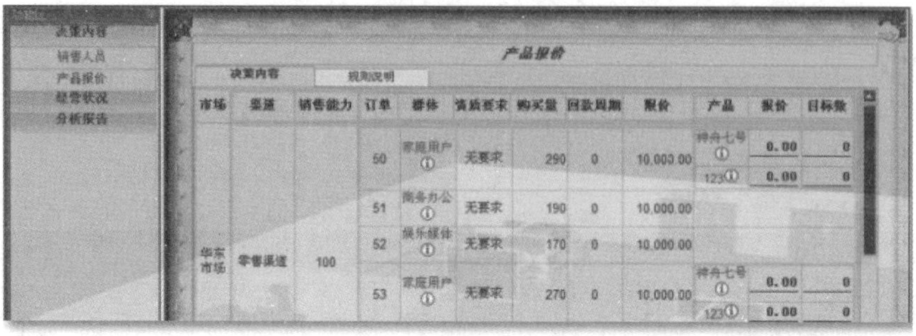

图 4 – 25 产品在不同市场上的报价策略

7. 财务部

财务部负责公司资金筹划管理,为公司日常生产经营的正常进行提供资金支持。

银行借款:进入创业银行,点击“信贷业务”窗口,根据提示申请借款。

现金预算:根据公司发展规划与经营目标,完成本期现金预算表。

在完成本季度所有经营决策后,教师端在任务进度控制菜单下点击进入下一季度,即完成当前季度工作。各小组可以查看上季度经营状况,交付获取的订单,收回货款,盘点库存,对本季度经营管理进行分析决策。

二、《创业之星》平台基本操作规则

选择申请注册的学生名字,点击“登录”,即可进入学生端程序的主场景,学生端程序正常启动运行后,开始《创业之星》学生端基本操作与计划操作。

(一)主场景功能分布与公司场景功能

1. 主场景功能分布简介

学生端程序运行并成功登录后,进入的主场景如图 4 – 26 所示。

主场景是一个创业园区的示意图,每幢楼都代表着一个办事机构,可以去办理各种相关事宜。最下方是一个快速导航仪表盘,盘面有进入各个办事机构的快捷菜单,以及系统信息提示和帮助等功能键。

每幢大楼的功能与作用简要说明如下。

(1)“创业大厦”:所有创业企业办公所在地,对应仪表盘上的“公司”。

图 4－26 创业园区的示意图

(2)“创业银行”:创业园区的金融机构,可以到这里办理公司开户与申请借款等业务,对应仪表盘上的“银行”。

(3)“会计事务所”:新公司创立时,办理股东注资情况的验证证明,对应仪表盘上的“会计”。

(4)“工商行政管理”:新公司创立时,办理公司名称审核及注册等事宜,对应仪表盘上的“工商”。

(5)“国家税务局”:新公司创立时,办理国税税务登记证书,对应仪表盘上的“国税”。

(6)“地方税务局”:新公司创立时,办理地税税务登记证书,对应仪表盘上的“地税”。

(7)“质量技术监督局”:新公司创立时,办理组织机构代码证,对应仪表盘上的“质检”。

(8)“刻章店”:新公司创立时,刻制公司各类印章,对应仪表盘上的“刻章”。

(9)“人力资源与社会保障局”:办理公司社会保险登记证及员工养老保险,对应仪表盘上的“劳保”。

(10)“交易市场”:办理人员招聘、原材料转让交易、厂房设备交易、商业情况购买等,对应仪表盘上的“市场”。

每幢楼的入口处有一个进入大楼的标志箭头“”,鼠标移到这个位置上,当出现“进入”提示时,点击鼠标左键,可以进入相应的大楼办理相关业务。

2. 公司场景功能分布

企业创立后,在运营阶段,大部分工作主要是在公司内部完成的。公司内部有各个管理部门,包括研发部、市场部、销售部、生产部、人力资源部、财务部等,另外还有总经理、会议室、原料仓库、生产车间、成品仓库等可以操作管理。

先介绍各部门或场景的主要功能与作用,再结合各部门或场景的操作来介绍相关功能的使用。

在主场景中点击进入“创业大厦”,或在导航仪表盘上点击“公司”,快速进入公司内部场景。公司场景的界面如图 4 - 27 所示。在下半部分有一个快速导航仪表盘,可以帮助使用者快速进入相关部门或场景中,上面是公司内部各个部门的情况。

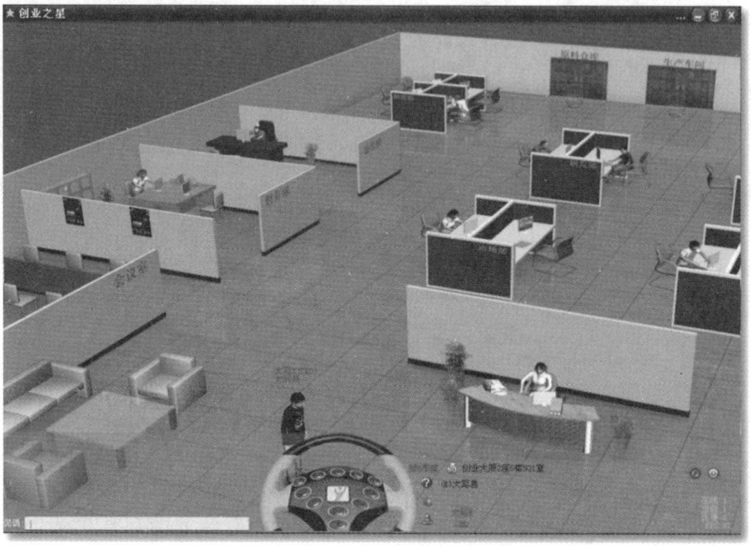

图 4 - 27　公司场景功能分布

(1)“研发部”:负责新产品的设计工作,并对新设计产品进行研发,设计研发完成的产品才可以生产与销售。

(2)“市场部”:负责各区域市场的开发工作,并负责各阶段市场广告宣传投放方案的制定。

(3)“销售部”:负责对部门销售人员进行岗位调整、培训安排以及是否计划辞退等决策。

(4)“制造部”:负责采购原料、购置厂房、购置设备、生产资质认证投入等决策,并确定是否辞退生产工人,对销售部门接到的产品订单落实交付。

(5)“财务部”:负责公司各阶段现金预算的制定,根据公司发展需要制订筹资计划。

(6)“人力资源部”:负责员工招聘、签订合同、解除合同、员工培训等所有与员工有关的决策。

(7)“会议室”:在这里完成公司的创业计划书与经营计划书的撰写,完成公司章程的撰写;并可以看到完整的商业背景环境与运营规则。

(8)“总经理”:对公司整体运营情况及各部门经营的数据进行查询分析。

(9)“原料仓库”:查看公司原材料仓库中的所有原料信息。

(10)“成品仓库”:查看公司产成品仓库中的所有产品信息。

(11)“生产车间”:负责产品生产计划的编排与制订,并对厂房与设备进行相关操作。

(二)导航仪表盘的操作使用

1. 导航仪表盘的分布情况

导航仪表盘的分布情况如图 4-28 所示,点击上面的各个按钮可以快速进入相关部门,方便在不同部门和机构间快速切换。如点击“公司”,可以快速跳转到创业大厦的公司办公场景;点击“主”,可以快速回到主场景,等等。

图 4-28 导航仪表盘

2. 导航仪表盘操作

在导航仪表盘的右边,还有一些快速操作的提示信息,如图 4-29 所示。

图 4-29 快速操作的提示信息

(1)“第 0 季度”:显示当前系统的时间周期。“第 0 季度”表示公司成立前的阶段,即对应创业计划和创业准备阶段的时间,需要完成创业计划书及工商税务登记注册等任务。

(2)“ ”:显示公司目前所拥有的现金数量,鼠标移至此位置会出现目前公司现金余额的提示信息。

(3)“ ”:背景音乐开关,点击可以切换打开或关闭背景音乐。

(4)“ ”:系统帮助,打开后可以查看到系统中的帮助信息。

(5)“ ”:小组成员信息,打开后可以查看到本小组所有成员的身份信息等资料。

(6)“ ”:编辑个人信息,对个人的基本信息资料进行修改,分配担任的管理角色。

在导航仪表盘的左边区域,是系统信息的发布栏。系统中一些重要提示信息,包括其他公司需要转卖的原料、厂房、设备等信息商情均在这里发布。

(三)管理岗位与角色配置

在正式开始运营管理前,首先需要对团队中的每位成员进行岗位分工与角色任命。这项工作可以点击导航仪表盘上的“编辑个人信息”按钮，在弹出窗口中来完成角色配置，如图4－30所示。

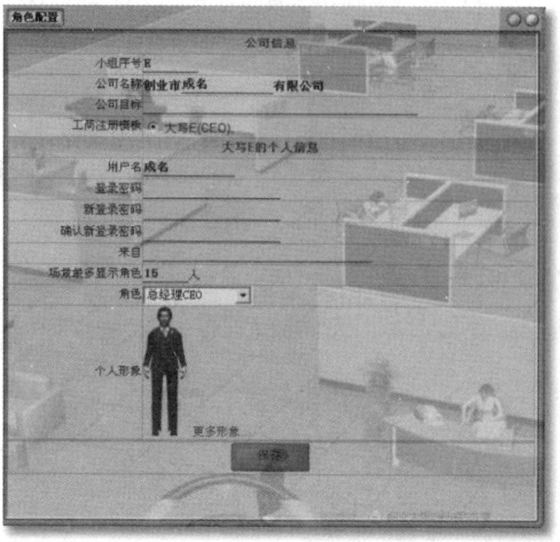

图4－30　角色配置

打开窗口可以对公司的基本信息进行配置调整，设置个人形象，并确定个人所担任的岗位角色。在系统中，默认设定了六个岗位角色：总经理（CEO）、财务总监（CFO）、生产总监（CPO）、市场总监（CMO）、技术总监（CTO）、销售总监（CSO）。根据团队人数多少，可以一人担任一个角色或多个角色。完成后点击“保存”，重新运行学生端程序登录系统。

三、《创业之星》创业计划操作规则

（一）编写一份完整的创业计划书

编写一份完整的创业计划书可参照上一节（模块一：创业计划）所述内容要求进行。

在拿到商业背景环境的资料后，参加学习训练的学生需要完成以下几项工作，如图4－31所示。

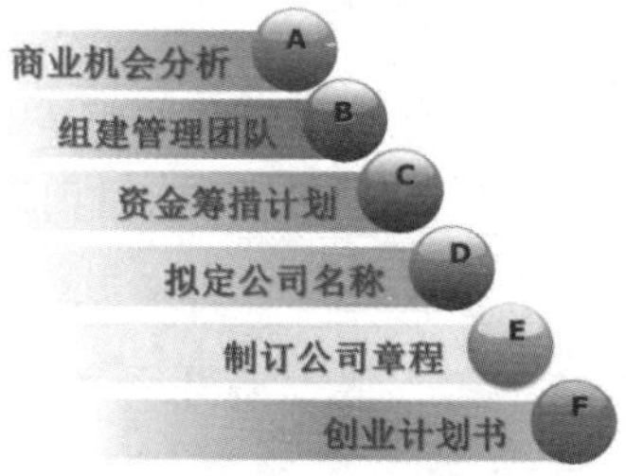

图4－31　创业计划书的规则

（二）创业计划书的内容

创业计划书的内容可参照上一节（模块一：创业计划）所述内容要求进行。

创业计划书的撰写主要是在课余时间完成。写好创业计划书后，进入公司主场景，点击“会议室”，在弹出窗口中点击“创业计划”，将完成的创业计划书复制到这里即可。

创业计划书的撰写不是目的，最终需要与企业创立后实际运营的数据结果相对比，检验创业计划书的规划与实际绩效之间的差异，分析主要原因，从而对创业计划书的撰写有更加全面与直观的认识。

四、《创业之星》创业准备操作规则

《创业之星》创业准备操作规则可参照上一节(模块二:创业准备)所述内容进行操作。

(一)租赁办公场所与公司名称登记

1. 租赁办公场所

点击“创业大厦”的入口处,由于是第一次进入,会提示是否租赁办公场所,点击“确定”,办理房屋租赁合同,如图 4 – 32 所示。

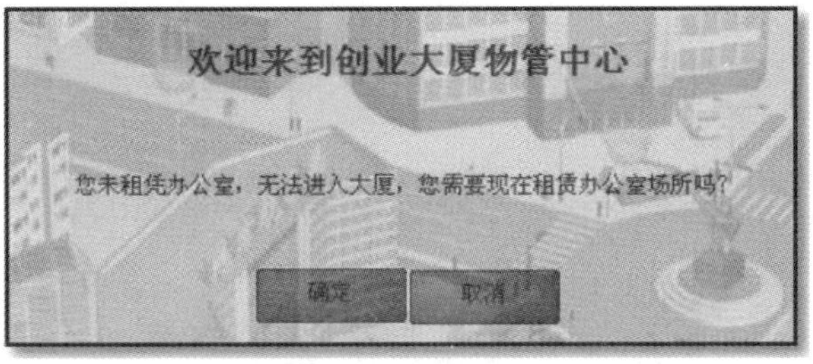

图 4 – 32 办理房屋租赁

根据系统提示完成房屋租赁合同的签订,点击合同右下角的乙方负责人签字处的笔形标志,完成合同的签订,如图 4 – 33 所示。

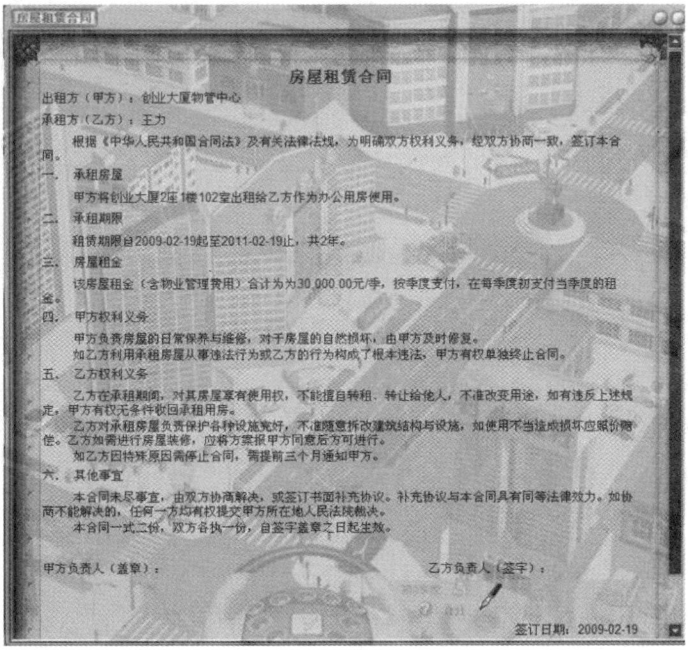

图 4 – 33 合同的签订

合同签订成功后，系统会自动为你分配一间办公室，请记下办公室的详细地址信息，后面注册会用到，如图 4－34 所示。

图 4－34　办公室的详细地址信息

2. 公司名称登记

在主场景点击“工商行政管理”入口，进入工商局内部，或在导航仪表盘上点击“工商”快速进入工商局。

在办事大厅内可以看到有三个办事窗口，点击最左边的“名称审核”窗口。

（1）在弹出窗口中，选择“指定代表证明”，按要求填写相关信息，并在窗口右下角的投资人签字位置点击签字确认，如图 4－35 所示。

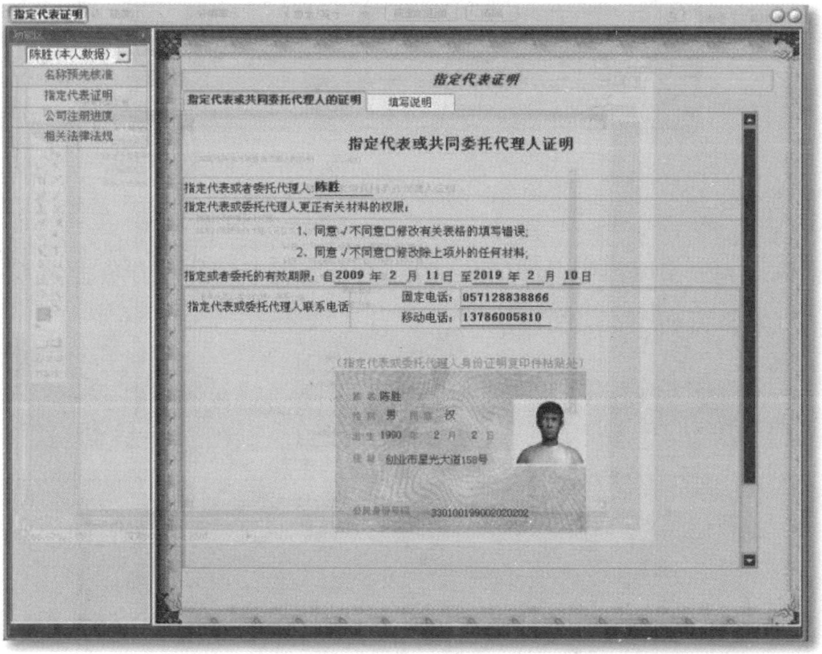

图 4－35　指定代表证明

（2）再选择第一个菜单“名称预先核准”，完成公司名称预先审核申请书的信息填写，如图 4－36 所示。

（3）全部填写完整后提交，如填写内容符合要求且公司名称没有和其他小组冲突，会提示申请成功，可以保留申请的名称作为公司名称。对于各个项目的填写注意事项，在“填写说明”页面中有简要说明，不清楚时可以去查看相关帮助信息。

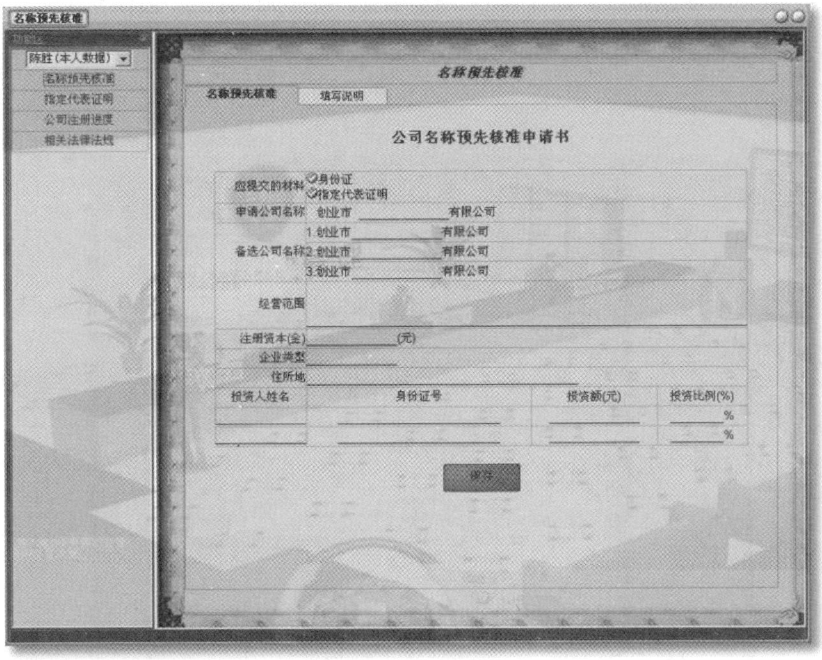

图 4-36　名称预先核准

(4)点击菜单"公司注册进度",可以查看到目前公司的注册流程已经完成了哪些工作,进展到哪一步。公司注册涉及的每一个机构的决策页面都会有帮助页面,可以帮助学生快速了解注册流程的进度情况,如图 4-37 所示。

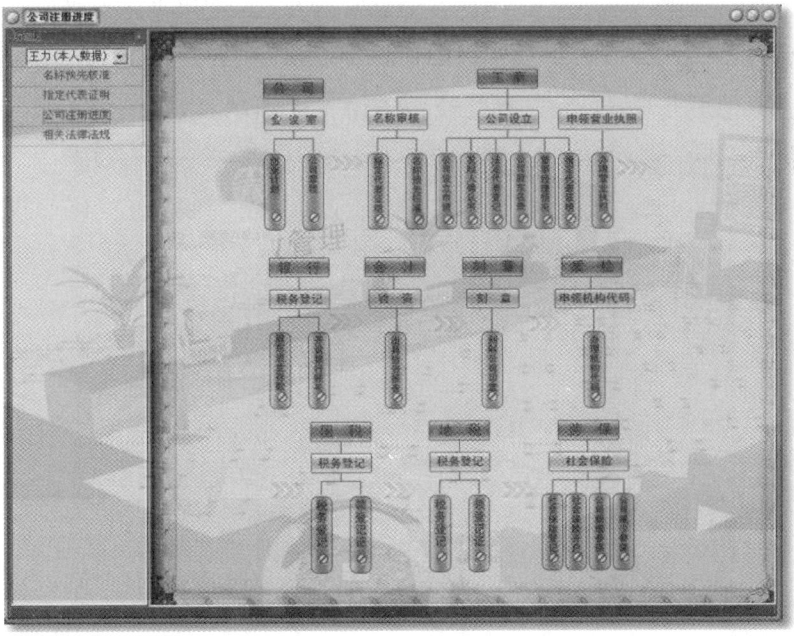

图 4-37　公司注册进度

(5)菜单“相关法律法规”提供了与工商登记注册有关的国家法律法规,一方面可以帮助学生在学习中了解相关的知识,另一方面可以更好地理解注册中的一些规定与要求,如图4-38所示。

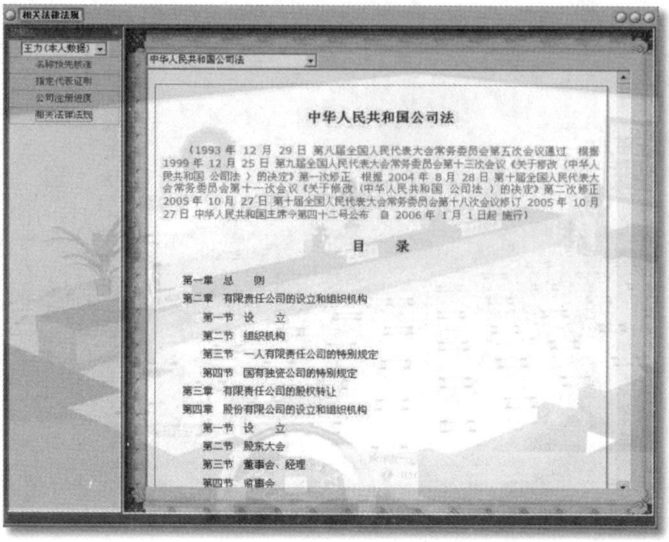

图4-38 相关法律法规

(二)撰写公司章程与公司注册资金

1. 撰写公司章程

在主场景点击“创业大厦”入口,进入公司办公场景,或在导航仪表盘上点击“公司”快速进入公司内部。点击“会议室”,在弹出的窗口中点击“公司章程”,完成公司章程的撰写工作;也可以在其他地方写好后粘贴到此处,如图4-39所示。

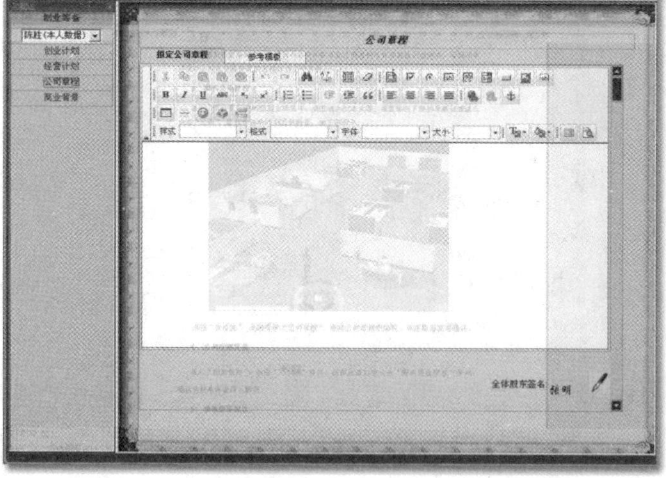

图4-39 撰写公司章程

编写完成后，在公司章程最后的“全体股东签名”位置处点击签名。如果一个小组由多个股东构成，则其他股东会自动完成签名。

2. 公司注册资金

在主场景点击“创业银行”入口，进入创业银行，或在导航仪表盘上点击“银行”快速进入创业银行。点击“对公业务”窗口，在弹出窗口中点击“股东资金存款”菜单，确认将所有股东资金存入银行，如图 4 – 40 所示。

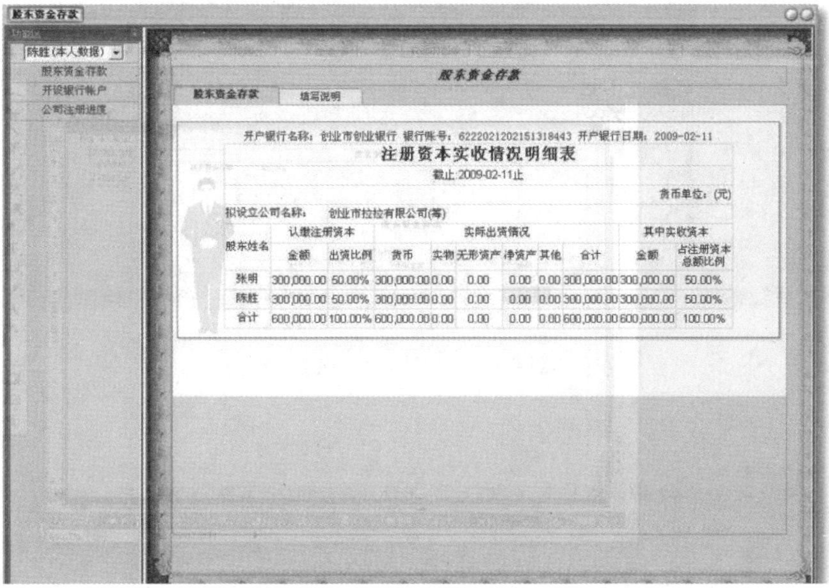

图 4 – 40 公司注册资金

(三) 领取验资证明与公司设立登记

1. 领取验资证明

在主场景点击“会计师事务所”入口，进入会计师事务所，或在导航仪表盘上点击“会计”快速进入会计师事务所。在弹出窗口中点击“出具验资报告”菜单，完成公司股东注册资金的验资，并领取验证证明，如图 4 – 41 所示。

2. 公司设立登记

在主场景点击“工商行政管理”入口，进入工商行政管理局，或在导航仪表盘上点击“工商”快速进入工商行政管理局，如图 4 – 42 所示。公司设立需要提供的资料较多，要事先全部准备好。

(1) 点击“发起人确认书”，在所有标注签字的地方签字确认。如果公司由多名股东组成，系统会自动将其他股东的名字签好，如图 4 – 43 所示。

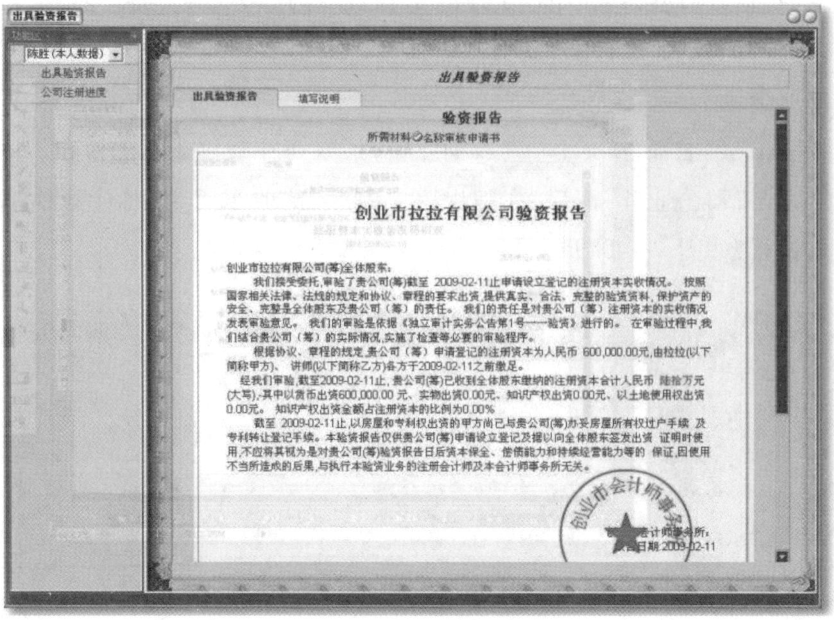

图 4－41　出具验资报告

图 4－42　工商行政管理局

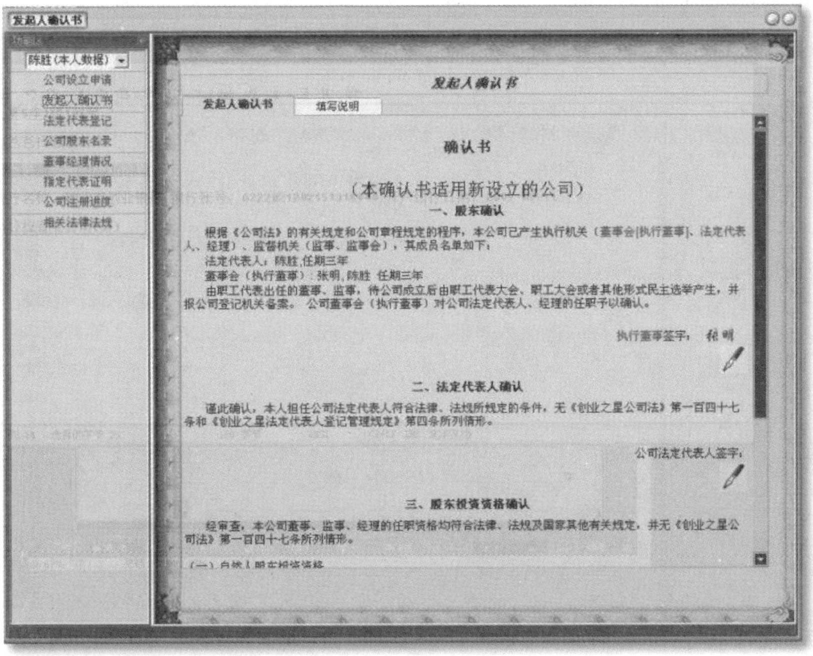

图 4 - 43 发起人确认书

(2)点击“法定代表登记”,填写法定代表人信息,并签字确认。如果公司由多名股东组成,系统默认当前使用者就是法定代表人,如图 4 - 44 所示。

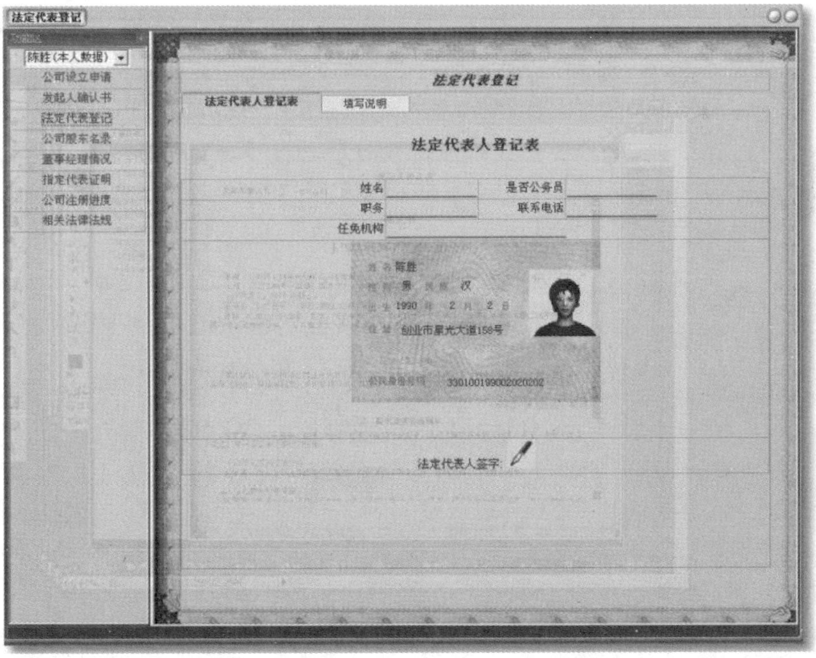

图 4 - 44 法定代表登记

(3)点击“公司股东名录”,填写公司股东(发起人)名录信息。如果公司由多名股东组成,则要填写所有股东的相关信息,如图 4-45 所示。

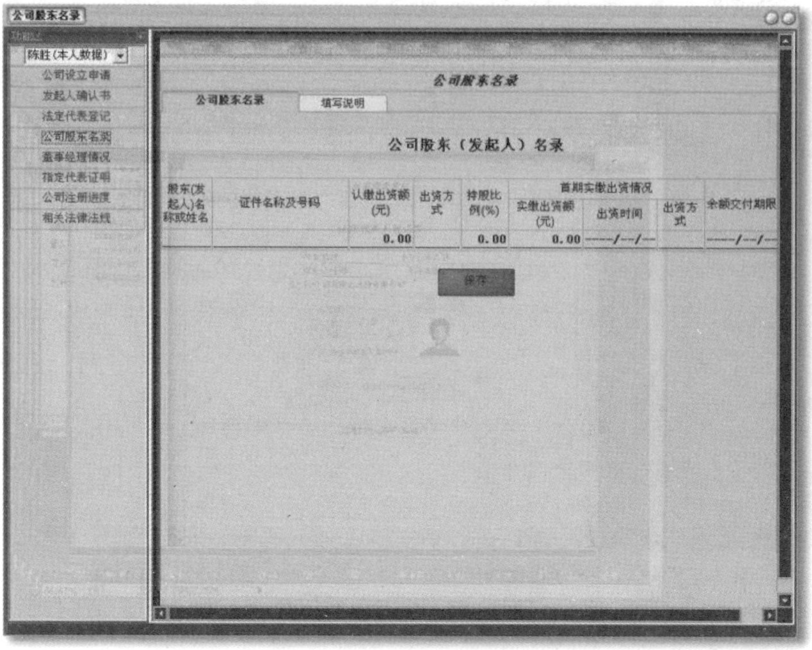

图 4-45　公司股东名录

(4)点击“董事经理情况”,填写公司所有董事、经理的相关信息,如图 4-46 所示。

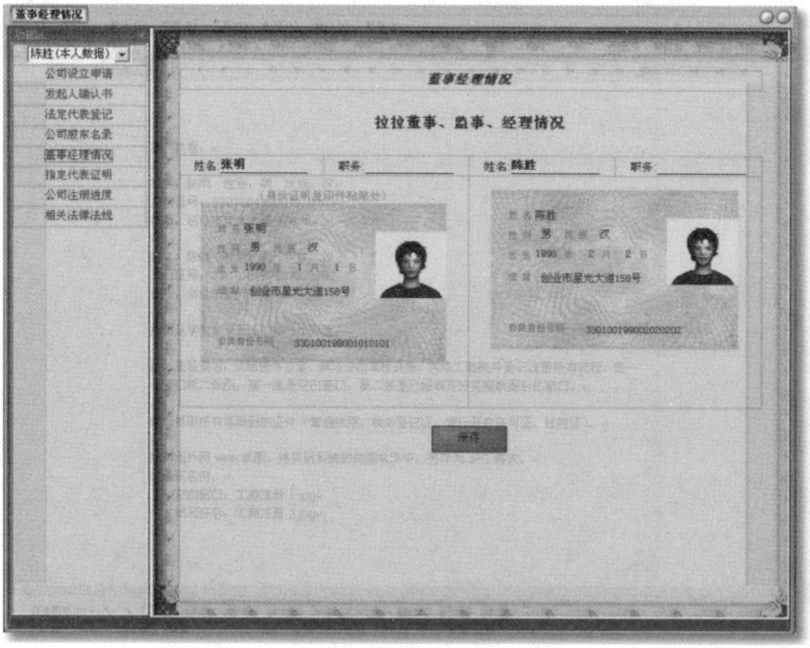

图 4-46　董事经理情况

(5)点击“指定代表证明”,指定办理公司登记注册的代表人。这项工作在公司名称预审核中已经做好,系统默认就是同一个人来办理。

(6)完成了以上所有准备工作后,最后点击第一项菜单“公司设立申请”,填写公司设立申请表。这时可以看到最上面显示的办理公司设立申请需要准备的所有材料都已经准备好了,相应资料名称前面会用标志“√”表示,否则会显示“×”。根据填表要求完成公司设立申请表的填写,点击最后的签字确认,如图4-47所示。

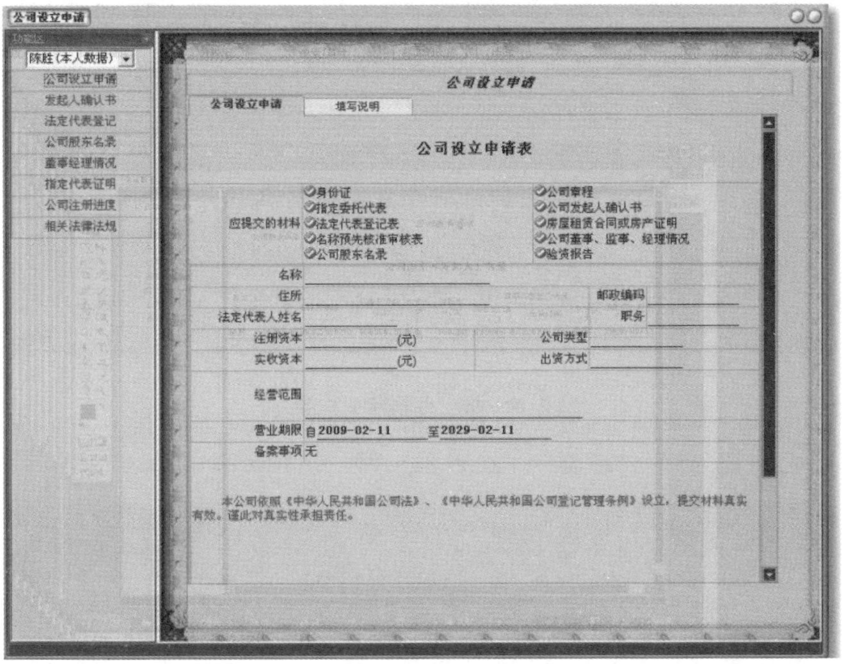

图4-47 公司设立申请

(7)点击工商行政管理局办事窗口的“申请营业执照”,在弹出窗口中点击“办领营业执照”,领取已办好的企业法人营业执照,如图4-48所示。

(四)刻制公司印章与办理机构代码

1. 刻制公司印章

在主场景点击“刻章店”入口,进入刻章店,或在导航仪表盘上点击“刻章”快速进入刻章店。凭公司法人营业执照并提交刻制公司印章的申请,完成公司章、法人章、财务章的刻制,如图4-49所示。

2. 办理机构代码

在主场景点击“质量技术监督局”入口,进入质量技术监督局,或在导航仪表盘上点击“质检”快速进入质量技术监督局,办理公司组织机构代理证,如图4-50所示。

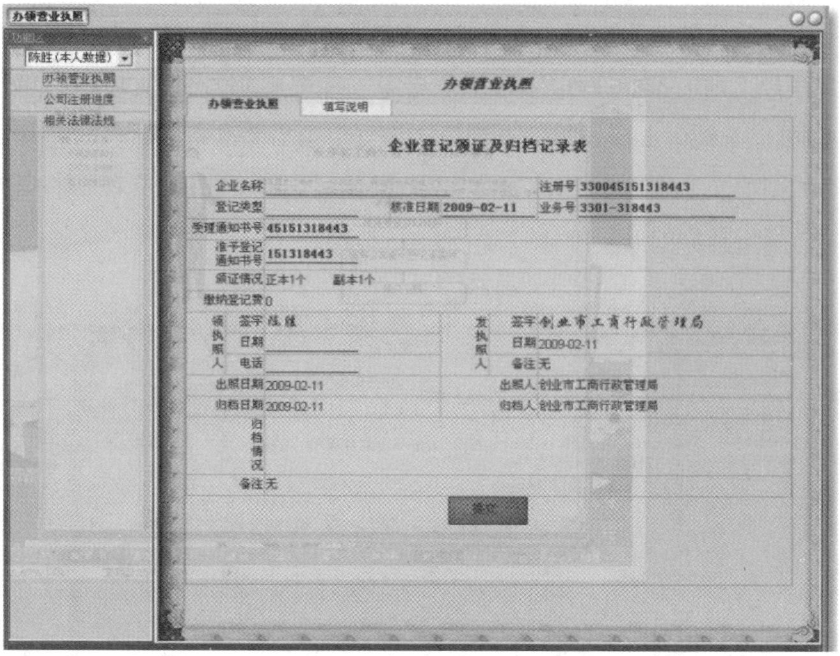

图 4-48　办领营业执照

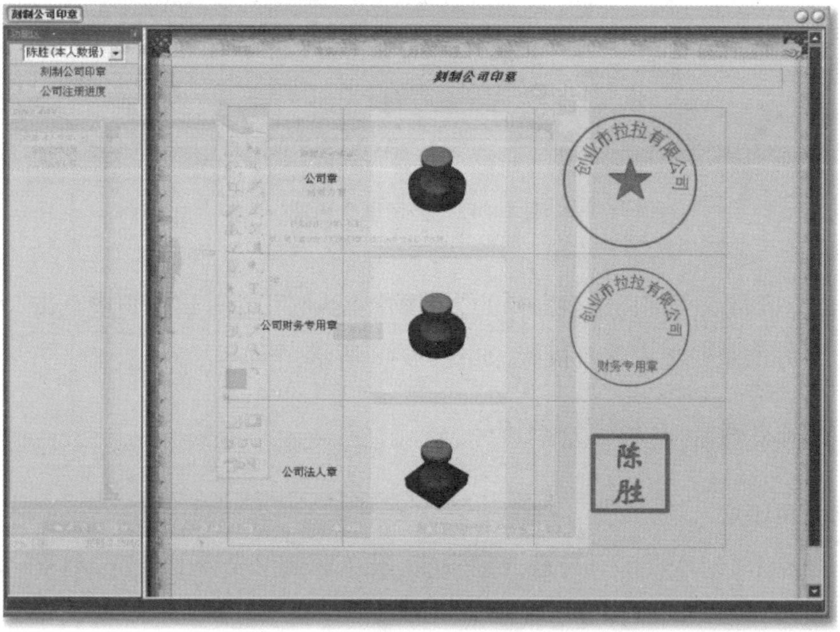

图 4-49　刻制公司印章

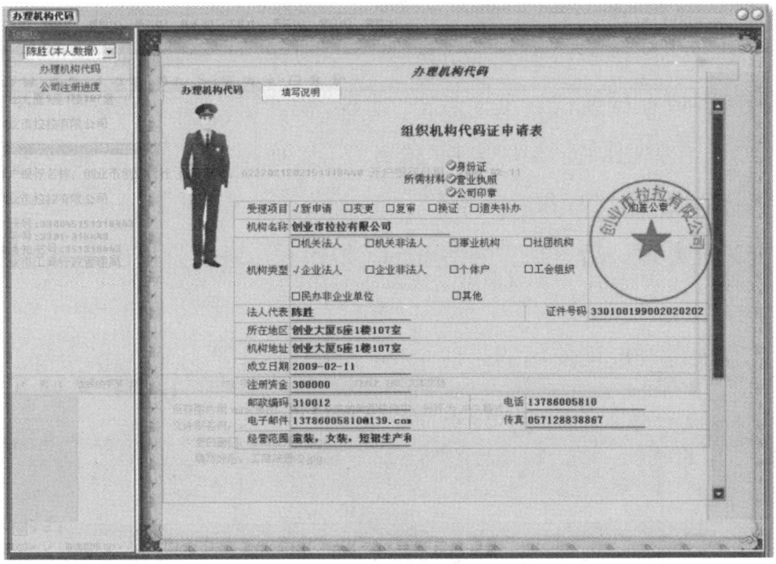

图 4 –50　办理机构代码

（五）办理税务登记与开设公司账户

1. 办理税务登记

在主场景点击“国家税务局”入口，进入国家税务局，或在导航仪表盘上点击“国税”快速进入国家税务局。要办理税务登记证，首先在办事大厅中点击“税务登记”窗口，在弹出窗口中点击“税务登记（国税）”，按要求完成税务登记表所有项目的填写，在表格最后面盖上公司章和法人章，如图 4 –51 所示。

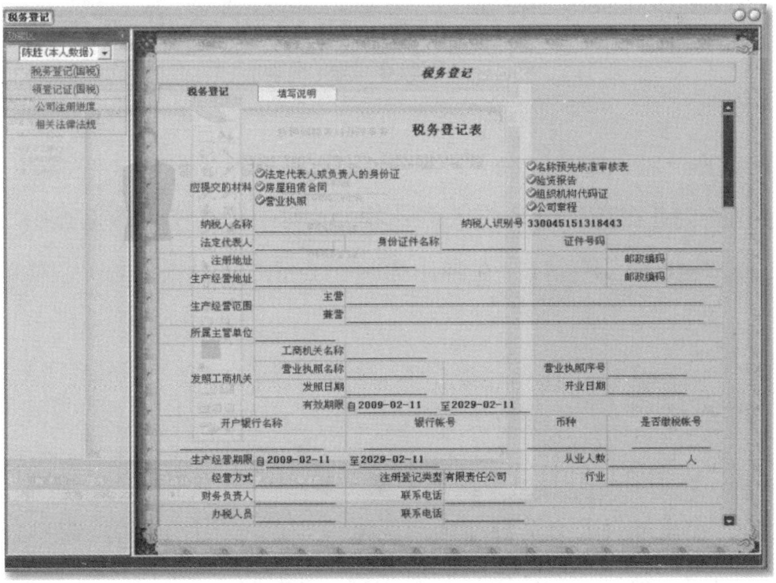

图 4 –51　税务登记（国税）

办理好后，再点击“领登记证（国税）”，领取正式的国税税务登记证。

地税税务登记证与国税税务登记证的办理方法类似。在主场景点击“地方税务局”入口，进入地方税务局，或在导航仪表盘上点击“地税”快速进入地方税务局。在办事大厅中点击“税务登记”窗口，在弹出的窗口中点击“税务登记（地税）”，按要求完成税务登记表所有项目，在表格最后面盖上公司章和法人章。

地税税务登记证办理好后，点击“领登记证（地税）”，领取公司税务登记证，如图 4－52 所示。

国税登记证和地税登记证使用的是两个部门的联合发证，上面有两个部门的公章。

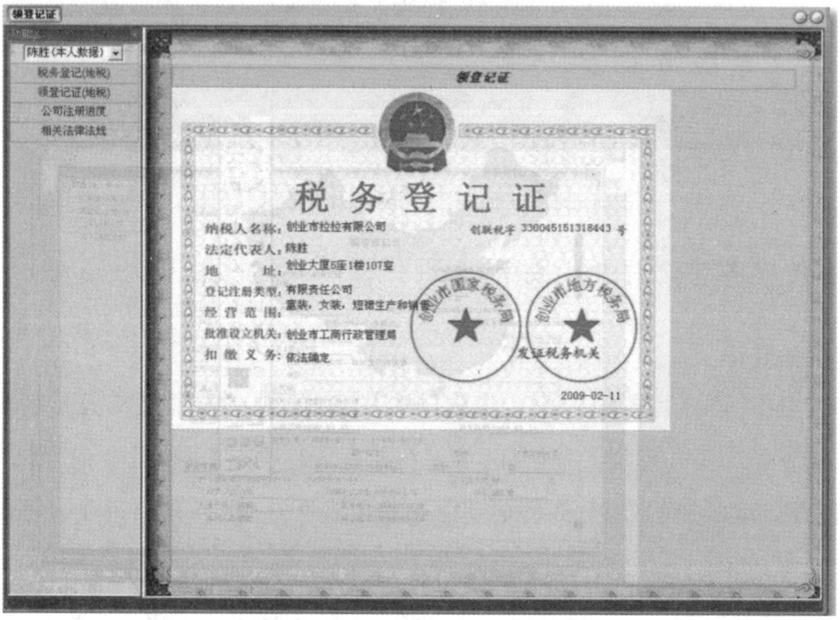

图 4－52　领登记证（地税）

2. 开设公司账户

在主场景点击“创业银行”入口，进入创业银行，或在导航仪表盘上点击“银行”快速进入创业银行。点击“对企业务”窗口，在弹出窗口中点击“开设银行账户”菜单，如图 4－53 所示。

（六）办理社会保险

在主场景点击“人力资源和社会保障局”入口，进入人力资源和社会保障局，或在导航仪表盘上点击“社保”快速进入人力资源和社会保障局。点击“社会保险”窗口，在弹出窗口中点击“社会保险登记”，完成用人单位社会保险登记表的填写，如图 4－54 所示。

再点击“社会保险开户”，完成企业社会保险开户登记表的填写，如图 4－55 所示。

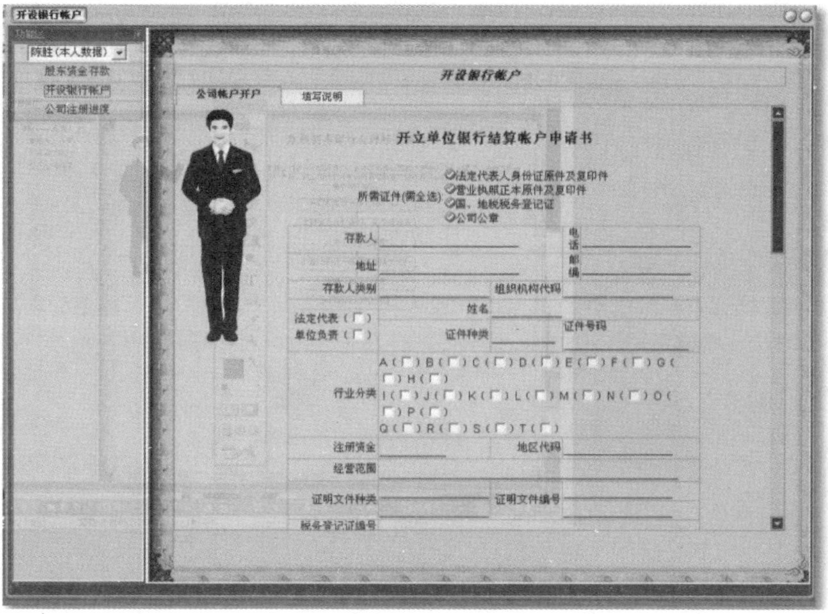

图 4－53 开设银行账户

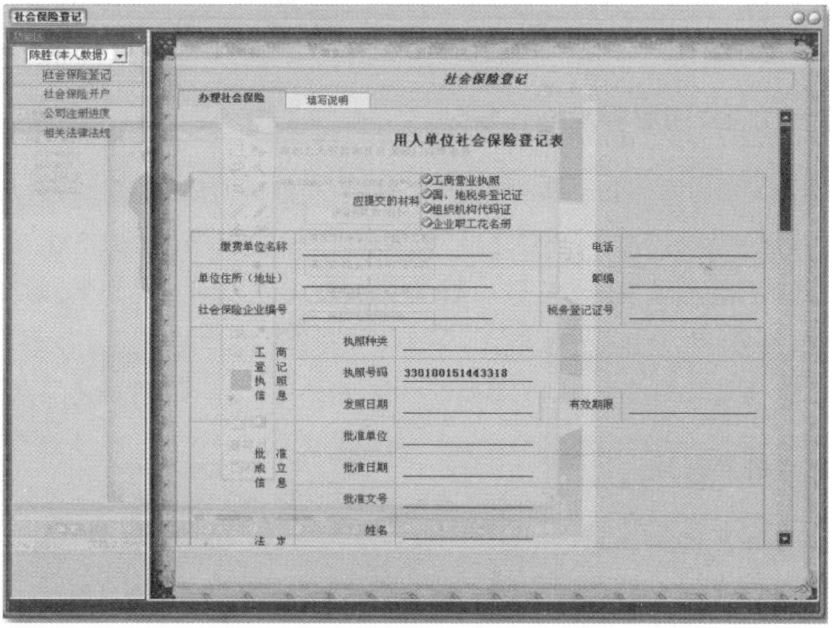

图 4－54 社会保险登记

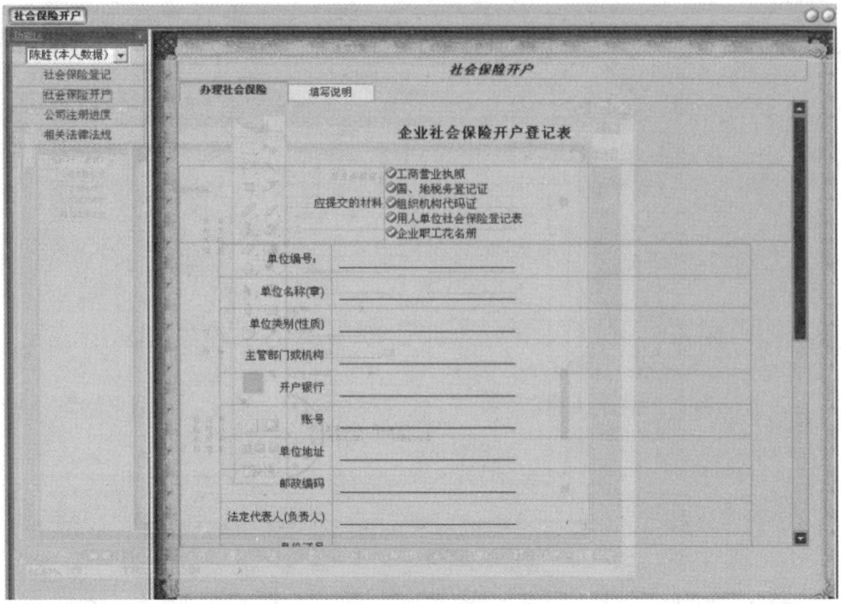

图 4－55　社会保险开户

至此,已完全完成公司工商税务登记所有流程工作,公司正式成立,可以开张营业了。接下来将进入创业企业运营管理阶段。

五、《创业之星》创业管理操作规则

企业的生存发展如同一个生命的有机体一样,也会经历初创、成长、发展、成熟、衰退等阶段,即企业发展的生命周期。《创业之星》在创业管理模块环节就是让学生在实战中模拟企业的运营管理,围绕企业发展的生命周期,制定各项决策,这些经营决策涉及一个创业企业的各个方面,并最终推动企业成长壮大。

《创业之星》创业管理操作规则可参照上一节(模块三:创业实践)所述内容进行操作。

(一)产品研发计划

1. 新产品设计

进入公司场景,点击“研发部”,在弹出窗口中选择“决策内容—产品设计”,完成公司需要设计的品牌数量、品牌名称及每一个产品品牌的原料构成。

在窗口右边,“决策内容”标签是产品设计的主界面,显示构成产品的所有可用原料类型及组合;“规则说明”标签则显示有关设计产品的相关操作说明,如图 4－56 所示。

(1)“新产品名称”栏:输入新设计的产品名称。

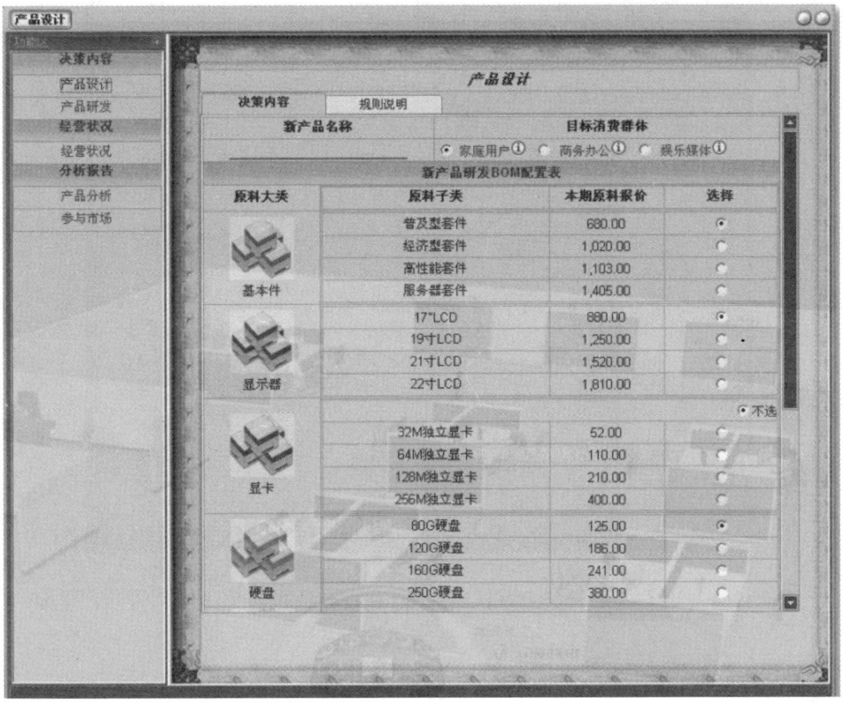

图 4－56　产品设计

(2)“目标消费群体”栏：市场上共有三类消费群体(根据系统初始化设定)，选择确定该品牌产品所面对的消费群体，即计划针对哪一类用户进行销售。

(3)“BOM 配置表”栏：选择构成该产品的原料组合，组合不同，该产品的生产成本不相同，对消费者的影响也不同。

(4)选择好原料组合后，在后面会动态显示构成该产品的所有原料的成本以及完成该产品所需要花费的研发时间，确定选择好后点击“保存”。

(5)在窗口的下方会显示出已经完成设计的产品品牌，右边有一个“”标志。

将鼠标移到这个位置，会实时显示出该产品的原料构成等信息。同时，如果产品还没有投入研发，可以随时撤销刚设计的品牌，点击“撤销”可撤销该产品品牌。

2. 新产品研发

进入公司场景，点击“研发部”，在弹出窗口中选择“决策内容—产品研发”，完成公司相关产品的研发投入工作。完成了产品的全部研发工作后，才允许正式生产制造该产品，如图 4－57 所示。

根据产品原料的组合情况，不同设计的产品的研发周期也不相同。一般而言，原材料组成种类越多，设计的复杂性越高，所要花费的研发时间及费用会越多。点击“投入”即可投入本季度的产品研发经费，点击“撤销”可撤销本季度的投入。

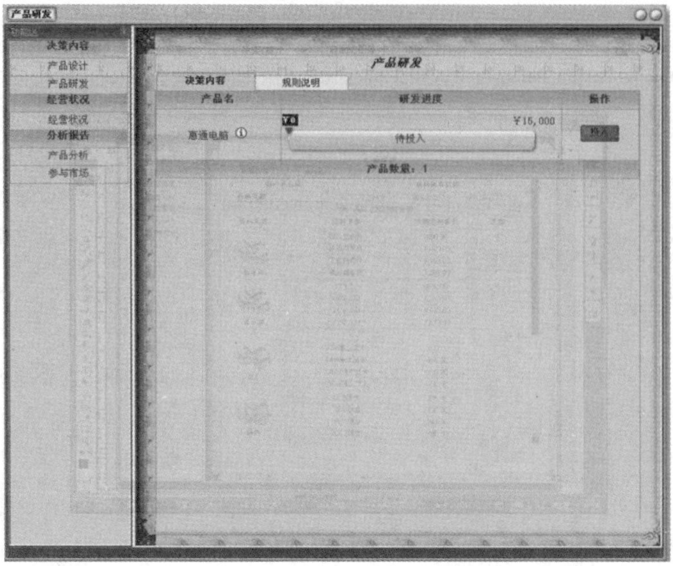

图4－57　产品研发

(二)物料需求计划

在公司场景点击“制造部”，在弹出窗口中选择“决策内容—原料采购”，根据产品品牌的原料构成、销售预测、到货周期等信息，完成所有需要生产产品的原料采购。

1. 根据企业产品设计的组合情况，先计算好总共需要采购的原料种类与数量，在“采购数量”一栏输入需要采购相应原料的数量，完成后点击“保存”。

2. 在制订原料采购计划时要注意的是，这里所有的单价都是指不含税的价格，实际支付的金额是最右边的价税合计金额。此外，不同原料的订货周期是不同的，要根据公司整个生产计划的安排提前做好所有原料的采购计划，如图4－58所示。

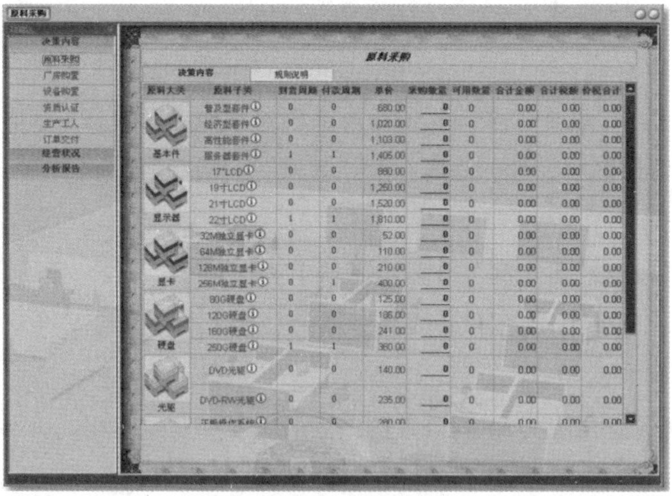

图4－58　原料采购

3. 原料如果买错了或买多了可以取消购买操作，将鼠标移到“原料子类”下相关的原料名称边的“ⓘ”标志上，会显示出该类原料的采购计划。在要取消的采购计划最右边的“操作”栏点击“撤销”，取消该笔采购计划，如图 4－59 所示。

图 4－59　采购计划撤销

（三）生产制造计划

1. 厂房购置

在公司场景点击“制造部”，在弹出窗口出选择“决策内容—厂房购置”，根据公司生产规模的需要以及现金状况，通过购买或租用的方式获取相应的厂房。

（1）在“厂房类型”下拉框内选择需要的厂房大小，再点击“购买”或“租用”按钮，完成对选择厂房的操作，如图 4－60 所示。

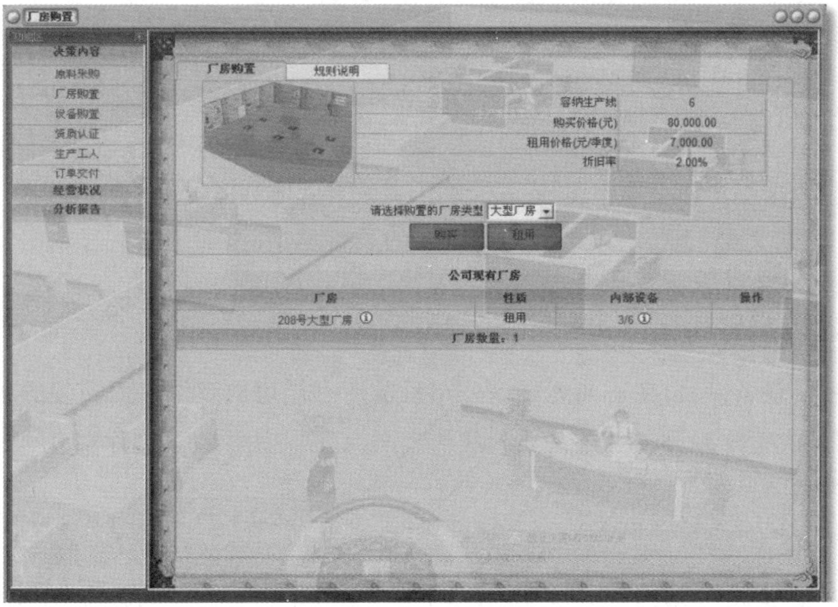

图 4－60　厂房购置

(2)购买或租用的厂房会在下面列表显示,鼠标移至厂房名称旁的“ⓘ”标志上,会显示出该厂房有关的详细信息。

(3)“内部设备”栏显示的是该厂房内的设备最大安装能力与已经安装的设备数量,鼠标移至该栏相关信息旁的“ⓘ”标志上,可以看到该厂房内安装的生产设备详情。

2. 设备购置

在公司场景点击“制造部”,在弹出窗口中选择“决策内容—设备购置”,根据公司生产规模的需要以及现金状况,购买所需要的生产设备,如图 4 – 61 所示。

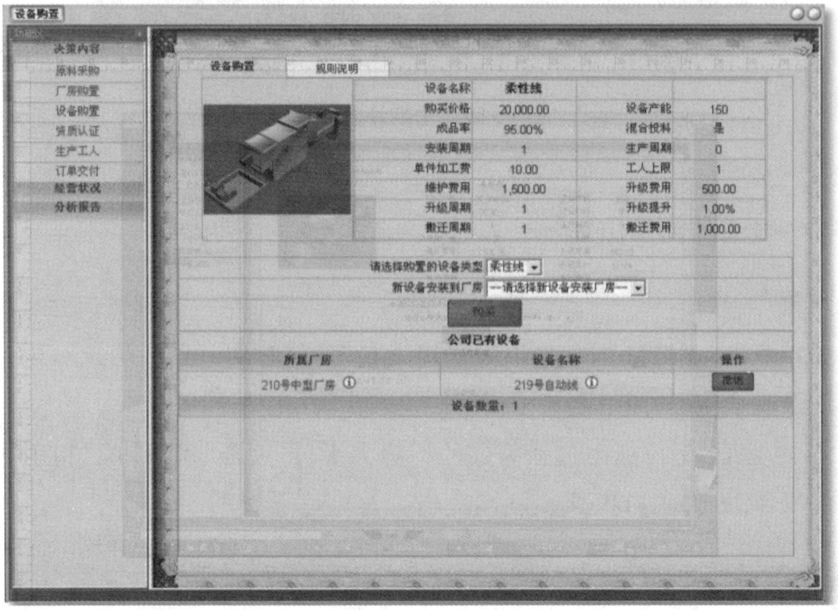

图 4 – 61　设备购置

(1)设备只能购买而不能租用,因此要购买设备首先应确保公司有足够的现金。

(2)在“厂房类型”下拉框内选择需要购买的设备类型,上面会实时显示出该设备的主要参数资料;在“设备安装到厂房”选择该设备需要安装到哪个厂房里,点击“购买”按钮,完成对选择设备的购买。

(3)购买了设备以后,在下面能看到公司目前所有厂房以及厂房内安装的所有设备情况。对于刚采购的设备,如果没有设备在线上生产,可以点击该设备名称右边的“撤销”按钮取消购买决策。

3. 资质认证

在公司场景点击“制造部”,在弹出窗口中选择“决策内容—资质认证”,对公司确认要投资的认证体系投入认证费用,如图 4 – 62 所示。

(1)认证是对整个公司的生产资质进行的认证,而不是针对某一个产品品牌。在市场要求具体相应资质而公司没有时，将不允许进入该市场销售产品。

（2）点击认证名称右边相关的“投入”按钮，完成本季度对该认证的费用投入。各类认证所需要花费的时间周期及总费用不同，需要多个季度的投入才能完成获取资质。

（3）对当季度投入的认证费用，可以点击“操作栏”的“撤销”按钮取消当季投入。

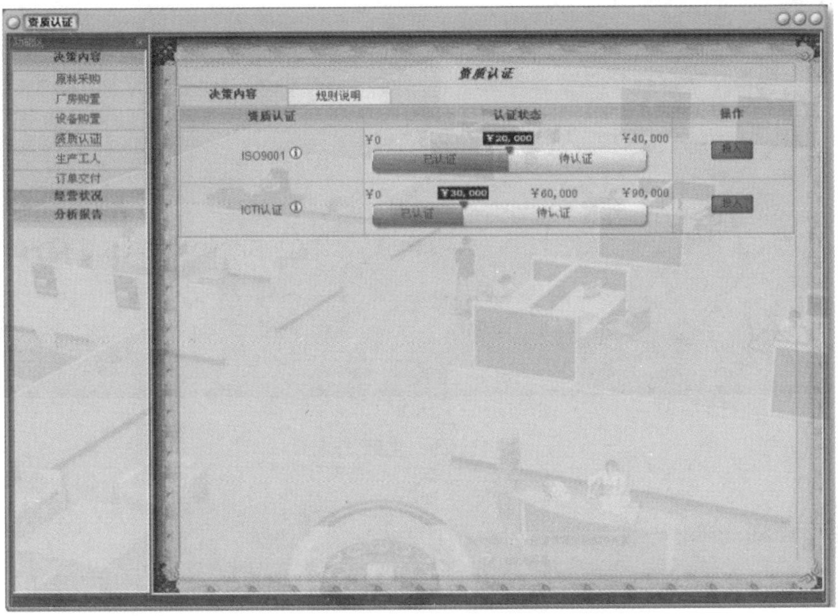

图 4－62 资质认证

4. 生产工人

在公司场景点击“制造部”，在弹出窗口中选择“决策内容—生产工人”，对制造部门现有的所有生产工人进行管理。

（1）生产设备需要配备生产工人才能完成设备使用生产工作。生产工人的招聘由人力资源部来完成，详见人力资源部相关操作。

（2）在这里可以看到生产制造部门的所有生产工人列表，鼠标移到工人名字旁的“”标志上，可以看到该工人的简要介绍资料。

（3）在每一名工人的右边，可以针对该工人完成岗位调整（调整到其他生产设备上）、计划培训、计划辞退等操作。

（4）所有培训与辞退计划设置好后，会递交到人力资源部，由人力资源部来完成具体的培训或辞退工作。如果递交了计划但人力资源部还未确认，则可以撤销相应的申请，如图 4－63所示。

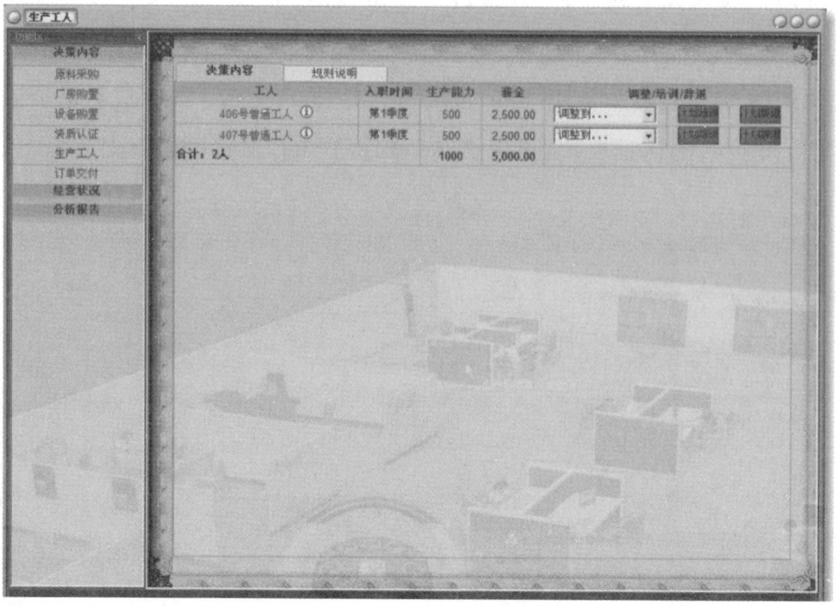

图 4－63　生产工人

5. 主生产计划

在公司场景点击“生产车间”，在弹出窗口中可以看到所有的厂房情况及生产设备情况，如图 4－64 所示。

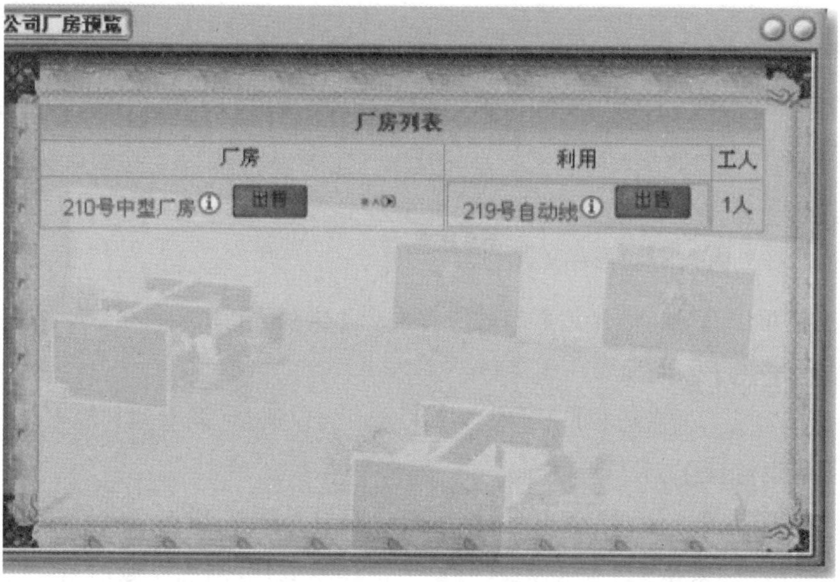

图 4－64　厂房

(1)“厂房”栏显示了公司目前所有的厂房情况,同时标志出该厂房是购买的还是租用的。点击厂房名称旁的“出售”或“退租”按钮,可以出售或退租厂房。

(2)“利用”栏显示了该厂房内装有几条生产设备,点击“出售”可以卖掉该设备。如果设备上还有产品在生产中,则设备不能马上出售,只是制订出售计划,到季度结束时产品下线后才能出售。

(3)在每一个厂房名称的右边有一个在闪动的“进入”标志,点击该标志可以进入到该厂房内部,能看到厂房内的所有生产设备情况,并对所有生产设备编排本季度的主生产计划,如图 4-65 所示。

图 4-65 生产设备情况

(4)如果要对某一条生产进行计划编排,则点击这个生产线,在弹出窗口中完成对该生产设备的生产计划编排,如图 4-66 所示。

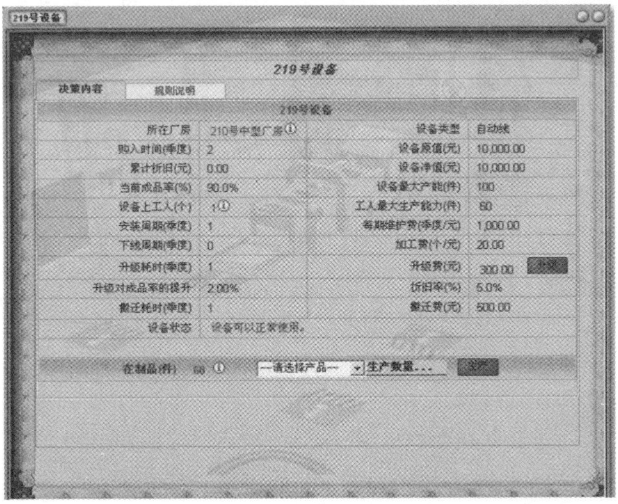

图 4-66 生产计划编排

(5)点击产品选择下拉框,选择需要生产的产品;在“生产数量”位置输入本季度需要生产的产品数量,点击“生产”可以开始产品的生产计划。

(6)成功生产后,“在制品”旁会显示计划生产的产品数量。

(7)点击数量旁的“ⓘ”标志,可以看到该生产设备当前已经安排的全部生产计划情况。包括每批次的计划产量、上线时间、下线时间等,如果想取消某一项计划,只需点击右边的“撤销”即可。

6. 订单交货

当季投标的订货单,在下季初可以看到中标的订单情况。在公司存货充足的情况下,可以到制造部去完成订单交货。

(1)在公司场景中点击“制造部”,弹出窗口中点击“决策内容—订单交付”,如图4-67所示。

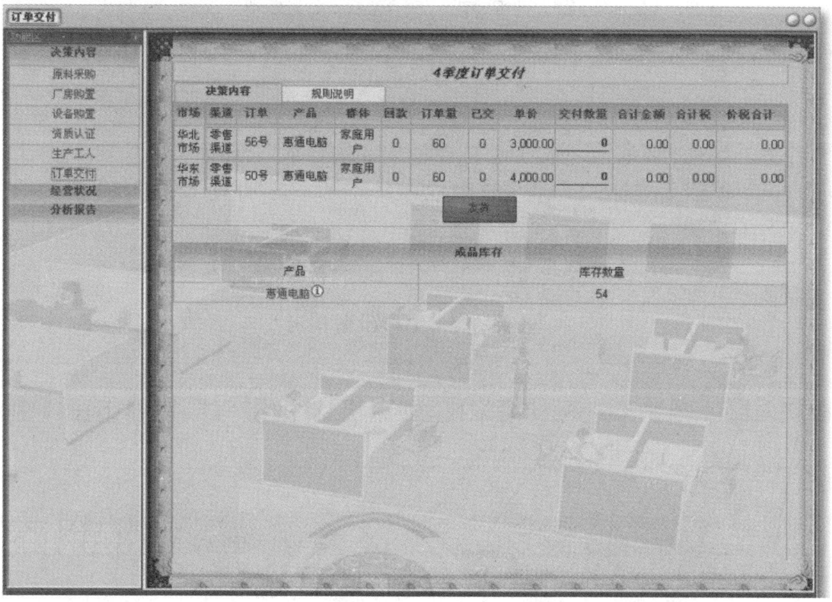

图4-67 订单交付

(2)窗口中会列出所有市场上的中标订单情况,在窗口下面还会同时显示目前的所有库存产品情况。在“交付数量”栏输入每一类产品需要交付的数量,点击“发货”,完成所有订单的交货。

(四)市场营销计划

1. 市场开发计划

在公司场景点击“市场部”,在弹出窗口中选择“决策内容—市场开发”,开发目标市场,如图 4－68 所示。

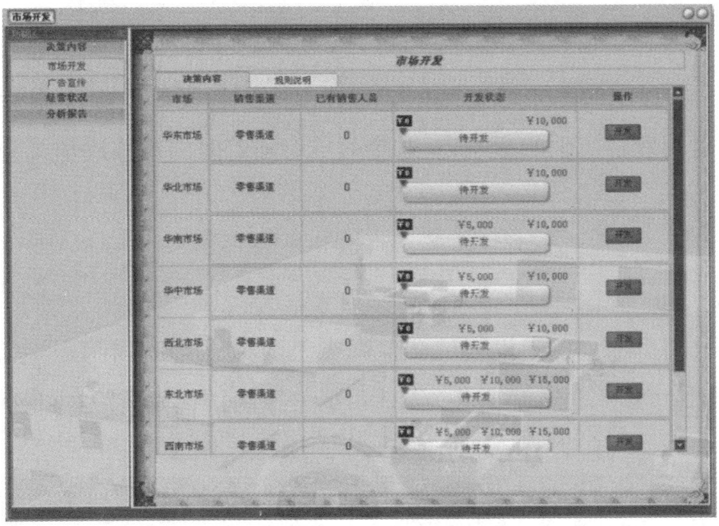

图 4－68　市场开发

（1）选择需要开发的市场，在“操作”栏点击“开发”按钮，完成本季度对该市场的开发投入。如果不需要投入，可以在本季度已投入的市场开发的“操作”栏点击“撤销”按钮。

（2）如果某个市场开发需要多个周期才能完成，在后面的经营中，还需要继续持续完成市场开发投入，直到完成该市场的开发工作，才可以在该市场进行产品销售。

2. 广告宣传计划

在公司场景点击“市场部”，在弹出窗口中选择“决策内容—广告宣传”，确定当季度公司计划投入的广告费用。广告一经投放，不允许撤销，如图 4－69 所示。

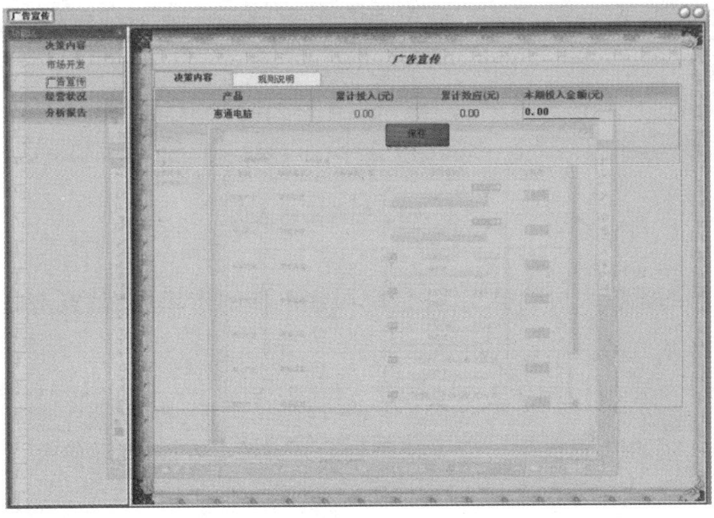

图 4－69　广告宣传

(1)广告宣传是以产品品牌为单位投放的,公司可以针对每一个产品的竞争程度及期望值来设定相应的投放金额。"在本期投入金额"栏输入本季度需要投放的广告金额,点击"保存"。

(2)"累计投入"显示的是公司累计在该品牌上的广告投放金额,"累计效应"显示的是广告投放至今仍对消费者产生的影响力,这个效应会随着时间推移逐步减弱。

(五)人力资源计划

1. 人员招聘

需要招聘的公司员工包括销售人员和生产工人两类,在人才市场上完成人员招聘。在主场景中点击"交易市场",进入后点击"人才市场—招聘销售人员",如图 4-70 所示。

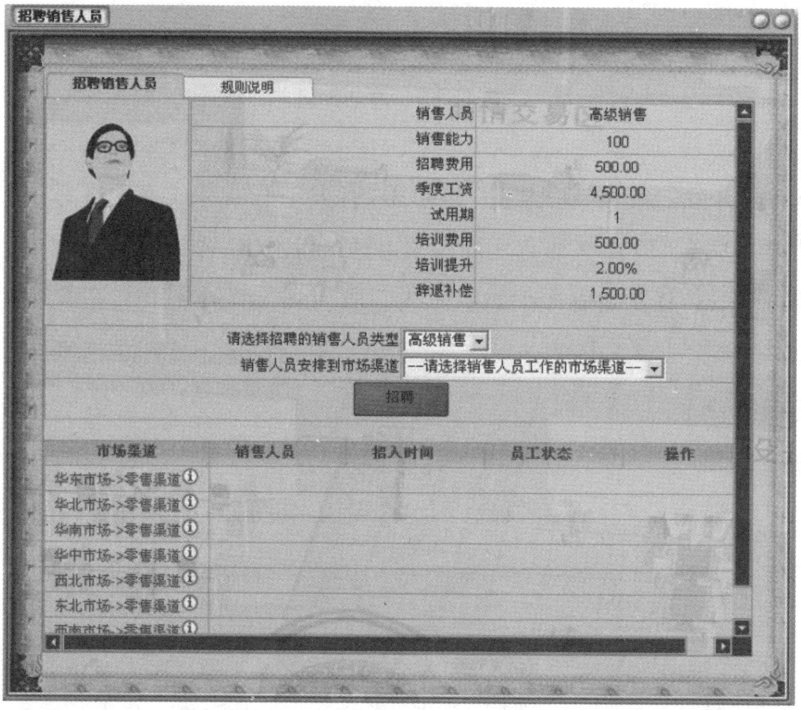

图 4-70　招聘销售人员

选择需要招聘的销售人员的类型,并指定派往工作的市场区域,点击"招聘",将该销售人员招聘到相关区域市场。

在"交易市场"场景中,点击"人才市场—招聘生产工人",选择工人类型及安排到哪一条生产设备,点击"招聘",将该生产工人招聘到公司并安排到相应设备上,如图 4-71 所示。

图 4－71 招聘生产工人

2. 签订合同

进入公司内部场景，点击“人力资源部”，在弹出窗口中选择“决策内容—签订合同”，与公司管理层人员和招聘的人员签订劳动合同，如图 4－72 所示。

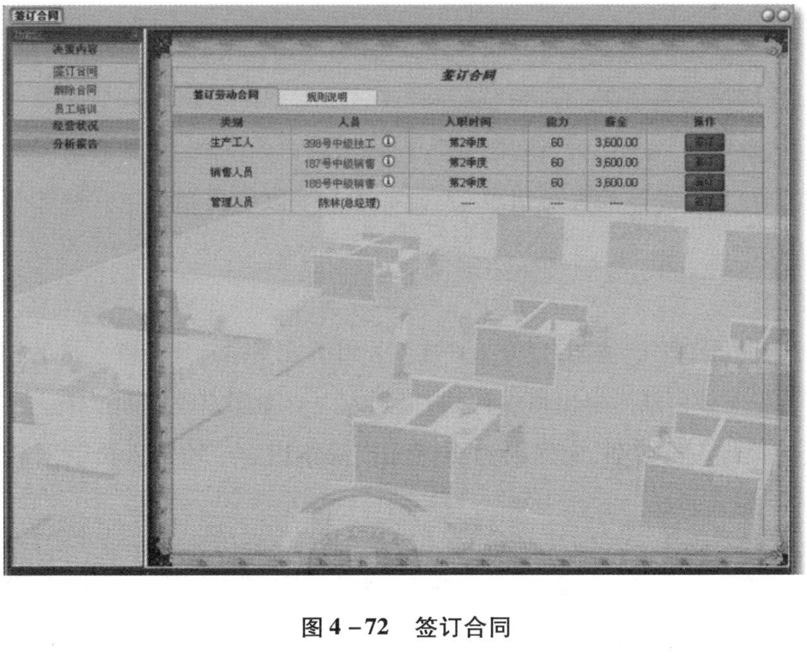

图 4－72 签订合同

公司所有员工在正式入职后都要签订劳动合同,办理养老保险。包括管理团队成员、招聘的销售人员、生产人员。在需要签订合同的人员名字右边点击“签订”,会出现合同提示,如图 4－73 所示。

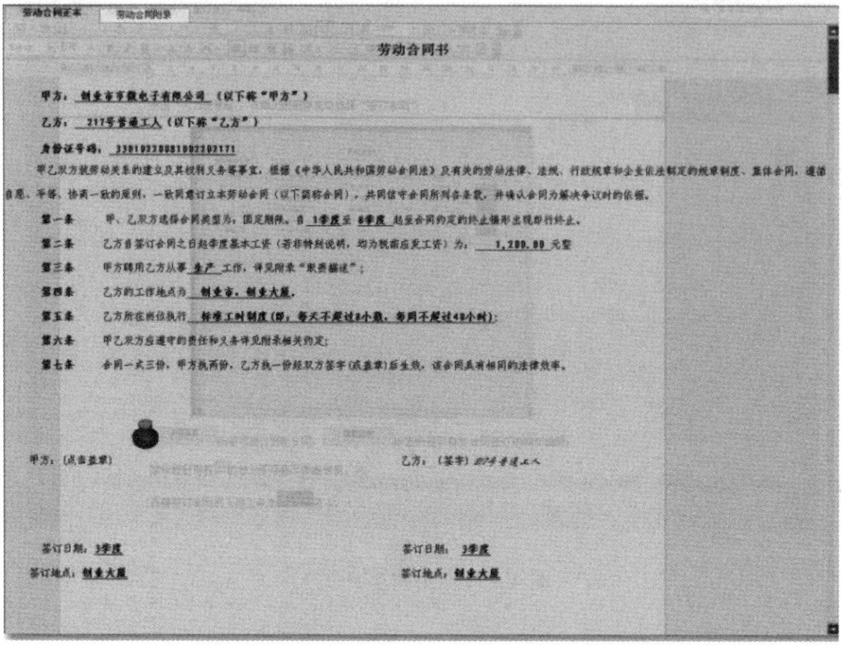

劳动合同正本　劳动合同附录

劳动合同书

甲方：创业市宇微电子有限公司（以下称“甲方”）

乙方：217号普通工人（以下称“乙方”）

身份证号码：33010220081002202171

甲乙双方就劳动关系的建立及其权利义务等事宜，根据《中华人民共和国劳动合同法》及有关的劳动法律、法规、行政规章和企业依法制定的规章制度、集体合同，遵循自愿、平等、协商一致的原则，一致同意订立本劳动合同（以下简称合同），共同信守合同所列各条款，并确认合同为解决争议时的依据。

第一条　甲、乙双方选择合同类型为：固定期限。自 1季度 至 8季度 起至合同约定的终止情形出现即行终止。

第二条　乙方自签订合同之日起季度基本工资（若非特别说明，均为税前应发工资）为：1,200.00 元整

第三条　甲方聘用乙方从事 生产 工作，详见附录“职责描述”；

第四条　乙方的工作地点为 创业市，创业大厦。

第五条　乙方所在岗位执行 标准工时制度（即：每天不超过8小时，每周不超过40小时）；

第六条　甲乙双方应遵守的责任和义务详见附录相关约定；

第七条　合同一式三份，甲方执两份，乙方执一份经双方签字（或盖章）后生效，该合同具有相同的法律效率。

甲方：（点击盖章）　　　　乙方：（签字）217号普通工人

签订日期：3季度　　　　签订日期：3季度

签订地点：创业大厦　　　　签订地点：创业大厦

图 4－73　签订劳动合同

在甲方盖章处点击印章盖章。当出现公司合同专用章时,该合同即正式生效。

3. 解除合同

如果需要对不适用的员工解除劳动合同,首先需要由相关部门提供解聘申请,再在人力资源完成劳动合同解聘事项。

进入公司内部场景,点击“人力资源部”,在弹出窗口中选择“决策内容—解除合同”,列表显示相关部门已提交辞退的人员清单,人力资源部予以确认是否正式解除劳动合同并辞退,如图 4－74 所示。

4. 人员培训

培训可以帮助员工培训技能,提升生产工人的生产效率,提升销售人员的销售能力。要对员工培训,首先需要由部门提出培训计划,再到人力资源部完成培训工作。

(1)如要对销售人员培训,先到销售部,点击“决策内容—销售人员”,对相关的销售人员安排培训计划。

(2)如要对生产工人培训,先到制造部,点击“决策内容—生产工人”,对相关的生产工人安排培训计划。

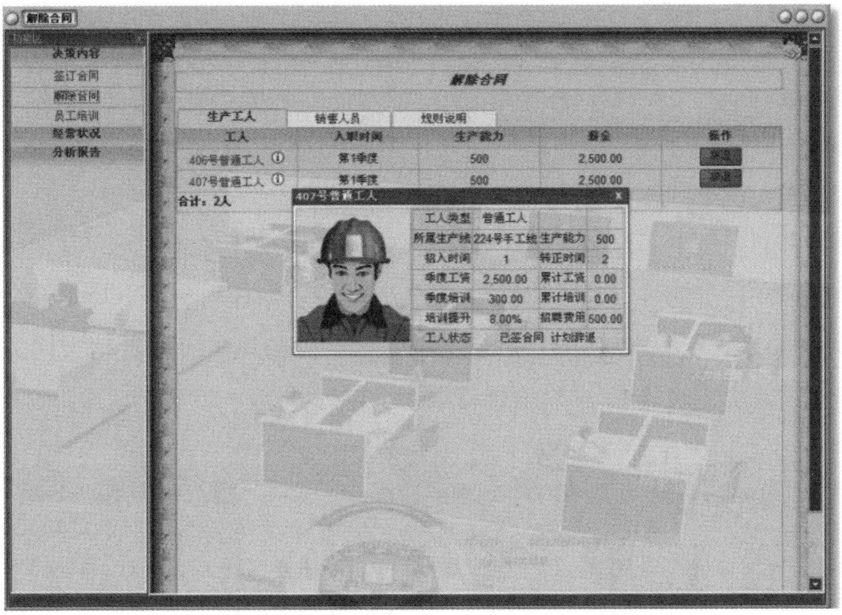

图 4 – 74 解除合同

(3)公司内部场景中点击“人力资源部”，在弹出窗口中选择“决策内容—员工培训”，点击人员名字右边的“培训”，对该员工开展技能培训。

(4)对当季安排的培训计划，点击“撤销”可以取消已制订的培训计划，如图 4 – 75 所示。

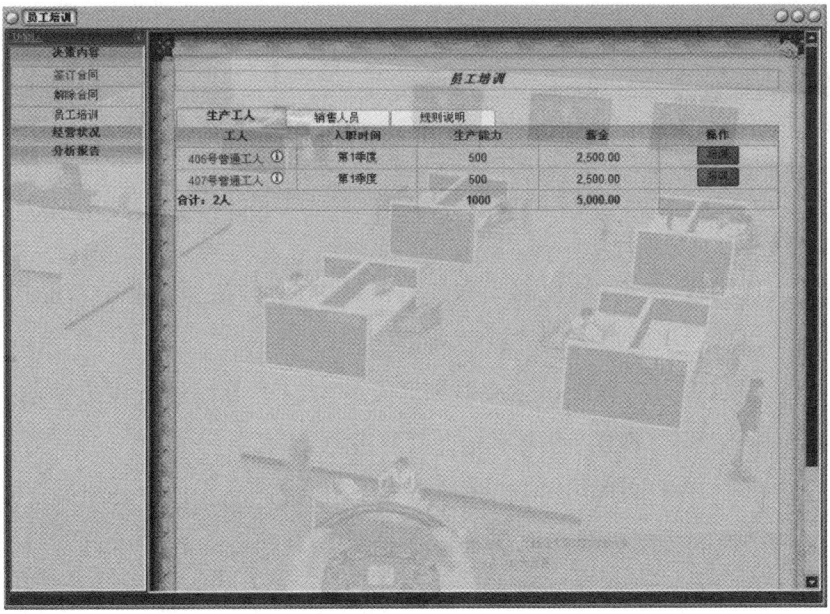

图 4 – 75 员工培训

（六）产品销售计划

1. 销售人员

进入公司内部场景，点击“销售部”，在弹出窗口中选择“决策内容—销售人员”，对销售部门的所有销售人员进行工作安排。

对销售人员的安排主要包括管辖区域调整、培训计划以及辞退计划。其中，管辖区域调整直接由销售部在这里就可以完成，对相关销售人员的培训计划和辞退计划，需要由销售部门负责提出，再由人力资源审核，同意后人力资源部解除与该员工的劳动合同关系，则该员工从下一季度开始将正式辞退，本季度仍将继续工作，如图 4－76 所示。

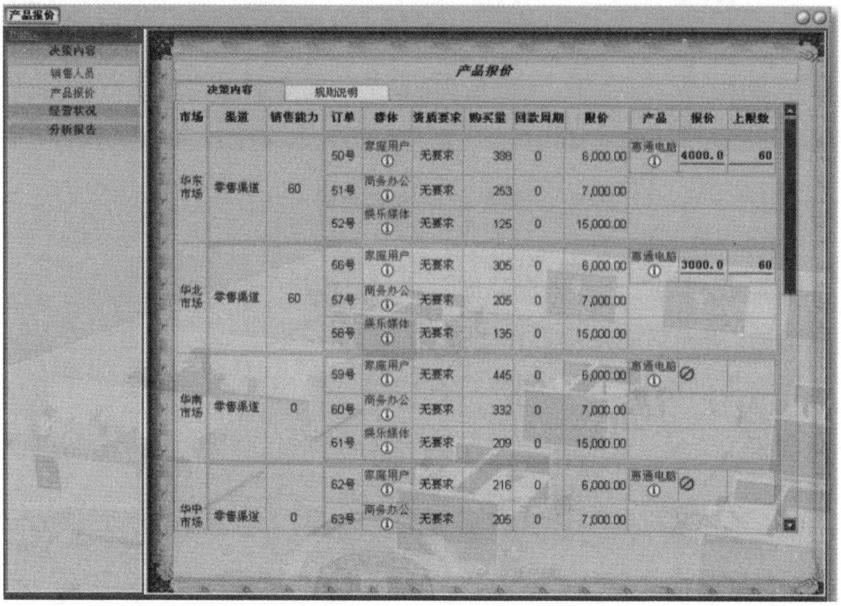

图 4－76　销售人员

2. 产品报价

进入公司内部场景，点击“销售部”，在弹出窗口中选择“决策内容—产品报价”，填写各产品的市场报价以及期望的最大订货数量，如图 4－77 所示。

（1）对每一个区域市场，在公司完成市场开发的情况下可以进入该市场销售，最右边的“报价”栏和“上限数”可以设定，否则不允许参与报价销售。

（2）“报价”栏的金额指的是产品销售单价，不能超过产品在该市场的最高限价。

（3）“上限数”栏的数字表示在市场上该产品最多只期望拿到多少订货量，以防止拿到过多订货量而产能不足导致的违约罚金。

（4）全部报价及上限数填写好后，点击“保存”提交产品销售报价。

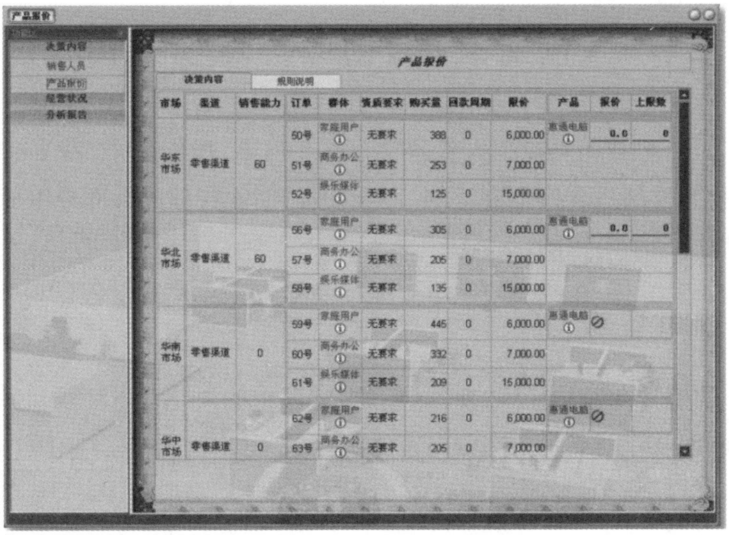

图 4－77　产品报价

（七）财务管理计划

1. 现金预算

进入公司内部场景，点击“财务部”，在弹出窗口中选择“决策内容—财务预算”，根据公司本季度的整体规划及各部门的经营计划，制定公司本季度的财务现金预算表。

2. 银行借款

进入主场景，点击“创业银行”，进入创业银行后，点击“信贷业务”窗口，在弹出窗口中完成借款决策任务。当季借款的金额不能超过本期授信额度，累计借款的金额不能超过总的授信额度，如图 4－78 所示。

图 4－78　申请贷款

第三节 《创业之星》创业仿真模拟实战过程

熟悉《创业之星》创业仿真模拟课程教学目标与内容、操作规则、基本操作流程。《创业之星》创业仿真模拟实战过程由创业计划、创业准备、创业管理三大部分组成，在实战中了解创业过程，达到综合训练的目的。

一、撰写创业计划书

创业计划书的撰写在课后完成，根据《创业之星》中的商业背景环境与运营规则，结合市场竞争趋势，完成创业计划书各个部分内容的撰写。

（一）计划摘要

对整个计划书内容的总体说明，描述全部计划的基本框架。

（二）公司简介

对创办企业的整体情况进行介绍，包括公司经营内容、宗旨、战略、产品、技术、团队等各个方面，重点阐述公司的整体优势与经营目标。

1. 公司简介

2. 公司宗旨

3. 经营目标

4. 产品优势

5. 管理团队

(三)市场分析

创办企业对即将进入的目标市场的整体情况、现状规模、发展趋势以及目标市场的客户需求分析。

1. 市场情况介绍

2. 目标市场分析

3. 顾客需求分析

(四)竞争分析

分析市场竞争形势、主要竞争对手及应对策略。

1. 竞争对手分析

2. 市场竞争策略

3. 竞争优势分析

(五)产品服务

介绍企业的产品或服务,及对客户的价值。对市场上的同类产品进行对比分析,阐述公司产品与服务的特色及优势。

1. 产品发展规划

2. 研究与开发

3. 生产与运输

4. 实施与服务

(六)市场营销

介绍企业所针对的目标市场、营销战略、竞争环境、竞争优势与不足。

1. 市场开发策略

2. 产品定位分析

3. 产品定价策略

4. 渠道网络建设

5. 广告宣传策略

6. 营销团队建设

（七）财务计划

公司需要融资的规模及投入使用计划，并对未来几年的收益进行预测，分析投资回报情况，并列出预计的财务报表。

1. 资金需求说明

2. 资金投入计划

3. 投资收益预测

4. 预计利润表

根据商业背景与规则，按季度做出未来两年的预计利润表(表4－1)。

表4－1 预计利润表

项目	第一季	第二季	第三季	第四季	第五季	第六季	第七季	第八季
一、营业收入								
减：营业成本								
营业税金及附加								
销售费用								
管理费用								
财务费用								
二、营业利润								
加：营业外收入								
减：营业外支出								
三、利润总额								
减：所得税费用								
四、净利润								

5. 预计资产负债表

根据商业背景与规则，按季度做出未来两年的预计资产负债表(表4－2)。

表4－2 预计资产负债表

项目	第一季	第二季	第三季	第四季	第五季	第六季	第七季	第八季
流动资产：								
货币资金								
应收账款								
存货								
流动资产合计								
非流动资产：								
固定资产净值								
无形资产								
非流动资产合计								
资产总计								

表 4-2(续)

项目	第一季	第二季	第三季	第四季	第五季	第六季	第七季	第八季
流动负债：								
短期借款								
应付账款								
应交税费								
其他应交款								
流动负债合计								
非流动负债：								
非流动负债合计								
负债合计								
股东权益：								
实收资本								
未分配利润								
股东权益合计								
负债和股东权益总计								

6. 预计现金流量表

根据商业背景与规则，按季度做出未来两年的预计现金流量表(表 4-3)。

表 4-3 预计现金流量表

事项		第一季	第二季	第三季	第四季	第五季	第六季	第七季	第八季
期初现金余额									
研发部	产品研发								
市场部	渠道开发								
	广告投入								
销售部	现金收入								
	订单违约								
制造部	厂房购买								
	设备购买								
	原料采购								
	认证投入								

表 4－3(续)

事项		第一季	第二季	第三季	第四季	第五季	第六季	第七季	第八季
人事部	招聘费用								
	人员薪资								
	人员福利								
	培训费用								
	违约赔偿								
财务部	管理费用								
本期现金支出合计									
本期融资									
期末现金									

（八）风险分析

对公司运营过程中可能遇到的各类风险进行说明，并说明如何应对各种可能出现的风险情况。

1. 市场与竞争风险

2. 产品与技术风险

3. 财务风险

4. 管理风险

5. 政策风险

（九）内部管理

对公司内部管理的各方面工作进行说明。

1. 公司组织结构

2. 公司管理制度

3. 人力资源计划

4. 内部激励方案

（十）附件资料

补充说明及其他相关的资料

二、《创业之星》实训：创业准备

创业计划书完成后，接下来的工作就是完成企业的工商税务登记注册，这是公司开业前必经的流程。这部分工作共有十一个步骤，根据系统提示，完成所有注册流程。

（一）第一步：租赁办公场所

办理地点：创业大厦。

（二）第二步：申请公司名称

进入主场景，走到工商行政管理局，点击“进入”，或点击导航仪表盘上的“工商”快速进入工商局,办理企业名称预审核登记。企业名称预先核准申请书,如表4-4所示。

表4-4 企业名称预先核准申请书

<table>
<tr><td>申请企业名称</td><td colspan="3"></td></tr>
<tr><td rowspan="3">企业备选名称
(请选用不同的字号)</td><td colspan="3">1.</td></tr>
<tr><td colspan="3">2.</td></tr>
<tr><td colspan="3">3.</td></tr>
<tr><td>经营范围</td><td colspan="3">(只需填写与企业名称行业表述一致的主要业务项目)</td></tr>
<tr><td>注册资本(金)</td><td colspan="3">(万元)</td></tr>
<tr><td>企业类型</td><td colspan="3"></td></tr>
<tr><td>住所地</td><td colspan="3"></td></tr>
<tr><td colspan="4">投资人</td></tr>
<tr><td>姓名或名称</td><td>证照号码</td><td>投资额(万元)</td><td>投资比例</td></tr>
<tr><td></td><td></td><td></td><td></td></tr>
<tr><td></td><td></td><td></td><td></td></tr>
<tr><td></td><td></td><td></td><td></td></tr>
<tr><td></td><td></td><td></td><td></td></tr>
<tr><td></td><td></td><td></td><td></td></tr>
<tr><td></td><td></td><td></td><td></td></tr>
<tr><td></td><td></td><td></td><td></td></tr>
<tr><td></td><td></td><td></td><td></td></tr>
</table>

指定代表或者共同委托代理人的证明,如表4-5所示。

表4-5 指定代表或共同委托代理人证明

<table>
<tr><td>指定代表或者委托代理人(本人签字):</td></tr>
<tr><td>指定代表或委托代理人更正有关材料的权限:
1. 同意□ 不同意□ 修改有关表格的填写错误
2. 同意□ 不同意□ 修改除上项外的任何材料
3. 其他有权更正的事项:</td></tr>
</table>

表 4－5(续)

指定代表或委托代理人联系电话	固定电话:
	移动电话:

(指定代表或委托代理人身份证明复印件粘贴处)

指定或者委托的有效期限:自　　年　月　日至　　年　月　日

投资人盖章或签字:

年　月　日

注:1. 投资人是拟设立企业的全体出资人。投资人是法人和经济组织的由其盖章投资人是自然人的签字。

2. 指定代表或者委托代理人更正有关材料的权限,选择“同意”或“不同意”,并在“□”中打“√”;第 3 项按授权内容自行填写。

企业名称预先核准审核表,如表 4－6 所示。

表 4－6　企业名称预先核准审核表

受理日期		受理通知书文号	
申请名称			
核准名称			
受理意见	受理人员签字:　　年　月　日		

表 4-6(续)

核准意见	核准人员签字:　　　　　　　　　　　　　　　　年　月　日

创业市工商行政管理局制

(三)第三步:撰写公司章程

以下为有限责任公司的公司章程范本,根据组建团队的情况,完成空白地方的填写。

________________________有限公司章程

第一章 总则

第一条 为规范公司的组织和行为,维护公司、股东和债权人的合法权益,根据《中华人民共和国公司法》(以下简称《公司法》)和有关法律、法规规定,结合公司的实际情况,特制定本章程。

第二条 公司名称:________________________有限公司。

第三条 公司住所:____________市________________。

第四条 公司在____________登记注册,公司经营期限为________年。

第五条 公司为有限责任公司。实行独立核算、自主经营、自负盈亏。股东以其认缴的出资额为限对公司承担责任,公司以其全部资产对公司的债务承担责任。

第六条 公司坚决遵守国家法律、法规及本章程规定,维护国家利益和社会公共利益,接受政府有关部门监督。

第七条 本公司章程对公司、股东、执行董事、监事、高级管理人员均具有约束力。

第八条 本章程由全体股东共同订立,在公司注册后生效。

第二章 公司的经营范围

第九条 本公司经营范围为:以公司登记机关核定的经营范围为准。

第三章 公司注册资本

第十条 本公司注册资本为________万元。本公司注册资本实行一次性出资。

第四章 股东的名称(姓名)、出资方式及出资额和出资时间

第十一条 公司由________个股东组成:

股东一：__________

家庭住址：__________

身份证号码：__________

以________方式出资________万元，占注册资本的________%，在________年____月____日前一次足额缴纳。

股东二：__________

家庭住址：__________

身份证号码：__________

以________方式出资________万元，占注册资本的________%，在________年____月____日前一次足额缴纳。

股东三：__________

家庭住址：__________

身份证号码：__________

以________方式出资________万元，占注册资本的________%，在________年____月____日前一次足额缴纳。

股东四：__________

家庭住址：__________

身份证号码：__________

以________方式出资________万元，占注册资本的________%，在________年____月____日前一次足额缴纳。

股东五：__________

家庭住址：__________

身份证号码：__________

以________方式出资________万元，占注册资本的________%，在________年____月____日前一次足额缴纳。

股东六：__________

家庭住址：__________

身份证号码：__________

以________方式出资________万元，占注册资本的________%，在________年____月____日前一次足额缴纳。

第五章 公司的机构及其产生办法、职权、议事规则

第十二条 公司股东会由全体股东组成，股东会是公司的权力机构，依法行使《公司法》第三十八条规定的第1项至第10项职权，还有职权为：

11. 对公司为公司股东或者实际控制人提供担保做出决议；

12. 对公司向其他企业投资或者为除本条第 11 项以外的人提供担保做出决议；

13. 对公司聘用、解聘承办公司审计业务的会计师事务所做出决议。

对前款所列事项股东以书面形式一致表示同意的，可以不召开股东会会议，直接做出决定，并由全体股东在决定文件上签名、盖章。

第十三条 股东会的议事方式：

股东会以召开股东会会议的方式议事，法人股东由法定代表人参加，自然人股东由本人参加，因事不能参加可以书面委托他人参加。

股东会会议分为定期会议和临时会议两种：

1. 定期会议

定期会议一年召开__________次，时间为每年__________召开。

2. 临时会议

代表__________以上表决权的股东，执行董事，监事提议召开临时会议的，应当召开临时会议。

第十四条 股东会的表决程序：

1. 会议通知

召开股东会会议，应当于会议召开十五日以前通知全体股东。

2. 会议主持

股东会会议由执行董事召集和主持，执行董事不能履行或者不履行召集股东会会议职责的，由监事召集和主持，监事不召集和主持的，代表__________以上表决权的股东可以召集和主持。股东会的首次会议由出资最多的股东召集和主持，依照《公司法》规定行使职权。

3. 会议表决

股东会会议由股东按出资比例行使表决权，股东会每项决议需代表多少表决权的股东通过规定如下：

(1)股东会对公司增加或减少注册资本、分立、合并、解散或变更公司形式做出决议，必须经代表三分之二以上表决权的股东通过；

(2)公司可以修改章程，修改公司章程的决议必须经代表三分之二以上表决权的股东通过；

(3)股东会对公司为公司股东或者实际控制人提供担保做出决议，必须经出席会议的除上述股东或受实际控制人支配的股东以外的其他股东所持表决权的过半数通过；

(4)股东会的其他决议必须经代表二分之一以上表决权的股东通过。

4. 会议记录

召开股东会会议，应详细做好会议记录，出席会议的股东必须在会议记录上签名。

第十五条 公司不设董事会,设执行董事一人,由股东会选举产生。

第十六条 执行董事对股东会负责,依法行使《公司法》第四十七条规定的第1至第10项职权。

第十七条 执行董事每届任期________年,执行董事任期届满,连选(派)可以连任。执行董事任期届满未及时更换或者执行董事在任期内辞职的,在更换后的新执行董事就任前,原执行董事仍应当依照法律、行政法规和公司章程的规定,履行执行董事职务。

第十八条 公司设经理,由执行董事聘任或者解聘。经理对执行董事负责,依法行使《公司法》第五十条规定的职权。

第十九条 公司不设监事会,设监事__________人,由非职工代表担任,经股东会选举产生。

第二十条 监事任期每届三年,监事任期届满,可以连选连任。监事任期届满未及时改选,或者监事在任期内辞职的,在改选出的监事就任前,原监事仍应当依照法律、行政法规和公司章程的规定,履行监事职务。

执行董事、高级管理人员不得兼任监事。

第二十一条 监事对股东会负责,依法行使《公司法》第五十四条规定的第1至第6项职权。

监事可以列席股东会会议,监事发现公司经营情况异常,可以进行调查;必要时,可以聘请会计师事务所等协助其工作,费用由公司承担。

第六章 公司的股权转让

第二十二条 公司的股东之间可以相互转让其全部或者部分股权。

第二十三条 股东向股东以外的人转让股权,应当经其他股东过半数同意。股东应就其股权转让事项书面通知其他股东征求同意,其他股东自接到书面通知之日起满三十日未答复的,视为同意转让。其他股东半数以上不同意转让的,不同意的股东应当购买该转让的股权;不购买的,视为同意转让。

经股东同意转让的股权,在同等条件下,其他股东有优先购买权。两个以上股东主张行使优先购买权的,协商确定各自的购买比例;协商不成的,按照转让时各自的出资比例行使优先购买权。

第二十四条 本公司股东转让股权,不需要召开股东会。股东转让股权按本章程第二十二条、第二十三条的规定执行。

第二十五条 公司股权转让的其他事项按《公司法》第七十三条至第七十六条规定执行。

第七章 公司的法定代表人

第二十六条 公司的法定代表人由__________担任。

第八章 附则

第二十七条 本章程原件一式＿＿＿＿＿份，其中每个股东各持一份，送公司登记机关一份，验资机构一份，公司留存＿＿＿＿＿份。

＿＿＿＿＿有限公司全体股东

自然人股东签字：

日期： 年 月 日

（四）第四步：存入注册资金

进入主场景，走到创业银行，点击“进入”，或点击导航仪表盘上的“银行”快速进入创业银行，将投资人资金存入公司临时账户上。

（五）第五步：领取验资证明

进入主场景，走到会计师事务所，点击“进入”，或点击导航仪表盘上的“会计”快速进入会计师事务所，办理注册资金验收证明。

收到所有要求的证件资料后，会计师事务所会核发验资报告。

办理验资证明需要提交的证明和资料：

□ 公司章程

□ 公司名称预先核准通知书

□ 投资人的合法身份证明

□ 资金到位证明

验资报告

＿＿＿＿＿＿＿＿＿＿有限公司（筹）全体股东：

我们接受委托，对拟设立的＿＿＿＿＿有限公司截至＿＿＿＿年＿＿月＿＿日的实收资本及相关资产的真实性和合法性进行了审验。在审验过程中，我们按照《独立审计实务公告第1号——验资》的要求，实施了必要的审验程序。贵公司（筹）的责任是提供真实、合法、完整的验资资料，保护资产的安全、完整，我们的责任是按照《独立审计实务公告第1号——验资》的要求，出具真实、合法的验资报告。

根据有关协议、章程的规定，贵公司（筹）申请登记的注册资本为人民币＿＿＿＿＿万元，由＿＿＿＿＿（以下简称甲方）、＿＿＿＿＿（以下简称乙方）、＿＿＿＿＿（以下简称丙方）、＿＿＿＿＿（以下简称丁方）、＿＿＿＿＿（以下简称戊方）和＿＿＿＿＿（以下简称己方）缴足。经我们审验，截至＿＿＿＿年＿＿月＿＿日贵公司（筹）已收到全体股东缴纳的实收资本合计人民币__________万元整。各股东均以货币出资,货币资金出资额占认缴注册资本的100%。

本验资报告供贵公司(筹)申请设立登记及据以向全体股东签发出资证明时使用,不应将其视为是对公司(筹)验资报告日后资本保全、偿债能力和持续经营能力等的保证。因使用不当造成的后果,与执行本验资业务的注册会计师及会计师事务所无关。

附件:

1. 注册资本实收情况明细表

2. 验资事项说明

创业市会计师事务所(章)　　　　中国注册会计师(签名):__________

报告日期:________年____月____日

附件1　注册资本实收情况明细表

截至________年____月____日

拟设立公司名称:____________________有限公司(筹)　　　　**货币单位:人民币万元**

股东名称	认缴注册资本		实际出资情况						其中:实收资本	
	金额	出资比例%	货币	实物	无形资产	净资产	其他	合计	金额	占注册资本总额比例%
合计										

创业市会计师事务所(章)　　　　中国注册会计师(签名):__________

附件2　验资事项说明

一、组建及审批情况

贵公司(筹)经创业市工商行政管理局批准,核发__________有限公司(筹)《企业名称预先核准通知书》,由甲方、乙方、丙方、丁方、戊方、己方共同出资组建,正在申请办理设立登记。

二、申请的注册资本及出资规定

根据经批准的协议、章程的规定,贵公司(筹)申请登记的注册资本为人民币__________万元,由全体股东缴足。其中:甲方应出资人民币__________万元,占注册资本的__________%,出资方式为货币资金;乙方应出资人民币__________万元,占注册资本的

________%，出资方式为货币资金；丙方应出资人民币________万元，占注册资本的________%，出资方式为货币资金；丁方应出资人民币________万元，占注册资本的________%，出资方式为货币资金；戊方应出资人民币________万元，占注册资本的________%，出资方式为货币资金；己方应出资人民币________万元，占注册资本的________%，出资方式为货币资金。

三、审验结果

截至______年____月____日，贵公司（筹）已收到甲方、乙方、丙方、丁方、戊方、己方缴纳的实收资本合计人民币________万元整。

甲方缴纳人民币________万元，于______年____月____日缴存________有限公司（筹）在创业银行开设的临时账户________账号；

乙方缴纳人民币________万元，于______年____月____日缴存上述同一银行账户；

丙方缴纳人民币________万元，于______年____月____日缴存上述同一银行账户；

丁方缴纳人民币________万元，于______年____月____日缴存上述同一银行账户；

戊方缴纳人民币________万元，于______年____月____日缴存上述同一银行账户；

己方缴纳人民币________万元，于______年____月____日缴存上述同一银行账户。

创业银行已于______年____月____日出具证明并承诺待被审验单位注册登记后，将上述投资额全部转入其正式账户。

（六）第六步：公司设立登记

进入主场景，走到工商行政管理局，点击“进入”，或点击导航仪表盘上的“工商”快速进入工商局，办理公司设立登记。

收到所有要求的证件资料并递交申请表格（表4－7至表4－10）后，工商局核发企业法人营业执照。

公司设立登记申请书

申请公司设立时应提交的材料：

□公司章程

□验资证明

□确认书

□公司住所使用证明

□指定代表或者共同委托代理人的证明

□公司法定代表人登记表

□《企业名称预先核准通知书》

表 4－7 公司设立登记申请书

<table>
<tr><td>名称</td><td colspan="4"></td></tr>
<tr><td>住所</td><td colspan="2"></td><td>邮政编码</td><td></td></tr>
<tr><td>法定代表人姓名</td><td colspan="2"></td><td>职务</td><td></td></tr>
<tr><td>注册资本</td><td>（万元）</td><td>公司类型</td><td colspan="2">有限责任公司</td></tr>
<tr><td>实收资本</td><td>（万元）</td><td>出资方式</td><td colspan="2"></td></tr>
<tr><td>经营范围</td><td colspan="4"></td></tr>
<tr><td>营业期限</td><td colspan="4">自　　年　月　日至　　年　月　日</td></tr>
<tr><td>备案事项</td><td colspan="4"></td></tr>
</table>

本公司依照《中华人民共和国公司法》《中华人民共和国公司登记管理条例》设立，提交材料真实有效。谨此对真实性承担责任。

法定代表人签字：　　　　　　　　　　指定代表或委托代理人签字：

年　月　日　　　　　　　　　　　　　　年　月　日

表 4－8 ＿＿＿＿＿＿＿＿公司股东（发起人）名录

股东（发起人）名称或姓名	证件名称及号码	认缴出资额（万元）	出资方式	持股比例（%）	首期实缴出资情况			余额交付期限	备注
					实缴出资额（万元）	出资时间	出资方式		

注：

1. 根据公司章程的规定填写。

2. “备注”栏填写下述字母：

A. 企业法人；B. 社会团体法人；C. 事业单位法人；D. 国务院、省人民政府、经授权的机构或部门；E. 自然人；F. 其他。

3. 出资方式填写：货币、非货币。

4. 本表不够填时，可复印续填，粘贴于后。

表 4－9　＿＿＿＿＿＿＿＿＿公司董事、监事、经理情况

姓名＿＿＿＿＿职务＿＿＿＿＿	姓名＿＿＿＿＿职务＿＿＿＿＿
身份证件号码：	身份证件号码：
身份证件复印件粘贴处：	身份证件复印件粘贴处：
姓名＿＿＿＿＿职务＿＿＿＿＿	姓名＿＿＿＿＿职务＿＿＿＿＿
身份证件号码：	身份证件号码：
身份证件复印件粘贴处：	身份证件复印件粘贴处：
姓名＿＿＿＿＿职务＿＿＿＿＿	姓名＿＿＿＿＿职务＿＿＿＿＿
身份证件号码：	身份证件号码：
身份证件复印件粘贴处：	身份证件复印件粘贴处：

表 4－10 ____________________公司法定代表人登记表

姓名		是否公务员	
职务		联系电话	
任免机构			

（身份证复印件粘贴处）

法定代表人签字：__________

年　月　日

（七）第七步：刻制公司印章

进入主场景，走到刻章店，点击“进入”，或点击导航仪表盘上的“刻章”快速进入刻章，办理公司各类印章。

收到所有要求的证件资料后，刻章店将为公司刻制公司印章、法人章、财务章。

（八）第八步：办理机构代码

进入主场景，走到技术质量监督局（以下简称质监局），点击“进入”，或点击导航仪表盘上的“质量”快速进入质监局，办理公司组织机构代码证。

收到所有要求的证件资料并递交申请表格后，质监局核发企业组织机构代码证。组织机构代码证申请表，如表 4－11 所示。

表 4－11 组织机构代码证申请表

受理项目	□ 新申请 □ 变更 □ 复审 □ 换证 □ 遗失补办
机构名称	
机构类型	□ 机关法人 □ 机关非法人 □ 事业机构 □ 社团机构 □ 企业法人 □ 企业非法人 □ 个体户 □ 工会组织 □ 民办非企业单位 □ 其他

表 4 – 11(续)

法人代表		证件号码			
所在地区					
机构地址					
成立日期		注册资金		邮政编码	
电话			电子邮件		
传真			经营范围		

(九)第九步:开设银行账户

进入主场景,走到创业银行,点击“进入”,或点击导航仪表盘上的“银行”快速进入创业银行,办理银行账户开户手续。

收到所有要求的证件资料并递交申请表格(表 4 – 12)后,创业银行为公司开设银行账户。

开立单位银行结算账户申请书

办理单位银行结算账户时需要提交的材料:

□ 法定代表人身份证原件及复印件

□ 营业执照正本原件及复印件

□ 国税和地税税务登记证

□ 公司公章,财务章,法人章

表 4 – 12　开立单位银行结算账户申请书

存款人			电话	
地址			邮编	
存款人类别			组织机构代码人	
法定代表人□ 单位负责人□	姓名			
	证件种类		证件号码	
行业分类	A□　B□　C□　D□　E□　F□　G□　H□　I□　J□ K□　L□　M□　N□　O□　P□　Q□　R□　S□　T□			
注册资金		地区代码		
经营范围				
证明文件种类		证明文件编号		

表 4－12(续)

税务登记证编号				
账户性质	基本□ 一般□ 专用□ 临时□			
资金性质		有效日期至	年 月 日	
以下为存款人上级法人或主管单位信息:				
上级法人或主管单位名称				
基本存款账户开户许可证核准号			组织机构代码	
法定代表人□ 单位负责人□	姓名			
	证件种类		证件号码	
以下栏目由开户银行审核后填写:				
开户银行名称			开户银行代码	
账户名称			账号	
基本存款账户开户许可证核准号			开户日期	
本存款申请开立单位银行结算账户,并承诺所提供的开户资料真实、有效。 存款人(公章) 年 月 日	开户银行审核意见: 经办人(签章) 银行(签章) 年 月 日		人民银行审核意见: (非核准类账户除外) 经办人(签章) 人民银行(签章) 年 月 日	

(十)第十步:办理税务登记

进入主场景,走到国家税务局,点击“进入”,或点击导航仪表盘上的“国税”快速进入国家税务局,办理国税登记证。类似方法,再完成地税登记证办理。

收到所有要求的证件资料并递交申请表格(表 4－13)后,税务局核发企业税务登记证。

表 4－13 税务登记表

纳税人名称					
法定代表人		身份证件名称		证件号码	

表 4－13(续 1)

<table>
<tr><td>注册地址</td><td colspan="3"></td><td>邮政编码</td><td></td></tr>
<tr><td>生产经营地址</td><td colspan="3"></td><td>邮政编码</td><td></td></tr>
<tr><td rowspan="2">生产经营范围</td><td>主营</td><td colspan="4"></td></tr>
<tr><td>兼营</td><td colspan="4"></td></tr>
<tr><td>所属主管单位</td><td colspan="5"></td></tr>
<tr><td rowspan="4">发照工商机关</td><td>工商机关名称</td><td colspan="4"></td></tr>
<tr><td>营业执照名称</td><td colspan="2"></td><td>营业执照字号</td><td></td></tr>
<tr><td>发照日期</td><td colspan="2">年　月　日</td><td>开业日期</td><td>年　月　日</td></tr>
<tr><td>有效期限</td><td colspan="4">年　月　日至　　年　月　日</td></tr>
<tr><td colspan="2">开户银行名称</td><td colspan="2">银行账号</td><td>币种</td><td>是否缴税账号</td></tr>
<tr><td colspan="2"></td><td colspan="2"></td><td></td><td></td></tr>
<tr><td colspan="2"></td><td colspan="2"></td><td></td><td></td></tr>
<tr><td>生产经营期限</td><td colspan="3">年　月　日至　　年　月　日</td><td>从业人数</td><td></td></tr>
<tr><td>经营方式</td><td></td><td>登记注册类型</td><td></td><td>行业</td><td></td></tr>
<tr><td>财务负责人</td><td></td><td>联系电话</td><td colspan="3"></td></tr>
<tr><td>办税人员</td><td></td><td>联系电话</td><td colspan="3"></td></tr>
<tr><td>隶属关系</td><td></td><td>注册资本</td><td>元</td><td>注册资本币种</td><td></td></tr>
<tr><td>投资方名称</td><td>投资金额</td><td>投资币种</td><td>与美元汇率比价</td><td>占投资比</td><td>分配比例</td></tr>
<tr><td></td><td></td><td></td><td></td><td></td><td></td></tr>
<tr><td></td><td></td><td></td><td></td><td></td><td></td></tr>
<tr><td></td><td></td><td></td><td></td><td></td><td></td></tr>
<tr><td></td><td></td><td></td><td></td><td></td><td></td></tr>
<tr><td>会计报表种类</td><td colspan="5"></td></tr>
<tr><td>低值易耗品摊销方式</td><td colspan="5"></td></tr>
<tr><td>折旧方式</td><td colspan="5"></td></tr>
</table>

<table>
<tr><td rowspan="6">所属非独立核算的分支机构</td><td>纳税人识别号</td><td>纳税人名称</td><td colspan="2">生产经营地址</td><td>负责人</td></tr>
<tr><td></td><td></td><td colspan="2"></td><td></td></tr>
<tr><td></td><td></td><td colspan="2"></td><td></td></tr>
<tr><td></td><td></td><td colspan="2"></td><td></td></tr>
<tr><td></td><td></td><td colspan="2"></td><td></td></tr>
<tr><td></td><td></td><td colspan="2"></td><td></td></tr>
<tr><td colspan="2">分支机构是否单独申报</td><td></td><td colspan="2">申请核发税务登记证副本数量</td><td></td></tr>
<tr><td colspan="2">E－mail 地址</td><td colspan="2"></td><td>纳税人状态</td><td></td></tr>
</table>

表 4 – 13(续 2)

以下由受理登记税务机关填写 税务登记证发证日期：　年　月　日 税务登记机关(登记专用章) 经办人(签字)：	法定代表人(负责人)签章： 纳税人(签章) 填表日期：　年　月　日

(十一)第十一步：办理社会保险

进入主场景，走到人力资源和社会保障局，点击“进入”，或点击导航仪表盘上的“劳保”快速进入人力资源和社会保障局，办理企业社会保险开户。

收到所有要求的证件资料后并递交申请表格(表 4 – 14、表 4 – 15)后，人力资源和社会保障局核发企业社会保险登记证。

用人单位社会保险登记表

用人单位办理社会保险登记证时应提交的材料包括：

☐ 工商营业执照

☐ 国税和地税税务登记证

☐ 组织机构代码证

☐ 企业职工花名册

表 4 – 14　用人单位社会保险登记表

缴费单位名称			电话	
单位住所(地址)			邮编	
社会保险企业编号		税务登记证号		
工商登记执照信息	执照种类			
	执照号码			
	发照日期		有效期限	

表 4－14（续）

批准成立信息	批准单位		
	批准日期		
	批准文号		
法定代表人或负责人	姓名		
	身份证号		
	电话		
缴费单位经办人	姓名		
	所在部门		
	电话		
单位类型		隶属关系	
主管部门或总机构			
开户银行		户名	
银行基本账号			
参加险种及日期	参保日期	参加险种	社会保险经办机构名称
	养老保险	____年__月	
	医疗保险	____年__月	
	失业保险	____年__月	
	工伤保险	____年__月	
	生育保险	____年__月	
所属分支机构信息	负责人	名称	地址
有关数据	20 ____年末职工人数____人		
	20 ____年末离退休人数____人		
	20 ____年全部职工工资总额____万元		
	20 ____年职工平均工资____元/年		
社会保险经办机构审核意见			

企业社会保险开户登记表

办理企业社会保险开户登记表时应提交的材料包括：

□ 工商营业执照

□ 国税和地税税务登记证

□ 组织机构代码证
□ 企业职工花名册
□ 用人单位社会保险登记表

表4－15 企业社会保险开户登记表

单位编号			
单位名称(章)			
单位类别(性质)			
主管部门或机构			
开户银行			
账号			
单位地址			
邮政编码			
法定代表人(负责人)			
身份证号			
劳资联系人		电话	
财务联系人		电话	
组织机构代码			
营业执照号码			
税号(地)			
备注			
社会保险经办机构审核意见			

三、初创企业运营战略规划

公司正式成立后，一切都还只是开始。怎么实现创业计划书中的规划？怎么为公司创造盈利？从这一部分开始，你将与团队成员一起共同完成创业企业两年的运营管理。

（一）公司筹建

参考创业计划书中的内容，讨论明确并完善公司的组织架构：

公司名称：________________________________

公司宗旨：________________________________

战略目标：________________________________

总经理(CEO)：________________________________

财务总监(CFO)：________________________________

市场总监(CMO):______

销售总监(CSO):______

生产总监(CPO):______

技术总监(CTO):______

其他角色任命:______

(二)战略制定

根据商业环境及背景的分析结果,制定模拟公司的长、短期战略。

公司的短期战略(1—3 季):

______

公司的中期战略(4—6 季):

______

公司的长期战略(7—8 季):

______

公司短、中、长期战略间的关系:

______

公司战略分解:

财务战略:______

营销战略:______

生产战略:______

研发战略:______

目标市场战略:______

主攻目标市场:______

次要目标市场:______

备选目标市场:______

(三)公司经营规划(表 4－16)

表 4－16　公司经营规划表

岗位	目标	第一季	第二季	第三季	第四季
总经理	经营目标				
研发部	品牌数量				
	市场定位				
	研发投入				

表 4－16(续 1)

岗位	目标	第一季	第二季	第三季	第四季
市场部	市场定位				
	渠道开发				
	广告预算				
销售部	销售人员				
	定价策略				
	销量预测				
	收入预测				
制造部	厂房投资				
	设备投资				
	原料采购				
	生产工人				
	生产计划				
	产品存货				
	认证计划				
人事部	人员招募				
	人员辞退				
	培训计划				
财务部	期初现金				
	期末现金				
	融资计划				
	预计盈利				
研发部	品牌数量				
	市场定位				
	研发投入				
市场部	市场定位				
	渠道开发				
	广告预算				
销售部	销售人员				
	定价策略				
	销量预测				
	收入预测				

表 4－16(续 2)

岗位	目标	第一季	第二季	第三季	第四季
制造部	厂房投资				
	设备投资				
	原料采购				
	生产工人				
	生产计划				
	产品存货				
	认证计划				
人事部	人员招募				
	人员辞退				
	培训计划				
财务部	期初现金				
	期末现金				
	融资计划				
	预计盈利				

(四)公司现金预算表(表 4－17)

表 4－17　公司现金预算表

类别	项目	第一季		第二季		第三季		第四季	
		增减	余额	增减	余额	增减	增减	增减	余额
期初现金余额									
现金支出									
总经理	公司注册费用								
	行政管理费用								
	办公场地租金								
研发部	产品设计费用								
	产品研发费用								
营销部	市场开发费用								
	广告宣传费用								
	购买订单费用								
	未交货订单违约金								

表 4－17(续 1)

类别	项目	第一季		第二季		第三季		第四季	
		增减	余额	增减	余额	增减	增减	增减	余额
制造部	原料采购费用								
	厂房购买费用								
	设备购买费用								
	厂房租用费用								
	设备维修费用								
	设备升级费用								
	设备搬迁费用								
	资质认证费用								
人力资源部	管理人员工资								
	管理人员五险								
	销售人员工资								
	销售人员五险								
	生产工人工资								
	生产工人五险								
	员工招聘费用								
	员工培训费用								
	员工辞退补偿金								
	员工未签订合同罚金								
财务部	增值税								
	营业税								
	城建税								
	教育费附加								
	地方教育费附加								
	所得税								
	借款利息								
	贴现利息								
	到期的应付账款								
	到期的银行借款								
现金支出合计									

表 4－17(续2)

类别	项目	第一季		第二季		第三季		第四季	
		增减	余额	增减	余额	增减	增减	增减	余额
现金收入	到期的应收账款								
	销售产品收入								
	销售原料收入								
	卖出厂房收入								
	卖出设备收入								
	转让订单收入								
	本期融资收入								
现金收入合计									
期末现金余额									

类别	项目	第五季		第六季		第七季		第八季	
		增减	余额	增减	余额	增减	增减	增减	余额
期初现金余额									
现金支出									
总经理	公司注册费用								
	行政管理费用								
	办公场地租金								
研发部	产品设计费用								
	产品研发费用								
营销部	市场开发费用								
	广告宣传费用								
	购买订单费用								
	未交货订单违约金								
制造部	原料采购费用								
	厂房购买费用								
	设备购买费用								
	厂房租用费用								
	设备维修费用								
	设备升级费用								
	设备搬迁费用								
	资质认证费用								

表 4－17(续 3)

类别	项目	第五季		第六季		第七季		第八季	
		增减	余额	增减	余额	增减	增减	增减	余额
人力资源部	管理人员工资								
	管理人员五险								
	销售人员工资								
	销售人员五险								
	生产工人工资								
	生产工人五险								
	员工招聘费用								
	员工培训费用								
	员工辞退补偿金								
	员工未签订合同罚金								
财务部	增值税								
	营业税								
	城建税								
	教育费附加								
	地方教育费附加								
	所得税								
	借款利息								
	贴现利息								
	到期的应付账款								
	到期的银行借款								
现金支出合计									
现金收入	到期的应收账款								
	销售产品收入								
	销售原料收入								
	卖出厂房收入								
	卖出设备收入								
	转让订单收入								
	本期融资收入								
现金收入合计									
期末现金余额									

(五)公司经营绩效表(表4－18)

表4－18　公司经营绩效表

项目		第一季	第二季	第三季	第四季
综合表现	综合表现分数				
	综合表现排名				
市场营销	消费群体一订单量				
	消费群体一销售额				
	消费群体一占有率				
	消费群体二订单量				
	消费群体二销售额				
	消费群体二占有率				
	消费群体三订单量				
	消费群体三销售额				
	消费群体三占有率				
	合计订单量				
	合计销售额				
	合计占有率				
生产管理	期末库存产品数				
	库存产品数量				
人力资源	销售人员数量				
	操作工人数量				
财务管理	期末现金余额				
	本期净利润				
	累计净利润				
项目		第五季	第六季	第七季	第八季
综合表现	综合表现分数				
	综合表现排名				
市场营销	消费群体一订单量				
	消费群体一销售额				
	消费群体一占有率				
	消费群体二订单量				
	消费群体二销售额				

表 4-18(续)

项目		第五季	第六季	第七季	第八季
市场营销	消费群体二占有率				
	消费群体三订单量				
	消费群体三销售额				
	消费群体三占有率				
	合计订单量				
	合计销售额				
	合计占有率				
生产管理	期末库存产品数				
	库存产品数量				
人力资源	销售人员数量				
	操作工人数量				
财务管理	期末现金余额				
	本期净利润				
	累计净利润				

第四节 《创业之星》创业仿真模拟实战记录

企业创立后，经营团队要完成两年共八个季度的运营管理。所有企业在开始阶段都只拥有一笔创业资金，创业者需要根据市场环境的变化及运营规则的设定情况，制定企业的发展战略规划，并努力实现企业的经营目标。在运营管理中，管理者将与其他企业展开激烈的市场竞争。为了取得良好的绩效并实现企业经营目标，需要团队的每位成员通力配合，精诚合作，共同制定有效的经营决策。包括企业战略、品牌规划、产品设计、市场营销、人力资源、生产制造、财务管理等各个方面的内容。为了方便思考与决策，模拟企业运营中的所有经营决策将以任务方式发布。教师每发布一个任务，各团队的创业者便要完成企业在本季度的所有经营管理工作，并制定出本季度企业的各项经营决策。

一、第一季度运营管理练习

(一)财务报表练习

根据本期模拟经营的结果，计算生成资产负债表(表 4-19)。

表 4－19　资产负债表

项目	期末数	期初数	明细说明
流动资产：			
货币资金			现金
应收账款			应收销售款(价税合计)
存货			
其中:原材料			
半成品			包括:原料费、厂房租金或折旧、设备折旧和维修、工人工资和五险、加工费
产成品			包括:原料费、厂房租金或折旧、设备折旧和维修、工人工资和五险、加工费
流动资产合计			
非流动资产：			
固定资产原值			包括:厂房、生产设备
减:累计折旧			
固定资产净值			
无形资产			无
非流动资产合计			
资产总计			
流动负债：			
短期借款			包括:银行借款、紧急贷款
应付账款			应付原材料费
应交税费			包括:应交增值税、营业税、城建税、所得税
其他应交款			包括:教育费附加、地方教育附加
流动负债合计			
非流动负债：			
非流动负债合计			
负债合计			
股东权益：			
实收资本			包括:初始注册资金、VC 注资
未分配利润			累计的净利润
其中:当季利润			本季的净利润
股东权益合计			
负债和股东权益总计			

根据本期模拟经营的结果,计算生成损益表(表 4 – 20)。

表 4 – 20 损益表

项目	本季金额	累计金额	说明
一、营业收入			
其中:产品销售额			
原料销售额			
减:营业成本			
其中:当季产品交货的成本			
当季原料交货的成本			
减:营业税金及附加			
其中:营业税			
城建税			
教育费附加			
地方教育附加			
减:销售费用			
其中:广告宣传费用			
渠道开发费用			
销售人员工资			
销售人员五险			
运输费			
减:管理费用			
其中:公司注册费			
行政管理费用			
人员招聘费用			
管理人员工资			
管理人员五险			
员工培训费用			
产品设计费用			
产品研发费用			
资格认证费用			
办公室租金			
停工损失			
减:财务费用			

表 4－20(续)

项目	本季金额	累计金额	说明
其中:银行贷款利息			
紧急借款利息			
应收账款贴现利息			
二、营业利润			
加:营业外收入			
其中:设备出售增值部分			
转让订单的收入			
减:营业外支出			
其中:未交货订单违约金			
生产工人辞退补偿金			
销售人员辞退补偿金			
未签劳动合同的罚金			
设备出售减值部分			
购买订单的支出			
三、利润总额			
减:所得税费用			
四、净利润			

根据本期模拟经营的结果,计算生成现金流量表(表 4－21)。

表 4－21　现金流量表

项目	本期金额	累计金额
一、经营活动产生的现金流量		
销售商品、提供劳务收到的现金		
其中:当期现金销售收入(含销项税额)		
当期出售原材料收回的现金(含销项税额)		
收回到期的应收账款		
收到的税费返还		
收到的其他与经营活动有关的现金		
其中:转让订单收到的现金		
现金流入小计		
购买商品、接收劳务支付的现金		

表 4－21(续 1)

项目	本期金额	累计金额
其中:购买原料支付的现金(含进项税额)		
支付到期的应付账款		
支付给职工以及为职工支付的现金		
其中:当季管理人员的工资、五险、辞退补偿金		
当季销售人员的工资、五险、辞退补偿金		
当季生产人员的工资、五险、辞退补偿金		
支付的各项税费		
其中:支付上季的营业税		
支付上季的城建税		
支付上季的教育费附加		
支付上季的地方教育附加		
支付上季的增值税		
支付上季的所得税		
支付的其他与经营活动有关的现金		
其中:公司注册费		
广告宣传费		
渠道开发费		
行政管理费		
人员招聘费		
员工培训费		
品牌设计费		
产品研发费		
资质认证费		
办公室租金		
厂房租金		
设备升级费		
设备维修费		
设备搬迁费		
加工费		
买订单的费用		
未交付订单的违约金		
未签劳动合同的违约金		

表 4－21(续2)

项目	本期金额	累计金额
现金流出小计		
经营活动产生的现金流量净额		
二、投资活动产生的现金流量		
收回投资所收到的现金		
取得投资收益所收到的现金		
处置固定资产、无形资产和其他长期资产收回的现金		
其中:变卖厂房收到的现金		
变卖设备收到的现金		
收到其他与投资活动有关的现金		
现金流入小计		
购建固定资产、无形资产和其他长期资产支付的现金		
其中:购买厂房支付的现金		
购买设备支付的现金		
投资所支付的现金		
支付的其他与投资活动有关的现金		
现金流出小计		
投资活动产生的现金流量净额		
三、筹资活动产生的现金流量		
吸收投资收到的现金		
取得借款收到的现金		
其中:银行借款		
紧急借款		
收到的其他与筹资活动有关的现金		
现金流入小计		
偿还债务支付的现金		
其中:偿还到期的银行借款		
偿还到期的紧急借款		
分配股利、利润和偿付利息所支付的现金		
其中:支付银行借款的利息		
支付紧急借款的利息		
支付应收账款贴现的利息		
支付其他与筹资活动有关的现金		

表 4－21（续 3）

项目	本期金额	累计金额
现金流出小计		
筹资活动产生的现金流量净额		
四、汇率变动对现金的影响额		
五、现金及现金等价物净增加额		
加：期初现金及现金等价物余额		
六、期末现金及现金等价物余额		

（二）经营绩效总结（表 4－22）

表 4－22　经营绩效总结表

类别	小组分数	小组排名	最高分	差距原因分析
综合表现				
盈利表现				
财务表现				
市场表现				
投资表现				
成长表现				

（三）营销网络规划（表 4－23）

表 4－23　营销网络规划表

区域	消费群体	销售人数	销售能力	品牌一		品牌二		品牌三	
				预期销量	实际销量	预期销量	实际销量	预期销量	实际销量
合计									

表 4－23(续)

区域	消费群体	销售人数	销售能力	品牌四		品牌五		合计	
				预期销量	实际销量	预期销量	实际销量	预期销量	实际销量
合计									

(四)生产计划(表 4－24、表 4－25、表 4－26)

表 4－24　产品生产计划表

项目	产品一	产品二	产品三	产品四	产品五	产品六
预计销售量						
上季库存量						
本季生产量						

表 4－25　设备生产任务编排表

厂房	生产设备	生产产品	生产能力	成品率	实际生产量

表 4－26 产品原材料采购计划表

原料名称	各产品本季所需原料数量							期初库存数量	计划采购量
	产品一	产品二	产品三	产品四	产品五	产品六	合计		

（五）管理问题分析（表 4－27）

表 4－27 管理问题分析表

类别	存在问题	改进策略
财务管理方面		
市场营销方面		
产品研发方面		
生产制造方面		
人力资源方面		
综合情况		

系统思考题

1. 企业一般包括哪些重要部门？各个部门的主要工作职责是什么？

2. 企业在设计创业初期的组织架构时应注意哪些问题？

二、第二季度运营管理练习

（一）重要经营数据

上季销售收入：__________万元　本季销售收入：__________万元　排名：__________

上季净利润：__________万元　上季净利润：__________万元　排名：__________

上季末净资产：__________万元　本季末净资产：__________万元　排名：__________

上季市场份额：__________%　本季市场份额：__________%　排名：__________

上季综合评价：__________　本季综合评价：__________　排名：__________

（二）经营绩效总结（表4－28）

表4－28　经营绩效总结表

类别	小组分数	小组排名	最高分	差距原因分析
综合表现				
盈利表现				
财务表现				
市场表现				
投资表现				
成长表现				

（三）营销网络规划（表4－29）

表4－29　营销网络规划表

区域	消费群体	销售人数	销售能力	品牌一		品牌二		品牌三	
				预期销量	实际销量	预期销量	实际销量	预期销量	实际销量
合计									

表 4－29（续）

区域	消费群体	销售人数	销售能力	品牌四		品牌五		合计	
				预期销量	实际销量	预期销量	实际销量	预期销量	实际销量
合计									

（四）生产计划表（表 4－30、表 4－31、表 4－32）

表 4－30 产品生产计划表

项目	产品一	产品二	产品三	产品四	产品五	产品六
预计销售量						
上季库存量						
本季生产量						

表 4－31 设备生产任务编排表

厂房	生产设备	生产产品	生产能力	成品率	实际生产量

表 4－32　产品原材料采购计划表

原料名称	各产品本季所需原料数量							期初库存数量	计划采购量
	产品一	产品二	产品三	产品四	产品五	产品六	合计		

（五）管理问题分析（表 4－33）

表 4－33　管理问题分析表

类别	存在问题	改进策略
财务管理方面		
市场营销方面		
产品研发方面		
生产制造方面		
人力资源方面		
综合情况		

系统思考题

1. 制定公司战略时应思考哪些问题？如何制定有效的战略？
2. 为什么要进行 SWOT 分析？如何选择细分市场战略？
3. 如何保障经营决策的有效性？

三、第三季度运营管理练习

（一）重要经营数据

上季销售收入：__________万元　本季销售收入：__________万元　排名：__________

上季净利润：__________万元　上季净利润：__________万元　排名：__________

上季末净资产：__________万元　本季末净资产：__________万元　排名：__________

上季市场份额：__________%　本季市场份额：__________%　排名：__________

上季综合评价：__________　本季综合评价：__________　排名：__________

（二）经营绩效总结（表 4-34）

表 4-34　经营绩效总结表

类别	小组分数	小组排名	最高分	差距原因分析
综合表现				
盈利表现				
财务表现				
市场表现				
投资表现				
成长表现				

（三）营销网络规划（表 4-35）

表 4-35　营销网络规划表

区域	消费群体	销售人数	销售能力	品牌一		品牌二		品牌三	
				预期销量	实际销量	预期销量	实际销量	预期销量	实际销量
合计									

表 4－35（续）

区域	消费群体	销售人数	销售能力	品牌四		品牌五		合计	
				预期销量	实际销量	预期销量	实际销量	预期销量	实际销量
合计									

（四）生产计划（表 4－36、表 4－37、表 4－38）

表 4－36　产品生产计划表

项目	产品一	产品二	产品三	产品四	产品五	产品六
预计销售量						
上季库存量						
本季生产量						

表 4－37　设备生产任务编排表

厂房	生产设备	生产产品	生产能力	成品率	实际生产量

表 4－38 产品原材料采购计划表

原料名称	各产品本季所需原料数量							期初库存数量	计划采购量
	产品一	产品二	产品三	产品四	产品五	产品六	合计		

（五）竞争对手分析

各区域市场的主要竞争对手分布情况（表 4－39）。

表 4－39 竞争对手分布情况表

区域	区隔			
	消费群体一	消费群体二	消费群体三	所有区隔
所有区域				

各区域市场主要竞争对手销售情况分析（表 4－40）。

表 4－40 竞争对手销售情况分析表

区域	竞争对手	区隔							
		消费群体一		消费群体二		消费群体三		所有区隔	
		销量（箱）	份额（%）	销量（箱）	份额（%）	销量（箱）	份额（%）	销量（箱）	份额（%）

(六)管理问题分析(表4-41)

表4-41　管理问题分析表

类别	存在问题	改进策略
财务管理方面		
市场营销方面		
产品研发方面		
生产制造方面		
人力资源方面		
综合情况		

系统思考题

1. 根据市场形势变化调整公司战略与部门战略。
2. 公司产品组合矩阵分析。

四、第四季度运营管理练习

(一)重要经营数据

上季销售收入:__________万元　本季销售收入:__________万元　排名:__________

上季净利润:__________万元　上季净利润:__________万元　排名:__________

上季末净资产:__________万元　本季末净资产:__________万元　排名:__________

上季市场份额:__________%　本季市场份额:__________%　排名:__________

上季综合评价:__________　本季综合评价:__________　排名:__________

（二）经营绩效总结（表4-42）

表4-42　经营绩效总结表

类别	小组分数	小组排名	最高分	差距原因分析
综合表现				
盈利表现				
财务表现				
市场表现				
投资表现				
成长表现				

（三）营销网络规划（表4-43）

表4-43　营销网络规划表

区域	消费群体	销售人数	销售能力	品牌一		品牌二		品牌三	
				预期销量	实际销量	预期销量	实际销量	预期销量	实际销量
合计									
区域	消费群体	销售人数	销售能力	品牌四		品牌五		合计	
				预期销量	实际销量	预期销量	实际销量	预期销量	实际销量

表 4－43(续)

区域	消费群体	销售人数	销售能力	品牌四		品牌五		合计	
				预期销量	实际销量	预期销量	实际销量	预期销量	实际销量
合计									

(四)生产计划(表 4－44、表 4－45、表 4－46)

表 4－44　产品生产计划表

项目	产品一	产品二	产品三	产品四	产品五	产品六
预计销售量						
上季库存量						
本季生产量						

表 4－45　设备生产任务编排表

厂房	生产设备	生产产品	生产能力	成品率	实际生产量

表 4－46　产品原材料采购计划表

原料名称	各产品本季所需原料数量							期初库存数量	计划采购量
	产品一	产品二	产品三	产品四	产品五	产品六	合计		

(五)竞争对手分析

各区域市场的主要竞争对手分布情况表(表4-47)。

表4-47 竞争对手分布情况表

区域	区隔			
	消费群体一	消费群体二	消费群体三	所有区隔
所有区域				

各区域市场主要竞争对手销售情况分析(表4-48)。

表4-48 竞争对手销售情况分析表

区域	竞争对手	区隔							
		消费群体一		消费群体二		消费群体三		所有区隔	
		销量(箱)	份额(%)	销量(箱)	份额(%)	销量(箱)	份额(%)	销量(箱)	份额(%)

(六)管理问题分析(表4-49)

表4-49 管理问题分析表

类别	存在问题	改进策略
财务管理方面		
市场营销方面		
产品研发方面		
生产制造方面		
人力资源方面		
综合情况		

系统思考题

1. 为了配合整体的经营策略,在营销管理方面需要采取什么样的措施来支持?
2. 目前的市场营销战略是否有问题?能否寻找到新的改进办法?
3. 客户需求和目标市场分析是否准确?下一步的改进点在哪里?
4. 分析生产与销售脱节的情况,如何保持协调一致?

五、第五季度运营管理练习

(一)重要经营数据

上季销售收入:__________万元　本季销售收入:__________万元　排名:__________

上季净利润:__________万元　上季净利润:__________万元　排名:__________

上季末净资产:__________万元　本季末净资产:__________万元　排名:__________

上季市场份额:__________%　本季市场份额:__________%　排名:__________

上季综合评价:__________　本季综合评价:__________　排名:__________

(二)经营绩效总结(表 4-50)

表 4-50　经营绩效总结表

类别	小组分数	小组排名	最高分	差距原因分析
综合表现				
盈利表现				
财务表现				
市场表现				
投资表现				
成长表现				

(三)营销网络规划(表4－51)

表4－51 营销网络规划表

区域	消费群体	销售人数	销售能力	品牌一		品牌二		品牌三	
				预期销量	实际销量	预期销量	实际销量	预期销量	实际销量
合计									

区域	消费群体	销售人数	销售能力	品牌四		品牌五		合计	
				预期销量	实际销量	预期销量	实际销量	预期销量	实际销量
合计									

（四）生产计划（表4－52、表4－53、表4－54）

表4－52　产品生产计划表

项目	产品一	产品二	产品三	产品四	产品五	产品六
预计销售量						
上季库存量						
本季生产量						

表4－53　设备生产任务编排表

厂房	生产设备	生产产品	生产能力	成品率	实际生产量

表4－54　产品原材料采购计划表

原料名称	各产品本季所需原料数量							期初库存数量	计划采购量
	产品一	产品二	产品三	产品四	产品五	产品六	合计		

（五）竞争对手分析

各区域市场的主要竞争对手分布情况（表4－55）。

表 4－55 竞争对手分布情况表

区域	区隔			
	消费群体一	消费群体二	消费群体三	所有区隔
所有区域				

各区域市场主要竞争对手销售情况分析(表 4－56)。

表 4－56 竞争对手销售情况分析表

区域	竞争对手	区隔							
		消费群体一		消费群体二		消费群体三		所有区隔	
		销量(箱)	份额(%)	销量(箱)	份额(%)	销量(箱)	份额(%)	销量(箱)	份额(%)

(六)管理问题分析(表 4－57)

表 4－57 管理问题分析表

类别	存在问题	改进策略
财务管理方面		
市场营销方面		
产品研发方面		
生产制造方面		
人力资源方面		
综合情况		

系统思考题

1. 新产品开发计划与上市推广策略如何制订?
2. 如何透过4P营销组合看市场营销策略的有效性及改进策略?
3. 检查财务预算的准确性,分析差异的原因及改进策略。
4. 如何确定融资时间与融资策略?

六、第六季度运营管理练习

(一)重要经营数据

上季销售收入:__________万元　本季销售收入:__________万元　排名:__________

上季净利润:__________万元　上季净利润:__________万元　排名:__________

上季末净资产:__________万元　本季末净资产:__________万元　排名:__________

上季市场份额:__________%　本季市场份额:__________%　排名:__________

上季综合评价:__________　本季综合评价:__________　排名:__________

(二)经营绩效总结(表4-58)

表4-58　经营绩效总结表

类别	小组分数	小组排名	最高分	差距原因分析
综合表现				
盈利表现				
财务表现				
市场表现				
投资表现				
成长表现				

（三）营销网络规划（表 4－59）

表 4－59 营销网络规划表

区域	消费群体	销售人数	销售能力	品牌一		品牌二		品牌三	
				预期销量	实际销量	预期销量	实际销量	预期销量	实际销量
合计									

区域	消费群体	销售人数	销售能力	品牌四		品牌五		合计	
				预期销量	实际销量	预期销量	实际销量	预期销量	实际销量
合计									

（四）生产计划（表4－60、表4－61、表4－62）

表4－60　产品生产计划表

项目	产品一	产品二	产品三	产品四	产品五	产品六
预计销售量						
上季库存量						
本季生产量						

表4－61　设备生产任务编排表

厂房	生产设备	生产产品	生产能力	成品率	实际生产量

表4－62　产品原材料采购计划表

原料名称	各产品本季所需原料数量							期初库存数量	计划采购量
	产品一	产品二	产品三	产品四	产品五	产品六	合计		

（五）竞争对手分析

各区域市场的主要竞争对手分布情况（表4－63）。

表 4－63 竞争对手分布情况表

区域	区隔			
	消费群体一	消费群体二	消费群体三	所有区隔
所有区域				

各区域市场主要竞争对手销售情况分析（表 4－64）。

表 4－64 竞争对手销售情况分析表

区域	竞争对手	区隔							
		消费群体一		消费群体二		消费群体三		所有区隔	
		销量（箱）	份额（%）	销量（箱）	份额（%）	销量（箱）	份额（%）	销量（箱）	份额（%）

（六）管理问题分析（表 4－65）

表 4－65 管理问题分析表

类别	存在问题	改进策略
财务管理方面		
市场营销方面		
产品研发方面		
生产制造方面		
人力资源方面		
综合情况		

系统思考题

1. 分析不同产品给公司带来的利润情况,如何提升盈利能力?
2. 如何对不同产品的投资回报进行分析?

七、第七季度运营管理练习

(一)重要经营数据

上季销售收入:__________万元　本季销售收入:__________万元　排名:__________

上季净利润:__________万元　上季净利润:__________万元　排名:__________

上季末净资产:__________万元　本季末净资产:__________万元　排名:__________

上季市场份额:__________%　本季市场份额:__________%　排名:__________

上季综合评价:__________　本季综合评价:__________　排名:__________

(二)经营绩效总结(表4-66)

表4-66　经营绩效总结表

类别	小组分数	小组排名	最高分	差距原因分析
综合表现				
盈利表现				
财务表现				
市场表现				
投资表现				
成长表现				

(三)营销网络规划(表4-67)

表4-67 营销网络规划表

区域	消费群体	销售人数	销售能力	品牌一		品牌二		品牌三	
				预期销量	实际销量	预期销量	实际销量	预期销量	实际销量
合计									

区域	消费群体	销售人数	销售能力	品牌四		品牌五		合计	
				预期销量	实际销量	预期销量	实际销量	预期销量	实际销量
合计									

(四)生产计划(表4-68、表4-69、表4-70)

表4-68 产品生产计划表

项目	产品一	产品二	产品三	产品四	产品五	产品六
预计销售量						
上季库存量						
本季生产量						

表4-69 设备生产任务编排表

厂房	生产设备	生产产品	生产能力	成品率	实际生产量

表4-70 产品原材料采购计划表

原料名称	各产品本季所需原料数量							期初库存数量	计划采购量
	产品一	产品二	产品三	产品四	产品五	产品六	合计		

(五)竞争对手分析

各区域市场的主要竞争对手分布情况(表4-71)。

表4-71 竞争对手分布情况表

区域	区隔			
	消费群体一	消费群体二	消费群体三	所有区隔
所有区域				

各区域市场主要竞争对手销售情况分析(表4－72)。

表4－72 竞争对手销售情况分析表

区域	竞争对手	区隔							
		消费群体一		消费群体二		消费群体三		所有区隔	
		销量(箱)	份额(%)	销量(箱)	份额(%)	销量(箱)	份额(%)	销量(箱)	份额(%)

(六)管理问题分析(表4－73)

表4－73 管理问题分析表

类别	存在问题	改进策略
财务管理方面		
市场营销方面		
产品研发方面		
生产制造方面		
人力资源方面		
综合情况		

系统思考题

1. 如何对竞争对手进行系统分析?
2. 针对竞争对手的变化如何进行战略调整?

八、第八季度运营管理练习

(一)重要经营数据

上季销售收入:__________万元 本季销售收入:__________万元 排名:__________

上季净利润:__________万元　上季净利润:__________万元　排名:__________

上季末净资产:__________万元　本季末净资产:__________万元　排名:__________

上季市场份额:__________%　本季市场份额:__________%　排名:__________

上季综合评价:__________　本季综合评价:__________　排名:__________

(二)经营绩效总结(表4-74、表4-75、表4-76)

表4-74　所有公司季度经营绩效对比表

排名	小组	公司名	一季	二季	三季	四季	五季	六季	七季	八季
1										
2										
3										
4										
5										
6										
7										
8										

表4-75　所有公司综合表现分析对比表

排名	小组	公司	综合表现	盈利表现	财务表现	市场表现	投资表现	成长表现

表4-76　本公司各项表现分析统计分析表

类别	小组分数	小组排名	最高分	差距原因分析
综合表现				
盈利表现				
财务表现				

表 4－76(续)

类别	小组分数	小组排名	最高分	差距原因分析
市场表现				
投资表现				
成长表现				

(三)营销网络规划(表 4－77)

表 4－77 营销网络规划表

区域	消费群体	销售人数	销售能力	品牌一		品牌二		品牌三	
				预期销量	实际销量	预期销量	实际销量	预期销量	实际销量
合计									

表 4 –77(续)

区域	消费群体	销售人数	销售能力	品牌四		品牌五		合计	
				预期销量	实际销量	预期销量	实际销量	预期销量	实际销量
合计									

(四)生产计划(表 4 –78、表 4 –79、表 4 –80)

表 4 –78　产品生产计划表

项目	产品一	产品二	产品三	产品四	产品五	产品六
预计销售量						
上季库存量						
本季生产量						

表 4－79 设备生产任务编排表

厂房	生产设备	生产产品	生产能力	成品率	实际生产量

表 4－80 产品原材料采购计划表

原料名称	各产品本季所需原料数量							期初库存数量	计划采购量
	产品一	产品二	产品三	产品四	产品五	产品六	合计		

（五）市场营销分析

各区域市场主要竞争对手累计销售情况分析（表 4－81）。

表 4－81 竞争对手累计销售情况分析表

小组	公司名	消费群体一		消费群体二		消费群体三		所有消费群体	
		销量（箱）	份额（%）	销量（箱）	份额（%）	销量（箱）	份额（%）	销量（箱）	份额（%）
1									
2									
3									
4									
5									
6									
7									
8									

(六)管理问题分析(表4-82)

表4-82 管理问题分析表

类别	存在问题	改进策略
财务管理方面		
市场营销方面		
产品研发方面		
生产制造方面		
人力资源方面		
综合情况		

第五节 《创业之星》创业仿真模拟决策问题

创办一家企业并不难,而创业成功一家企业却不容易。企业创办后如何精心打理,实现企业的创业理想,这不仅需要创业者付出心血和努力,同时需要创业者掌握基本的企业经营管理知识与技能,并结合实际情况灵活应用,从而提高企业创业的成功率。

一、《创业之星》创业仿真模拟经营与分析重点

(一)企业整体竞争策略及经营计划

成立初的第一次经营会议至关重要,这将决定企业的整体运营思路与经营战略,并关系到后面运营的所有任务如何有效开展的问题。企业通过制定整体经营规划,可以让管理团队的成员做到在经营过程中胸有成竹,知道自己什么时候应该做什么,为什么要做,这样可以有效预防经营过程中决策的随意性和盲目性,减少错误决策与经营失误。同时,在制定整体规划时,各部门经理已经就各项决策达成了共识,可以使企业的各项经营活动有条不紊地进行,可以有效提高团队的合作精神,鼓舞士气,提高团队的战斗力和向心力,使团队成员之间更加团结、协调。

经营会议涉及企业的发展战略规划、人力资源规划、产品规划、营销规划、生产规划、财务规划等。企业应当结合目前和未来的市场需求、竞争对手可能采取的策略以及本企业的实际情况,做出科学合理的规划。在进行规划时,企业首先应当对市场研究报告进行深入分析,包括用户需求状况、市场竞争形势等,对市场进行较为准确的预测,包括预测各个市场产

品的需求情况和价格水平，预测竞争对手可能的市场策略与产品策略。在此基础上，各部门经理针对本部门的情况提出具体的工作规划。管理团队针对各部门提供的计划进行综合讨论，在充分考虑各方面因素和权衡利弊后，做好企业整体经营规划，制定企业的战略发展目标。

（二）企业经营目标规划

企业强大的竞争力不仅来自产品的高质量、低成本及优质的售后服务，而且还来自其市场竞争战略、新产品开发战略和企业经营战略的正确实施。“不谋全局者，不足谋一隅”，全局的成功在于各个方面的规划。

1. 企业战略

企业成立后召开的经营会议的一个重要内容是制定企业的战略及发展目标，提出实现目标的重大方针与计划，确定企业应该从事的经营业务，明确企业的经营类型与组织结构以及企业内部的资源配置。

制定模拟企业的战略主要包括两个层次：企业级经营战略和职能级战略。在制定好企业整体经营战略后，根据企业的阶段目标与发展规划，制定各个职能部门的经营战略，包括人力资源部、研发部、营销部、客服部、财务部等。

根据企业各方面的资源情况，包括人、财、物，合理分配资源。各职能部门的资源配置与战略规划是为整个企业战略目标的实现服务的。各职能部门在制定战略时应首先解决如下问题：职能部门如何为企业战略选择与实施做出相应的贡献？如何实现这些贡献？

2. 市场战略

市场营销是企业最重要的职能战略，有效的市场营销战略是企业成功的基础。市场营销活动涉及市场调研和预测、分析市场需求、确定目标市场、制定营销战略、实施与控制具体营销战略的全过程。市场营销战略决定市场营销的主要活动和主要方向，其基本内容包括：市场细分战略、市场选择战略、市场进入战略、市场营销竞争战略和市场营销组合战略，这里着重说明前三项战略。

（1）市场细分战略

市场细分是根据购买者对产品或营销组合的不同需要，将市场划分为不同的小的子目标市场，并且针对子目标市场的共性，调整和配合适当的营销战略，以更有效地满足消费者需求，实现企业使命、目标和战略的过程。在模拟系统中共有七个大的区域市场可供开发，不同的区域市场客户的需求会有所差异，同时对产品的价格承受能力也不同。选择哪些细分市场进入并发展，是市场战略首先要解决的问题。

（2）市场选择战略

所有企业都可以研发生产三类产品，分别针对不同的消费群体。企业在市场、产品上可以有多种选择方案。是选择某些市场和某些产品进入,走市场集中化或产品专业化的道路?还是全面进入大部分细分市场,为所有客户提供他们需要的产品?不同的策略会导致企业在资源配置上有很大的不同。

(3)市场进入战略

一般来说,企业进入某个市场,最好一次只进入一个细分市场,使竞争对手无法知道企业要进入的下一个细分市场,从而有利于企业整个进入战略的实现。当然,如果企业具备充足的资源,能够支撑其在市场上全面开展销售,也可以选择多个细分市场同时进入,以快速占领市场,抢占先机。

3. 产品战略

不同区域市场都有从低到高的不同产品可供研发生产。研发设计领先竞争对手的产品,可以更好地满足用户的需要,提升产品的性价比,在市场竞争中获得更多的优势。如果企业研发设计的产品并不能很好地满足用户的需要,会直接导致用户采购订单的减少。应根据发展战略,合理制定企业的品牌战略,提升产品的竞争力与性价比,并在市场竞争中保持领先地位。

4. 人力资源战略

企业战略的实施也要人力资源的支持与保证。在人力资源开发与管理活动中,应从企业战略目标出发,以战略为指导,确保人力资源政策的正确性和有效性。

为确保企业在需要的时候及时得到各种所需人才,同时更好地培养、使用现有人员,企业必须对当前和未来人力资源的供求进行科学的预测和计划。在企业创立后,首先面临的是解决各部门需要的人员问题。根据企业战略规划及经营目标,确定各部门各阶段所需人员的数量与质量要求,人力资源的一个基本工作是如何通过人才市场获取相应的人员,以满足各部门运转需要。

5. 财务战略

企业财务管理是企业对资金运作的管理,是企业业务活动的价值管理过程。企业通过财务管理可以保证业务活动最终能够达到企业的基本目的——实现企业的利润。

财务部门的工作同样要在企业总体战略与经营目标的引导下展开。企业运营过程中的各项活动都离不开财务部门的资金支持,合理规划并使用资金,提升资金效率,为企业创造更大的价值,这是财务战略的基本目标。

财务部门重点要做好三方面工作:

一是筹集资金。资金是企业生命的血液,是企业开展生产经营活动的基本条件。由于企业在资金运动过程中的收支不平衡性,资金临时不足的企业为保证生产经营不致停止,往往愿意以一定代价获取在一定时期内运用他人资金的权利,即通过银行筹集资金。企业筹资的动机主要是由于扩张的需要,特别是在发展前期,由于收入不足而投入不断增加,企业往往需要筹集更多的资金以满足企业正常运转的需要。

在模拟系统中,每家企业在成立后都有一定的初始资金可供使用,如需要更多的资金,企业可以通过正常银行借款来筹集资金。如果出现资金链断裂,为了使企业能继续运营下去,系统会自动为企业提供紧急借款,当然利率要比正常的银行借款利率高出数倍,同时,最终成绩也将要扣分。

二是成本核算。在模拟运营中,人力资源成本将是企业运营的主要成本之一,当然还包括其他各项费用支出。企业运营的最终目标之一是要盈利。要获取利润,一方面是努力提升企业的销售收入,扩大规模,开拓市场,提升销量;另一方面是有效控制成本,尽量减少一些不必要的支出,比如合理安排人员结构,支付合适的薪资福利,在努力完成既定目标的前提下,尽量控制各项成本。

三是现金预算。企业筹集资金后,要合理使用资金,为提升企业绩效服务,编制财务现金预算是必不可少的。作为企业全面预算的一个重要部分,编制现金预算的目的是将决策提供的目标和选定的方案形成与资金有关的各种计划指标,为保证计划指标的具体措施,协调各项计划指标之间的相互关系,编制各项资金使用计划的过程。现金预算是落实企业经营目标和保证措施的重要工具。

(三)精准把握顾客需求

1. 顾客是不一样的,他们有不同的爱好与需求,一种产品并不能满足所有人的需求,众多潜在的顾客会等待直至正好满足其需求的产品才购买。因此,你必须通过市场研究分析不同顾客之间需求的差异,并将之分成不同的类别,然后针对各个类别制定相应的策略。

2. 顾客总希望以更少的钱购买更多的产品,因此价格是非常有用的一个竞争工具。当然,你可以将产品价格定得很低,但必须要能以收抵支及赚取利润。这个问题的解决办法之一就是大量生产并销售,如果你大量生产,产品的单位成本将急速下降,这使你可以将产品以较低的价格出售,并通过营销策略使顾客产生购买需求。

3. 市场中总会有竞争者存在,他们与你争夺顾客进而使你的利润下降,聪明的竞争者会仔细研究顾客的需求以及你的产品与营销行动,然后采取有针对性的策略与行动,生产出更好的产品来与你竞争。通常,他们会找出那些需求不能很好被你的产品满足的那部分顾客,然后针对其需求生产出更优的产品。

4. 顾客总是购买最能满足其需求的产品,因此,你必须不断分析顾客不断变化的需求及竞争对手的行动,然后将之比较于自己的产品与策略,不断调整自己的行动以最好的产品满足顾客的需求。

总之,提供最能满足顾客需求的产品,找出目标顾客群并针对其展开营销,这将为企业增加销量,不断降低产品的单位成本,企业可以为顾客提供更具竞争力的价格,进而赚取丰厚利润。

二、《创业之星》创业仿真模拟常见问题

《创业之星》创业仿真模拟决策过程中的常见问题汇总如下。

(一)决策之前的问题

1. 登录密码问题

登录密码在注册用户的时候由自己设置,如果确实忘记设置的密码,联系控制教师端的教师清空密码。

2. 操作没有权限/怎么设置总经理角色

主界面方向盘菜单右边“编辑个人信息”里面设置总经理角色。

3. 用户名和公司名称的修改

用户名可以在第0和第1季度修改。

公司名称只能在第1季度修改,1季度之后需要修改的请联系控制教师端的教师。

(二)数据规则问题

1. 怎么查看数据规则

主操作界面方向盘右边上面有个问号,点击进去可以查看各数据规则及市场需求等信息。

2. 数据规则包括的内容

(1)经营概述:经营介绍及总的工作流程介绍。

(2)数据规则:初始资金、税费、养老金、借款贴现利率、厂房设备折旧率、租金等数据规则。

(3)消费群体:各消费群体关注点和产品选择原则;各市场消费者最高价格走势图。

(4)设计研发:设计研发的费用等。

(5)生产制造:由厂房和设备的参数及说明、工人参数、原料参数、价格趋势及折扣、各市场资质认证要求、制造成本(成品固定成本)组成。

(6)市场营销:各市场开发周期及费用、产品推广、销售人员参数及说明、订单报价要素(包括违约罚款说明)、各周期各市场需求。

(7)组间交易:该功能的开放由教师端数据规则控制,分为原料交易和订单交易。

(8)评分说明:盈利表现、财务表现、市场表现、投资表现、成长表现的公式和权重。

(9)季度结算:季度末和季度初自动结算的项目。

（三）研发设计问题

每一步决策前，请阅读对应的规则说明。

1. 原料如何选择，产品如何设计

在产品设计之前，你需要仔细阅读“系统帮助—消费群体”了解整个行业的消费群体特性，然后选择设计最适合的产品来满足此类消费群体。

在配置产品原料时，应在“系统帮助—生产制造”中关注原料的价格走势以及市场是否紧缺等情况，以免影响后期生产经营。同时，功能配置并不是越多越好，相反，配置多于消费者需求反而增加了成本，最贴近消费者需求的产品更容易得到消费者认可并购买。

2. 研发周期问题

确定新产品名称，选择对应目标群体，之后新产品物料配置好之后，BOM 物料表右下方有对应的研发周期。

研发周期为“0”的，表示无须研发，可以直接生产制造。研发周期为“1”的，需要进入产品研发模块，进行研发投入。

（四）生产制作问题

每一步决策前，请阅读对应的规则说明。

1. 当季怎么撤销购买/租用固定资产

在购买的界面下方会有当季刚刚买入/租用的设备或厂房列表，点击列表最后面的“撤销”即可取消购买或租用。

出售或退租厂房设备，进入生产车间界面，在厂房列表界面进行操作。

2. 厂房和设备如何出售

可以当季出售的设备：设备上没有在制品，没有在搬迁中。线上工人转闲置状态，可以调整到其他有空位的线上。

可以当季出售/退租的厂房：厂房内没有任何设备。

设备在生产中，可以预出售，季度末产品下线后，设备自动出售，工人转闲置状态。

厂房内所有设备都预出售，厂房可以预退租或出售。季度末，设备出售后，厂房自动退租或出售。

厂房设备的搬迁出售等操作需要到生产车间厂房列表界面去操作。

3. 原材料如何撤销

对于本季度购买的原料，点击“原料子类”可看到购买记录明细，点击“撤销”按钮可以撤销购买操作，撤销后将原价返还购置款。

注意：已经拆分使用的原料不能撤销。

4. 资质认证的用途/什么时候开始认证

在不同的市场下不同的订单对资质认证要求各不相同,可以到系统“帮助—生产制造”里面查看。

需要资质认证而没有认证完成不能对该订单进行报价。

资质认证有一定周期,所以需要提前投入。

5. 去哪里投料生产产品

公司界面,点击右边生产车间门口的蓝色箭头,选择“厂房”,进入厂房内部,点击各设备,选择需要生产的产品,下面有该产品对应的研发设计信息,BOM 原料配制表、原料平均成本和原料库存情况。

根据原料库存情况、设备产能和工人产能,三者取最小数,输入数量,点击“生产”即可。

6. 如何提高设备实际产能

$$\text{实际产能} = \text{设备最大产能} \times \text{设备成品率}$$

其中设备最大产能以设备本身最大产能与设备上工人合计最大产能二者中最小的产能为准。

比如某设备最大产能 200,设备上 2 个工人合计最大产能 160,设备成品率 70%,则

$$\text{设备实际产能} = 160 \times 70\% = 112$$

在原料充足的情况下,设备产能固定不变,工人产能可以通过培训提升。设备成品率可以通过设备升级来提升。

7. 设备升级是否影响设备生产

各设备的设备成品率都不相同,可以通过设备升级来提升。本季度升级,下季度生效,升级不影响产品生产。

8. 生产线在实际生产过程中,次品是怎么处理的

生产线由于具有成品率的因素,在生产过程中会产生次品,次品做报废处理。次品相对应的原材料价值及加工费会自动分摊到产出的成品中。

(五)市场和销售问题

每一步决策前,请阅读对应的规则说明。

1. 本季度各市场需求哪里看

“销售部—产品报价”,可以看到各市场各消费群体的购买量,即总的需求。

2. 产品报价上限数目如何设置

默认的报价上限是该市场的销售人员销售能力之和。这里数值可以修改,不超过本市场销售能力之和。

每一季度市场销售(报价)时都应该正确核算自身企业具备的成品产能情况(注意:成

品 = 实际产能×成品率)和成品库存,再去决定参与多少订单报价,报价时也可以调整销售人员或者直接设置上限数来控制,以免最后订单拿到太多导致违约。

3. 报价的条件

(1)该市场已经开发完成。

(2)该设备配备了销售人员,有一定销售能力。

(3)针对已经研发完成的产品。

4. 如何提高销售能力及销售能力如何体现

销售人员可以通过培训提升销售能力。

销售人员的销售能力体现在本市场内的所有已经研发完成的产品上,即每个产品的销售能力均等。

5. 市场需求曲线走势图为什么会随着经营而发生改变

市场需求会随着市场竞争情况而发生改变,例如北京市场一季度预计购买量为 2 000,二季度预计为 3 000,如果所有的公司一季度都未在北京市场做任何销售活动,那么到二季度时,一季度的 2 000 购买量会部分累积到二季度,所以二季度需求量会多于 3 000。

6. 公司如何进行广告宣传

可以在市场部进行广告投入,广告投入是针对具体产品的,广告投入具有时间累积性,但随着时间推移,前面投入的广告对后面季度的影响会越来越弱。例如某公司一季度针对 A 产品投入了 1 万元的广告,二季度又投入了 1 万元,则在二季度时,A 产品实际累积的广告效应应该大于 1 万元但小于 2 万元。

广告投放最低 1 000 元,无上限,策略可根据预计销售额按比率投入广告,或者按照不同消费群体对品牌关注度确定不同投放额度,同时可以分析竞争对手策略后做适当调整。

7. 消费者如何确定购买哪家公司的产品以及买多少

消费者购买产品根据五个因素:

(1)产品功能,产品设计时确定的产品功能特点,功能越符合消费者诉求销量越高;

(2)产品品牌,每期针对产品投入的广告累积效应,效应越大销量越高;

(3)产品价格,每期报价时确定的销售价格,与竞争对手相比,价格越低销量越高;

(4)产品口碑,该产品累计在该类消费者上的销售量及交货量越高销量越高;

(5)产品销售,该产品对应的销售人员的能力合计,能力越高销量越高。

当然,不同消费者对以上五个因素的权重并不相同,权重越大的因素对最后销量影响也越大。

季度结束后可以去市场部查看产品评价。

当然,消费者购买量及订单分配,不会超过你设置的上限数。

(六)人力资源问题

每一步决策前,请阅读对应的规则说明。

1. 工人或销售人员在哪里招聘

点击方向盘上的“市场”,或者主界面进入“交易市场”。在交易市场场景里,门口处有“人才市场”,可以完成招聘工作。

2. 工人或销售人员不签订合同会怎么样

不签订合同在每期期末会被劳动部门按未签合同的人数处以罚金,具体金额以系统数据规则为准。

3. 工人、销售人员怎么进行培训/辞退

工人培训/辞退,可以在制造部递交培训/辞退计划,然后在人力资源部执行工作。

销售人员,在销售部递交培训/辞退计划,然后在人力资源部执行工作。

辞退季度中操作,季末生效。

培训本期操作,下季度生效。

4. 工人、销售人员辞退的后果

工人、销售人员在没有签订合同之前,可以在交易市场撤销招聘,不需要支付费用。一旦签订合同后,只能辞退,辞退结果季度末生效,辞退当季度可以生产。

当季度辞退不需要支付补偿金,但是工资需要支付;下一季度辞退需要支付补偿金和工资。

5. 管理人员、工人、销售人员工资

(1)小组人员工资指小组管理团队所有人员的季度工资,不分人数多少。

(2)保险无须自己缴纳,季度末自动扣除所有人的工资+五险。

(3)本季度行政管理费=(工人数+销售人员数)×1 000元/人

(七)财务资金问题

1. 为什么一进入经营就被扣除了一笔钱

公司进入经营后需要支付一笔公司工商注册费用和本季度办公室租金。具体金额请查看数据规则。

2. 经营中现金不足怎么办

(1)“银行—信贷业务—贷款”。

(2)“财务部—应收账款—贴现”。根据货款到款周期不同,需支付的贴现利率也不同,具体利率请查看数据规则。

(3)处理闲置的固定资产。

(4)季度初或者季度末出现资金断流情况,系统自动给予紧急贷款,紧急贷款利率以及扣分情况,请参考学生端系统帮助。

(5)授课中以上途径都不能筹资,学生可以向教师申请紧急借款。教师端可以给该小组发放紧急贷款。

3. 借款额度问题

银行借款额度为:总授信额度和本期授信额度中取最小值。

总授信额度 = 上季末净资产 - 累计已借款金额

本期授信额度:教师端数据规则里设置。

紧急借款 = 20 万。季度初和季度末出现资金断流时系统自动发放。一次紧急贷款不够,发放两次,确保现金 > 0。

4. 贷款还款问题

银行借款和紧急贷款期限都是 3 个季度,到期后在季度末结算时系统自动扣除。

(八)结果评分及财务指标问题

1. 企业平均财务综合评价指的是什么

“财务部”或者“总经理”里面有一个“财务报告”。财务分析是根据盈利、经营、偿债三个类型各自的分析指标,最后得出的一个总得分数,这是本企业财务综合评价。企业平均财务评价就是班级里所有企业的财务评价平均值。

2. 关于期初税费

(1)增值税精确数据需要自己计算,支付后的增值税可以在“总经理决策”历史记录中查看,资产负债表应交增值税中可以看到累积到当前需要支付的增值税。

(2)所得税在“总经理决策”历史记录中查看,也可以查看当期损益表中所得税一项。

(3)要准确计算出期初要扣的增值税,就要把采购原料时的每一笔进项税(采购原料时可以看到)和销售产品时(根据交货时的金额可以算出)的每一笔销项税都详细记录下来,这样才能准确了解到下期初是否需要缴纳增值税。

(4)要准确计算所得税,需要做出预计利润表,算出税前利润总额。

3. 关于营业税

只有当季有营业外收入时才需缴纳营业税,否则不需要。

4. 季度末扣除的制造费用包括哪些

“总经理决策—历史决策信息”,里面有本笔现金将在期末支付,这笔费用就属于制造费用。一般包括设备维护、搬迁、升级、产品加工费等。

5. 营业成本

营业成本包括主营业务成本加上其他业务成本,其中主营业务成本为销售数量乘以单个成品的固定成本(又称库存成本),商品成本还包括直接材料费、制造费、人工费等。

6. 停工损失

(1)如果当季度某条生产线没有生产,则与该生产线有关的生产线折旧费、生产线维修费、该生产线上的工人工资和五险等计入“管理费用—停工损失”。

(2)如果企业某一厂房内的所有生产线都停工,则该厂房的租金或折旧、生产线折旧费、生产线维修费、该生产线上的工人工资和五险等计入“管理费用—停工损失”。

7. 最后一季度需要卖设备吗

卖设备是固定资产向流动资产的转换,不影响资产总额。该操作影响评分的指标需要自己去查看分析。

8. 最后一季度需要贴现吗

根据个人情况自己确定。贴现是应收账款向现金的转换,同时需要支付一定贴现利率。影响其他的评分标准的指标需要自己去查看分析。

复习思考题

1. 简述《创业之星》平台内容及模拟实战目标。
2.《创业之星》平台功能模块有哪些?
3. 简述《创业之星》创业仿真模拟课程教学形式。
4.《创业之星》创业仿真模拟实训时间如何安排?
5. 简述《创业之星》创业仿真模拟运营规则
6. 主场景功能分布与公司场景功能有哪些?
7. 简述《创业之星》创业计划操作规则。
8. 简述《创业之星》创业计划书的内容。
9. 简述《创业之星》创业准备操作规则。
10. 简述《创业之星》创业管理操作规则。
11. 简述《创业之星》创业仿真模拟实战过程。
12. 简述《创业之星》创业仿真模拟经营与分析重点。
13. 简述《创业之星》创业仿真模拟决策问题。

素质拓展

制定目标管理方案

【实训目标】

增强对目标管理的感性认识;掌握目标管理的实施要领。

【实训形式】

1. 根据模拟公司进行目标管理方案的制定。

2. 在调研的基础上,运用创造性思维,编写目标管理方案。

3. 既可以小组为单位,每组 6 ~ 10 人,由学生推荐的组长主持,又可按照模拟公司的分组进行。

【实训要求】

1. 为所在班级、小组或模拟公司制定一个目标管理方案。

2. 应进行必要的调查研究,正确地确定目标项目与标准,要具有可操作性。

3. 方案必须充分体现目标管理的特点与要求,有完整的结构。

4. 可在班级组织交流。

【成果与检测】

1. 每个人都要起草一份目标管理方案。

2. 根据方案的完整性、科学性、规范性等进行评分。

3. 各组派代表发言;各组分别对其他组评分,并指出其成功与不足之处;各组对组员进行评分。

4. 由教师与学生共同对各公司的策划创意与计划编制进行评估,确定成绩。

第三篇　实践考核篇

开篇语

管理的任务

现代人类的目标和抱负，需要前所未有的努力合作才能实现。我们之所以能改造贫民区、治理污染、给予个人自我表现的机会，提高生活水平和实现社会的以及个人的许多目标，全依赖于联合行动。如果个人，甚至一个群体，只想实现自给（生产他们自己所需的食物、衣着和住房），那么充其量也只能勉强维持生存。

但当人们在各种企业中联合起来，共同经营他们的资源，同众多的人或企业相互交换他们的产品时，他们就掌握了走向共同富裕的手段。

管理的任务就是使这种合作努力得以顺利进行，这就需要管理人员把人力、机器和资金这样一些未经组织的资源转变为一个卓有实用价值的企业。

一位名人曾经说过：成功 = 计划（目标）+ 正确的方法 + 有效的行动。

在进行创新创业的实践训练时，你和你的团队要弄清楚两个问题：一是编制创业计划书，这是创业成功的根本所在；二是创业项目路演技巧，这是创业取胜的关键。

本篇主要包括两部分内容：创业计划书与创业项目路演（创业计划书编制的意义及原则、创业计划书内容架构、创业项目路演技巧）、创新创业模拟实战考核（创业者电子沙盘模拟实战考核、《创业之星》创业仿真模拟实战考核）。

第五章　创业计划书与创业项目路演

章前导读

我是陈阿土

陈阿土是台湾的农民,从来没有出过远门。他攒了半辈子的钱,终于参加一个旅游团出了国。国外的一切都是非常新鲜的,关键是陈阿土参加的是豪华团,一个人住一个标准间,这让他新奇不已。早晨,服务生来敲门送早餐时大声对他说道:“Good morning,sir!”陈阿土愣住了。这是什么意思呢?在自己的家乡,一般陌生人见面都会问:“您贵姓?”于是陈阿土大声叫道:“我叫陈阿土!”如是这般,连着三天,都是那个服务生来敲门,每天都大声说:“Good morning,sir!”而陈阿土亦大声回道:“我叫陈阿土!”但他非常生气,这个服务生也太笨了,天天问自己叫什么,告诉他又记不住,很烦的。终于他忍不住去问导游,“Good morning,sir”是什么意思。导游告诉了他。天啊!真是太丢脸了!陈阿土反复练习“Good morning,sir!”这句话,以便能体面地应对服务生。又一天的早晨,服务生照常来敲门,门一开,陈阿土就大声叫道:“Good morning,sir!”与此同时,服务生叫的是:“我是陈阿土!”

这个故事告诉我们,人与人的交往常常是意志力的较量。不是你影响他,就是他影响你。而我们想要成功,一定要培养自己的影响力,只有影响力大的人才可能成为强者。

教学目标

本章主要学习创业计划书与创业项目路演,主要了解和掌握创业计划书编制的意义及原则、创业计划书内容架构、创业项目路演技巧等内容。

知识要点

创业计划书编制的意义及原则　创业计划书内容架构　编制创业计划书　创业项目路演技巧

第一节　创业计划书编制的意义及原则

常言道“万事开头难”，大学生创办企业也一样，只要拟出翔实可行的计划，则一切便可能按着既定的目标得到实现。好的计划是成功的开始，拟定计划，创业才能顺利进行。拟定计划最好是以书面的形式将之全面地、完整地表达出来，也就是把选定创业项目的基本方法和策略通过编制创业计划书的方法进行阐述说明。

一、创业计划书的概念及意义

（一）创业计划书的概念和特点

1. 创业计划书的概念

创业计划是创业者叩响投资者大门的“敲门砖”，是创业者计划创立的业务的书面摘要。一份优秀的创业计划书往往会使创业者达到事半功倍的效果。

（1）创业计划书是国际通用的标准文本格式的项目建议书，全面介绍了公司和项目运营情况，阐述产品市场及竞争、风险等未来发展前景和筹资等创业计划的书面材料。

（2）创业计划书内容必须完整地包括重要的经营方向、经营目标、企业预测分析和经营风险分析、对企业内外环境熟悉认知及实现创业计划的信心。

（3）创业计划书是一份全方位的商业计划，其主要用途是递交给投资商，以便于他们能对企业或项目做出评判，从而使企业获得融资。它是用来描述与拟创办企业相关的内外部环境条件和要素特点，为业务的发展提供指示图以及衡量业务进展情况的标准。通常创业计划是结合了市场营销、财务、生产、人力资源等职能计划的综合计划。

2. 创业计划书的特点

（1）结构合理。投资者应当能够在计划中找到他们所关注问题的答案，很容易找到他们特别感兴趣的话题。这就要求创业计划必须有一个清楚的结构，使读者能够灵活地选择他们想要阅读的部分。

（2）以客观性说服投资者。尽量使自己的语言表达比较客观，让投资者有机会仔细权衡你的论据是否有说服力，而不是无边际的吹牛广告。

（3）让大众也能读懂。一些创业者相信，可以用丰富的技术细节、精心制作的蓝图，以及详细的分析给投资者留下深刻的印象。这样认为就错了，只有极少数情况下，会有技术专家详细地评估这些数据。大多数情况下，简单的说明、草图和照片就足够了。如果计划中必须包括产品的技术细节和生产流程，则应当放到附录中去。

(二)创业计划书编制的意义

大学生创业初期,头脑中酝酿的创业项目并不是很成熟,可以通过编制创业计划书,减少盲目性和冲动性。编制一份翔实可行的创业计划书对一个企业的创办及成败有着重要意义。

1. 可以预见创业的可实施性

一个创业项目在头脑中酝酿时,往往很有把握,但从不同角度仔细推敲时,也许有不同的结果。而通过编制创业计划书,创业者对创业活动会有更清晰的认识,能够预见创业的可实施性。可以这样说,创业计划首先是把计划中要创立的企业推销给了创业者自己,使创业活动有条不紊地进行。

2. 创业计划书是筹集资金的重要工具

创业计划书不但是创业的蓝图,同时也是创业者向外筹资的重要依据。创业者需要明确地说出企业经营的构想和策略、产品市场需求的规模与成长潜力、财务计划以及投资回收年限,同时大学生创业者也要证明你对市场、对财务的分析预测是有具体事实依据的。因此,一份高品质且内容丰富的创业计划书,就成为创业者向投资者传递信息的关键媒体。

3. 可以确定发展方向来激励员工为共同的目标而努力

创业计划书可以为企业的发展定下比较具体的方向,从而使员工了解企业的经营目标,激励他们为共同的目标而努力。

4. 创业计划书可帮助寻求外部资源的支持

创业计划书可以帮助创业者把所创办的企业推销给可能的合伙人、银行家、供应商、销售商及行业专家、政府行业管理部门、新闻媒体。从这个意义上说,创业计划的主要目的是寻求外部资源的支持。

5. 创业计划书是创业不可缺少的通行证

大学生在校期间以及毕业后创办企业,国家也出台了相应的优惠政策,创业计划书同样是必不可少的通行证。

二、创业计划书的编制原则与编写步骤

(一)创业计划书的编制原则

一份好的创业计划书必须是符合市场的需求、呈现竞争的优势和投资者的利益,同时要具体可行,便于实施,并提出符合实际的客观数据。大学生创业要结合自己专业特长,学有所用,在创业中充分展示自己的才华,写一份高品质的创业计划书。创业计划书的撰写原则归纳为以下几方面:

1. 市场导向

要充分认识到企业的利润来自市场需求，没有明确的市场需求分析，则撰写的创业计划书将是空泛的、无说服力的。因此，创业计划书必须按照市场导向的观点来撰写。

2. 客观实际

一切数据要尽量客观、实际，切勿凭主观的估计。创业者通常容易高估市场潜力或报酬，而低估经营成本。在创业经营计划书中，创业者应尽量呈现出客观、可供参考的数据与文献资料。

3. 呈现竞争优势与投资利益

创业经营计划不仅要将资料完整陈列出来，更重要的是整份计划书要呈现出具体的竞争优势，并明确提出投资者的利益所在。而且要显示创业者获取利润的强烈意图，而不仅是追求企业的发展而已。

4. 呈现经营能力

要尽量展现经营团队的企业经营管理能力与丰富的经验背景，并对展示该企业市场潜力、产品、技术，以及未来经营运作策略已有全面的准备。

5. 一致性

创业计划书前后的基本假设或预估要相互呼应，也就是前后逻辑要合理。例如，财务预估必须根据市场分析与技术分析所得的结果方能进行各种报表的规划。

6. 明确性

要明确指出企业的市场机会与竞争威胁，并尽量以具体资料为证。同时，分析可能的解决方法，而不是含糊交代。另外，要明确说明所采用的假设、财务预估方法与会计方法，说明市场需求分析所依据的调查方法与事实证据。

7. 完整性

应完整包括企业经营的各项职能要点，尽量提供投资者评估所需的各项资料信息，并附其他参考佐证资料。内容应以简单明了为原则，切勿烦琐、过于冗长。

（二）创业计划书的编写步骤

1. 创业计划书的编写要求

创业计划是对所有创业活动事项进行的总体安排。在创办企业之前，创业者不但要明确创业投资的方向，而且应对创业投资所涉及的一些具体情况做深入的调查了解，包括市场前景展望、人员、资金、技术、设备、经营思想、战略等，这样创办企业才能有的放矢，使创业计划具有可实施性。

创业计划书的编写是一个展望项目未来前景、探索合理思路、确认实施项目所需的各种必要资源、寻求支持的过程。

需要注意的是,并非任何创业计划书都要完全包括上述所列的全部内容。创业内容不同,相互之间的差异也就很大。

2. 创业计划书的编写步骤

(1)第一阶段:经验学习

(2)第二阶段:创业构思

(3)第三阶段:市场调研

(4)第四阶段:方案起草

创业方案全文写好后,加上封面,将整个创业要点抽出来写成提要,然后要按下面的顺序将全套创业方案排列起来:

①市场机遇与谋略;

②经营管理;

③经营团队;

④财务预算;

⑤其他有直接关系的信息和材料,如企业创始人、潜在投资人,甚至家庭成员和配偶。

(5)第五阶段:最后修饰阶段

①根据你的报告,把最主要的东西汇总成1~2页的摘要,放在前面。

②检查一下,千万不要有错别字之类的错误,否则别人对你做事是否严谨会产生怀疑。

③设计一个漂亮的封面,编写目录与页码,然后打印、装订成册。

(6)第六阶段:检查

可以从以下几个方面进行检查:

①你的创业计划书是否显示出你具有管理公司的经验;

②你的创业计划书是否显示了你有能力偿还借款;

③你的创业计划书是否显示出你已进行过完整的市场分析;

④你的创业计划书是否容易被投资者所领会,创业计划书应有索引和目录,以便投资者可以较容易地查阅各个章节,还应保证目录中的信息流是有逻辑的和现实的;

⑤你的创业计划书是否有摘要并放在了最前面,计划摘要相当于公司创业计划书的封面,投资者首先会看它,为了吸引投资者的兴趣,计划摘要应写得引人入胜;

⑥你的创业计划书是否在语法上全部正确;

⑦你的创业计划书能否打消投资者对产品(服务)的疑虑。

如果有需要,你可以准备一件产品模型。

第二节　创业计划书内容架构

在掌握编制创业计划书的意义与原则后，我们需要了解的是创业计划书应有的内容架构，以供大学生能够撰写出一份高品质的创业计划书。

一、创业计划书范本与撰写技巧

（一）创业计划书范本

通常一本创业计划书在前面需要写一页左右的摘要，接下来是创业计划书的具体章节，一般分为以下十大章节内容。

1. 事业描述

你的事业到底是什么？必须描述清楚你所要进入的是什么行业，是买卖业、制造业还是服务业；卖什么产品还是提供什么服务；谁是主要的客户；进入产业的生命周期是处于萌芽、成长、成熟还是衰退阶段；要进入事业的状况是新创的，还是加入或承接既有的；是要用独资的方式还是合伙或公司的方式；如何能获利、成长；开业要不要配合节庆；营业时间有多长；是否有季节性。

2. 产品/服务

产品和服务到底是什么，或者是二者都有。有什么特色的产品；能给客户带来什么好处；现有的东西跟竞品有什么差异；产品或服务是如何的创新、独特；怎样使人想买；如果产品或服务并不特别，为什么别人要买。

3. 市场

你的东西要卖给谁，先界定目标市场在哪里。你的目标客户是什么年龄层的？是在既有的市场去服务既有的客户，还是在既有的市场去开发新客户，或者是在新市场去服务既有客户或是在新市场去开发新客户，不同的市场、不同的客户都有不同的营销方式。市场营销就是要先找到目标客户，然后想办法让客户从口袋里把钱拿出来买东西。销售时要知道：真正的客户在哪里；产品对客户有什么样的用处；要用哪种营销方式，是直销还是要找经销商；怎样去定位、上市、促销。这些都跟市场规模的大小、想要拥有的市场占有率有关。当市场成长时，市场占有率会上升或下降，此时的市场是否竞争激烈？若不是，要如何来定价，预算要怎么做，要采取什么样的策略，等等。

4. 地点

一般公司对地点的选择可能影响不那么大，但是如果要开店，店面地点的选择就变得很重要，就如麦当劳大多开在街口转角处一样。通常一个不好的地点很容易会让店铺关门大吉,好的地点则会让店铺利润多一点。

5. 竞争

在下列三种情况下要做竞争分析,留意企业跟竞争者的关系。

(1)当要创业或要进入一个新市场时,要先做竞争分析。

(2)竞争有时来自直接的竞争者,有时来自其他的行业,所以当一个新竞争者进入市场时要做竞争分析。

(3)随时随地做竞争分析,这样最省时最省力,可以从五个方面去分析:谁是最接近的五大竞争者;他们的业务如何;他们与自己企业业务相似的程度;从他们那里能学到什么;如何做得比他们好。

6. 管理

要建立自己的专业管理团队,清楚管理存在的弱势,创业团队之间如何互补,创业团队的分工和职责是否界定明确,团队本身是否有其他资源可分配。据统计,98%的中小企业的失败来自管理的缺失,这些企业中45%是因为管理缺乏竞争力,同时没有明确的解决之道;20%是因为公司内部专业不均衡,需要加强专业的协调;18%是缺乏管理经验,要找互补型的事业伙伴来弥补;9%是没有相关产业的经验;3%是经营者掉以轻心;2%是被人诈骗背信;最后1%是因为自然或人为的灾难。

7. 人事

要考虑人事的需求是什么,还需要引进哪些专业技术,那些有专业技术的人在哪里,可否引入。是需要全职还是非全职的人员;薪水是月薪还是时薪;所提供的福利有哪些;有没有加班费;有没有培训;这些人事成本是多少。

8. 财务需求与运用

筹资/融资款项要如何运用呢?是要拿来营运周转还是购置设备,是备料进货还是技术开发,要何时动用。供货商、规格、品牌、价格、数量、运费、税金等需求如何计算,筹融资款有何贡献。未来3年的损益表、资产负债表和现金流量表的预估,第1年报表要以月为基础,第2年和第3年则以年为基础。

9. 风险

经营企业一定会有风险,平时就要注意。风险不仅是指竞争,还可能是当初选的地点交通便利,可是后来交通不便利;进出口的汇兑风险;餐厅有发生火灾的风险等。另外,还要注意当风险来临时如何应对。

10. 成长与发展

在创业计划书中要想下一步要怎样做,三年后要怎样做,五年以后要怎样做。这个计划是希望能持续执行的,所以在规划时要能够做到深耕化、多元化和全球化。

(二)创业计划书编写技巧

任何一种创业计划书都必须十分注意管理阶层的背景资料,详细说明他们令人信服的理由,这是创业计划书的基本要求。而好的创业计划书还要说明为什么你能开创这种独特的产品或服务,并因此获得收益。

1. 产品和服务具有独特性

你的企业有独一无二的优势吗?这些优势可能体现在技术、品牌、成本等方面,而这些优势能保持多长时间也是投资方决定是否投资的重要因素之一。

2. 商业模式和盈利模式可行

商业模式是如何生产商品、如何提供服务和市场策划的?盈利模式是如何赚钱、如何把产品和服务转化为利润的?商业模式和盈利模式的可行性,最终又体现在企业的执行力上。

3. 高效的管理

大多数风险投资者认为,风险投资成功的关键是管理。管理也是风险投资者关心的问题。风险投资领域的传统观点认为,如果你的点子好,但管理差,可能失去机遇;如果点子差,但管理好,则可能争取机遇。而其中"好"的含义也是多方面的。

4. 风险投资都是利字当头

提供有说服力的公司财务增长预测是你义不容辞的责任。所以,风险投资都选择有竞争力的企业、行业中的龙头。要想吸引投资,商业计划书就要写明自己企业的规模、计划、发展状况等。

5. 退出机制

风险投资者如何摆脱某种状态是影响其投资决策的重要因素,也就是说,风险投资者在决定进入之前,一定要提前找到退出之路。他们不想长期在你的公司拥有产权,他们只希望自己的投资与其他资本共同运作一段时间而后抽走,这样就要求有退出之路。主要退出方式有如下几种。

(1)公司股票上市。这样,投资者可将自己拥有的该公司股权公开出售。

(2)公司整体出售。即包括风险投资公司的权益同时出售给有关公司,通常为大公司。

(3)公司、你个人或第三团体把投资者拥有的本公司权益买下或卖出,企业计划书对有关事项应详细说明。

二、创业计划书撰写内容及格式

(一)创业计划书撰写内容

一般来说,在创业计划书中应该包括创业的种类、资金规划及基金来源、资金总额的分配比例、阶段目标、财务预估、行销策略、可能风险评估、创业的动机、股东名册、预定员工人数,具体内容一般包括以下十二个方面。

1. 经营计划概要

这部分主要说明资金需求的目的,并摘要整份计划书的重点,目的是为引起投资者进一步评估的兴趣,主要内容如下。

(1)公司名称与经营团队介绍。

(2)申请融资的金额、形式、股权比例及价格。

(3)资金需求的时机与运用方式。

(4)未来融资需求及时机。

(5)总计划成本与预算资本额。

(6)整份计划书重点摘要。

(7)投资者可望获得的投资报酬。

2. 公司简介

(1)公司成立的时间、形式与创立者。

(2)公司股东结构,包括股东背景资料、股权结构。

(3)公司发展简史。

(4)公司业务范围。

3. 组织与管理

(1)经营管理团队学历背景资料、专长与经营理念。

(2)说明拥有的成功经营经验与具有优势的组织管理能力。

(3)企业的组织结构,以及未来组织结构的可能演变方向。

(4)人力资源发展计划,包括各功能部门人才需求计划、公司薪资结构、员工分红与认股权利、招募培训人才的计划等。

4. 产品与产业

(1)产业环境与发展历史。

(2)产品的发展阶段(包括创意、原型、量产)、开发过程,是否已具有专利。

(3)产品的功能、特性、附加价值,以及具有的竞争优势。

(4)公司产品与其他竞争性产品的优、劣势比较。

5. 市场分析

(1)明确界定产品的目标市场,包括销售对象与销售区域。

(2)过去、现在以及未来的市场需求与市场成长潜力。

(3)过去、现在以及未来的市场价格发展趋势。

(4)说明过去、现在以及未来的公司销售量、市场成长情形、市场占有率变化情形。主要市场顾客的特征，其接受公司产品的事实证据，以及该产品对顾客的基本利益与价值。

(5)说明市场上主要的竞争者，包括竞争者的市场占有率、销售量、排名，彼此的优、劣势与绩效，以及相应的竞争策略(包括价格、品质或创新等)。若尚无竞争者，则分析未来可能的发展与竞争者出现的概率。

(6)说明其他替代性产品的情形，以及未来因新技术发明，而威胁到现有产品的可能性与后果，并提出相应对策。

6. 行销计划

(1)说明现在与未来5年的行销策略，包括销售与促销的方式、销售网络的分布、产品定价策略，以及不同销售量产品的定价方法。

(2)说明销售计划与广告的各项成本。

7. 技术与研究发展

(1)说明产品研发与生产所需的技术来源，以及技术与生产团队的专长与特质。

(2)说明技术特性与应用此技术开发出来的产品，技术研究所具有的竞争优势与利益，以及技术未来的发展趋势。

(3)说明企业的技术发展战略，包括短、中期计划，技术部门的资源管理方式，以及持续保持优势的策略。

(4)说明未来研究发展计划，包括研究方向、资金需求和预期成果。

8. 生产制造计划

(1)说明建厂计划，包括厂房地点、设计，以及所需时间与成本。

(2)说明制造流程与生产方法。

(3)说明物料需求结构，原料、零部件来源和成本管理。

(4)说明品质管理方法，包括优良品率的假设。

(5)说明委托外制与外包管理情形。

(6)制造设备的需求，包括设备厂商与规格功能要求。

(7)产品各项固定成本与变动成本的说明，以及详细生产成本的预估。

(8)生产计划，包括自制率、开工率、人力需求等。

9. 财务计划与投资报酬分析

(1)公司过去财务状况，包括过去5年的资产负债表、损益表的比较，以及过去融资来源与用途。提供财务分析统计图表，指出统计图表异常处，同时也应说明所使用的会计方法。

(2)提供融资后5~7年财务预估。编列的原则是第一年的财务预估须按月编制；第二年按季编制；最后三年则按年编制。并且应说明每一项财务预估的基本假设与会计方法。

(3)上述财务预估应包含：资产负债表、损益表、现金流量表、销售收入和销售成本预估表(饮食销售数量、价格与总成本、收入金额)。

(4)提供未来5年损益平衡分析(或敏感性分析)和投资报酬率预估。

(5)说明未来融资计划,包括融资时机、金额与用途。

(6)若是成熟期公司,应附上公司股票公开上市和上柜的可行性分析。

(7)说明投资者回收资金的可能方式、时机,以及获利情形。

10. 风险评估

此部分是列出可能的风险因素,并估计其严重性发生的概率,且提出解决方法。从事风险分析是为确认投资计划潜在的风险,并以数据的方式衡量风险对投资计划的影响,目的是向投资者说明风险的对应策略。

11. 结论

此部分综合前面的分析与计划,说明企业整体竞争优势,并指出整个经营计划的利润所在。尤其强调投资方案可预期的远大市场前景,以及对投资者可能得到的明显回报。

12. 证明资料

(1)附上能够证实前述各项计划的资料。

(2)附上详细的制造流程与技术方面资料。

(3)附上各种供参考的佐证资料。

此架构为一般结构,学生们在编制创业计划书时可当作参考模板,学生可根据具体实际创业项目和内容进行增减。

(二)创业计划书撰写格式

创业计划书撰写格式如下(仅供参考)。

目录

摘要

1. 执行总结(项目概述)

1.1 项目背景

1.2 目标规划

1.3 市场前景

2. 市场分析

2.1 客户分析

2.2 需求分析

2.3 竞争分析

2.3.1 竞争优势

2.3.2 竞争对手

3. 公司概述

3.1 公司

3.2 总体战略

3.3 发展战略

3.3.1 初期战略

3.3.2 中期战略

3.3.3 终极战略

3.4 人力资源组织

3.5 财务管理制度

3.6 企业文化

3.7 服务概述

4. 组织管理体系

4.1 组织机构

4.2 部门职责

4.3 管理模式

5. 投资策略

5.1 股份募资

5.2 项目融资

6. 营销战略

6.1 营销目标

6.2 营销模式

6.3 产品流动模式

7. 财务分析

7.1 营业费用预算

7.2 销售预算

7.3 现金流量表

7.4 盈亏分析

8. 风险分析

8.1 机遇

8.2 风险及策略

9. 退出策略

附录:市场调查问卷

第三节　创业项目路演技巧

在大众创业、万众创新的热潮中，大学生创业优惠政策越来越完善，越来越多的创业者通过创业项目路演在投资说明会上推介自己的创业计划，在创业大赛中展示自己的创业方案。创业项目路演可以给创业者提供将其所描绘的“空中楼阁”转化、落实到实际产业的机会，是创业者与政府、投资者之间进行交流的桥梁，可以帮助创业者展示创业机会、加强资源整合、获得投资者青睐、实现创业梦想。

一、路演与路演过程

（一）路演及其本质

1. 路演的概念

“路演”最初是国际上广泛采用的证券发行推广方式，是指证券发行商通过投资银行家或者支付承诺商的帮助，在初级市场上发行证券前针对机构投资者进行的推介活动。后来，被广泛应用于初创企业的融资环节中。

路演是创业项目获得社会和投资人认可的重要方式，路演不仅仅是演讲，更是初创项目的全方位展示。融资路演有三个目的：使人理解，吸引关注，促使行动。路演材料的筹备还有一个十分重要的作用，就是帮助创始人完整、系统、有逻辑地梳理自己的创业想法。当我们萌生一个创业想法的时候，可能会非常激动，希望能够将想法与其他人分享并获得认可，但在这种情况下产生的想法往往是不完善或者是欠考虑的，这时就可以用筹备项目路演的方式来清楚地梳理创业的想法。

2. 路演的本质

创业项目路演的本质是在有限的时间里传递最有效最有价值的信息。有效与否的关键，其实是你能否得到评委或投资人的青睐，让他们“刻骨铭心”，想要认可你，或者直接用钱“砸”你。因此，你需要用提问思维来做好项目路演。

路演的本质其实是一场营销，而所有营销的本质最终营销的是“人”。用简洁精练的话语讲清楚自己作为创始人的专业背景、工作经历，以及团队成员尤其是关键人物的经历，让评委或投资人感受到人与项目有一种纯天然的契合，没有丝毫的违和感，这会让他们踏实些。

（二）路演过程

蒂蒙斯的创业三模型中有：团队、资源、机会。团队组成如何，其实就是回答“什么人”的问题。你是一个什么样的人？你的专业教育背景如何？你的工作经历如何？你过往取得哪些成绩？这些都是在告诉评委或投资人:你是一个值得信赖的人,你是很适合这个创业项目的人,你是一个持续创业者。

1. 答辩稿

答辩是将项目展示给他人的最重要的环节,在这个环节,参与者可以充分地展示出团队的实力、项目的特色,以及现有的项目进展,吸引评委的兴趣,获得最后的成功。所以为答辩环节做好充分的准备至关重要,一份简练的答辩稿更是重中之重。答辩稿是项目路演时的基础,如何在有限的时间内展示出项目更多的特点并成功吸引评委的目光,是答辩人在撰写答辩稿时的重要任务。

(1)讲故事。比赛中的评委已经看过了无数个项目,有些项目甚至可能出现相同的想法,那么答辩人要在一开始就引起评委的兴趣,引导评委跟着展示的思路走,这时讲故事是最好的方法。故事的形式大概分为两类:一类是发生在你身上的真实故事,这样的故事既可以增加你与评委之间的信任,还可以让接下来的介绍更加流畅;另一类故事是选择一个与项目相关的时事热点,评委对时事热点的敏感,可以帮助你在最短的时间内引起评委的兴趣。

讲好一个故事可以从下面几个方面做起:

①讲故事要包括五个要素:何时、何地、何人、何事、何故,每一个故事都应该包括这五项内容才算表达清楚。何时的表述要注意开门见山,是警示性的话语,要引起听众注意;何地的表述要尽快进入场景,这样才会突出你想表达的主题;何人的表述要有名有姓,有名有姓才显得真实,也方便听众理清思路;何事的表述应注意表达具体化、描述细节化;何故的表述相对不太重要,是对听众的一个心理释放。讲故事最重要的是对何事的讲解,换句话说,也就是重现场景。重现场景的一个技巧就是表达具体化、描述细节化,这样才能使听众以一个与你的描述一致的画面进入情节,而不是让听众随意思考,随意思考的结果自然是听众的反应不一致,不一致在社会心理学中,就意味着心理互动的失败,心理互动失败,你就不能在讲话中达到最佳效果。

②细节必须具体,换句话说,也就是重现场景。重现场景的一个技巧就是表达具体化、描述细节化,你的故事听上去越真实越特定化,你的听众就越容易同你保持一致,也更容易投入到演讲中。

③讲故事时,特别注意要用情感去演绎。故事有情节,情节必须引发感情冲突,所以讲故事时要用“情”去讲。

④别忘了讲故事的目的。演讲不是单纯地讲故事,主要是通过故事来生动地描绘和陈述观点,时刻记住你的故事要与演讲的主题保持相关性,否则故事就白讲了。

(2)项目介绍。一个项目的内容是无法在短短几分钟内全部呈现出来的,这时候便要有所取舍。一般的项目介绍都会包含项目的市场背景、产品介绍、盈利方式、团队成员等环节,答辩人可以根据自己的需要合理分配时间。产品介绍是路演的重中之重，一个好的产品胜过千万种营销手段。答辩人可以按以下几个部分展示产品，突出产品的与众不同。

①产品简介。产品简介是产品介绍中最为关键的部分，也是说明产品是什么的部分。

②产品功能。产品功能也是需要简要说明的部分之一。

③产品原理。这部分不同的产品写法大致相同，如配料是什么、配料具有哪些功能，借助某些材料的功能从而实现什么功效等。

盈利模式是探求企业利润来源、生产过程以及产出方式的系统方法。简单说，盈利模式就是在告诉评委项目的可行性，一个拥有较好的盈利模式的项目自然可行性也较高。团队成员的展示决定了评委能否信任你们。在注重项目原创性的今天，团队成员能力与项目规模之间的匹配越来越被评委所关注。

当然答辩稿的内容并不局限于这几方面，项目的每一个突出点都值得在答辩稿中被提及，具体的环节设定还要视项目而定。

2. 路演现场

当拥有一份完美的答辩稿后，接下来就要为路演现场做准备。我们在路演的时候，需要用仅仅几分钟去打动投资人，那么我们在其中需要注意什么呢?

(1)答辩人所代表的是整个团队，答辩人的状态直接影响评委对项目发展的看法，所以答辩人要充满自信，用热情及良好的状态去赢得评委的肯定。如果你自己都不相信自己的产品，又怎么让评委信任你呢?

(2)反复演练你的演讲，控制时间，注意演讲的技巧。要合理利用 PPT 中的排练计时进行试讲并录像，反馈演讲效果并及时改进。

(3)一定要控制好语速，保证评委能够听到你所强调的每一个关键点，这才是一次有效的路演。把复杂的问题简单化，用翔实的数据、具体的事例和故事进行讲述，展示清晰的故事叙述能力。

(4)注重答辩人的仪态。答辩人要注意自己的着装、体态、语气等方面的细节。因为答辩人代表的是整个团队，所以答辩人的形象代表了团队的形象。一个好的团队形象会给团队加分不少。

(5)答辩人要有舞台意识。要熟悉舞台、遥控器和 PPT 内容，把握好时间，不要讲太多专业用语，要通俗易懂。答辩人可以通过肢体动作引导观众跟着答辩人的思路走，但切记动作不要太过浮夸，给人留下不沉稳的印象。

3. 回答问题

回答问题的环节是一个帮助评委进一步了解项目的环节，在回答问题时，如果能成功地营造一种愉快的交流氛围，对最后的结果无疑有着巨大的帮助。团队中应该选定一个主答辩者，由主答辩者首先回答评委的问题，如果有需要，团队中的其他成员再进行补充，避免场面混乱，给评委老师留下不好的印象。在正式路演前，答辩人可以事先准备一份回答模板，注意项目中的细节与专业性的地方，那些往往是评委问题的出处。无论对评委提出的问题准备与否，都要遵守下面的基本原则。

（1）有答有辩。有坚持真理、修正错误的勇气。既敢于阐述自己独到的新观点、真知灼见，又敢于承认自己的不足，修正失误。

（2）碰到不会的问题，不要紧张也不要强答。如果出现了无法应对评委老师的问题时，可以巧妙地将问题绕到项目的亮点、团队的能力展示等方面，既避免了冷场的尴尬，又强调了自己的特色，一举两得。

（3）听清楚评委的问题之后再做回答。答辩人可以事先准备几种回答，巧妙地将问题与有关的项目亮点相联系。准备好的有说服力的特色回答，既避免了冷场的尴尬，又强调了自己的创新点，一举两得。

做好口头回答的准备，提前准备一份回答问题的模板，陈述和回答问题时，把要说的内容理顺，熟记于心中，语言简明流畅，这样给人以自信大方的印象。陈述和回答问题时，一定要坦然镇定，声音要大而准确，使在场的所有人都能听到。在赛前针对答辩，做好充足的准备，让评委感受到团队的能力，获得最后的成功。

二、路演内容及其技巧

（一）路演内容

路演时，都会带着 PPT 作为辅助工具，一个合格的路演 PPT 里一定要有以下五个关键的内容。

1. 你是谁

概要介绍公司或者项目目前状况，核心团队成员简介，强调团队的梯形互补性。

2. 你想干什么

清晰地定位你的项目，同质化竞争分析，聚焦你能解决的用户痛点。

3. 你干成了什么

现有的运营数据，已有的项目成果，证明你有潜力的素材。

4. 你拥有什么

专利认证，资质证明，独一无二的东西。

5. 你需要什么

用数据表明你需要多少钱，为什么用这些钱，用精细的分配证明你有强烈的投资回报率（ROI）概念和清晰的运营策略。

(二)路演技巧

1. 做什么事

一句话讲清楚你在做什么事。通常的格式是:为某个精细群体,提供某种服务或解决方案或产品。有很多创业者,在10分钟的路演时间里,一直喋喋不休分析创业所在的领域,全球上万亿市场空间、全国上千亿空间。最后口头禅是:“由于今天时间不够,所以想要了解更多详情,可以去我们公司看看。”其实一个连时间都无法掌控的人,是无法掌控好创业的。西方创新创业教育界流行的一种方式是60秒电梯演讲。假设你在电梯里遇到投资人,60秒内你就得说服他为你投资。这个训练很极端但却有效地表明:在最短的时间里,回答清楚你做什么事,至关重要。值得学习的是,有很多项目能清楚表达在做什么事,如:Facebook,让世界连接起来;OFO,提供单车出行的智能解决方案。

2. 卖什么产品

这个世界永远不缺情怀,这个世界也永远不缺想法,这个世界缺的是极致的产品。现实中,或许驾驶理论知识能考满分,但实际操作,需要调动整个身体,达到人车融合的过程,便是一个发掘“微观体感”的过程。大学生创业者不缺乏宏观战略的表达、中观套路的演绎,但缺的是战略的细化、套路的落地,最终聚焦到你卖的产品到底是什么?从某种程度上说:项目路演甚至可以一句话都不说,展示你的产品,标上价格,评委和投资人便已心中有数、了然于胸。比如大学生如果是从事无人机制造的创新创业项目,最好直接在路演中展示你的无人机,并清晰描述它与市场上其他类别的无人机相比,最大的优势在哪里。产品是大学生在项目路演中最佳的沟通利器。

3. 卖得怎么样

各类路演的评委及投资人早已看过无数项目,练就“火眼金睛”。大学生创新创业的故事很动人,但最终他们想知道,产品卖得怎么样?在哪些渠道现在有哪些数据?用事实说话。如果大学生已经开始产生销售数据,尽管不怎么样,但也表明已经是在接受市场检验的过程中。当然,任何一个评委或者投资人不可能了解每一个行业,必然存有知识盲区。这个时候说服他最好的方式就是告诉他“现在卖得怎么样”。不要大谈特谈市场有多大,投资人想知道的是:市场再大,跟你有什么关系?你已经占据了多大的市场?回答“卖得怎么样”这个问题,最忌讳的是基本的财务数据都很模糊,基本的销售渠道都理不清,核心的盈利点都搞不明白。创业应该具备基本的成本意识,清楚掌握基础数据,才有可能清晰地评估自己的项目能否持续卖下去。

大学生创新创业毕竟不是一次大赛,一次融资能够铸就成功。评委或投资人也一定会评估项目的可持续发展和项目的竞争壁垒。如果是一个好的创意、产品、模式,但是别人能够轻易抄袭山寨,那就说明创业项目本身就是在“裸泳”:没有任何衣物来抵御别人的觊觎,这样的项目势必也难以持久。比如有的大学生是做少儿编程的创业项目，如果课程能轻易被别人模仿、抄袭，那必定无法持续经营下去。因此，在做路演时，一定要展示清楚项目的核心竞争力以及竞争壁垒所在。告诉评委及投资人，或者依托专利发明，或者依托独特的服务体系，或者依托专业知识技术，已经建成了“永恒的护城河”，能够保证项目永续经营，可持续发展。

复习思考题

1. 简述创业计划书的概念及特点。
2. 简述编制创业计划书的意义。
3. 简述创业计划书的编制原则。
4. 创业计划书的编写步骤有哪些?
5. 简述创业计划书范本与编写技巧。
6. 简述创业计划书的内容及格式。
7. 简述路演及其本质。
8. 简述路演内容及其技巧。

素质拓展

角色扮演——招聘

【实训目标】

培养人员招聘的能力;训练应聘的能力与心理素质。

【实训内容与形式】

1. 把教室模拟成招聘现场。

2. 角色扮演的情景设定:根据模拟公司的工作计划建立组织结构,各模拟公司组织招聘各部门负责人(班级统一确定编制或职位数量);各模拟公司招聘由总经理主持,公司成员均为招聘组成员;每名学生可向不超过三家公司(不含本公司)应聘;各公司根据每位应聘者的表现决定是否聘任;招聘程序按课程讲授内容进行。同学们先在课下进行精心准备,在课上完成角色扮演。

【实训要求】

1. 各公司要制订招聘计划,包括招聘目的、招聘岗位、任用条件、招聘程序,特别是聘用的决定办法。

2. 每个人要写出应聘提纲,或应聘讲演稿,特别要体现出自己的应聘竞争优势。

【成果与检测】

以公司为单位,组织招聘活动。全班的公司分为两大组,第一节课前几家公司招聘,后几家公司的成员应聘;第二节课进行轮换。聘任由招聘公司成员集体投票决定(得多数票者应聘成功);在两轮聘任结束后,按应聘成功的岗位数多少决定同学们的竞聘成果。

第六章　创新创业模拟实战考核

章前导读

飞雁团队的启示

世界上有三种类型的团队：一是野牛团队，野牛个个身强力壮，但没有集体意识，各自为政，所以不是比它身体弱小几十倍的狼的对手；二是螃蟹团队，当一群螃蟹被抓到竹篓里后，其中有一只奋力往上爬，其他几只就拼命拉后腿，结果是谁也上不了；三是飞雁团队，大雁在飞行时都本能地呈“人”字形飞行，前面的大雁为后面的大雁创造有利的上升气流，结果整个团队的飞行效率提升了70%。

野牛团队的特点是分开来都很强，但合起来就很弱。螃蟹团队的特点是我不好，你也别想好，结果是整个团队的绩效下降。没有经过提升和规划的团队大都属于这两种，只是程度有所不同而已。而要成为“飞雁团队”，则需要一番深刻的提升和转变。飞雁团队有以下几个特征。

1. 纪律严明，且自主自发。我们无论何时何地见到大雁飞行，永远都是整齐划一的“人”字形，从来没见过哪只大雁调皮捣蛋，这给我们如下启示。

(1)大雁并没有制定严格的奖罚制度，也没有什么法律法规，但大家都能主动遵守纪律，这是因为本能，而本能的形成是一个漫长的过程，是一个行为被长期重复的产物。由此可见，要想打造成飞雁型团队，光有严格的奖罚制度是远远不够的，而是要在部门内构建一种正确的价值观，并把这种价值观长期、重复地宣导，将之融入部门每位成员的血液里，让长期重复的动作成为本能的行动，让长期重复的思想成为本能的思想。

(2)每只大雁都能主动遵守纪律，即使有那么一两只想开一下小差或偷一下懒，也会立即感觉到自己和团队的差距，从而主动归位。这说明，要想打造飞雁型团队，首先要创造一种大的气候，即主流。假设部门每位员工都非常积极地维护环境卫生，如果其中有位员工把地面搞脏，就会非常醒目，当事人也会感到羞愧而主动去维护环境卫生。上过高速公路的人都知道，高速公路的出口都是一个大圆弧，为什么呢？因为这样，司机开车转弯时就不得不减速，根本没必要去制定“驶出高速公路时必须要减速”的规定。这就是“大气候”成功使用的范例。

2. 大雁的队伍中没有英雄，大家都是英雄。大雁在飞行时，领头雁是最累的，当领头雁感觉体力不支时，便会退居二线，它后面的一只大雁便自动顶替，如此往复，让每只大雁都有机会当领头雁，整个队伍显得更有活力。领头雁在飞行时，后面的大雁会整齐地发出叫声，以鼓励领头雁，这给我们如下启示。

(1)一个团队要想前进，领头雁固然重要，下属的支持与鼓励也非常重要。作为部门的领导，在推行新的制度或要进行某种动向之前，先要让下面的员工充分地了解事情的来龙去脉和利害关系，使其方向明确，心悦诚服，才能在你的带领下快速前进。

(2)没有永远的领头雁。作为领导，要保持和提高自己的核心竞争力，这核心一是技术能力，二是管理能力。领导在进步，同时又以自己的标准来要求下属，用自己的经验、学识去教导下属。当下属达到一定程度时，自己又上升到了一个新的程度。如此良性循环，整个团队就会健康地成长。而反之，领导自己不进步，其身后的团队也就无法进步，这样的团队就会走向败落，这样的领导也就不配做领头雁。这就是所谓的领导的速度就是众人的速度。

3. 在一个团队里总有强者和弱者。对于强者，我们要充分地发挥其优势；对于弱者，也不要轻易放弃，而是要尽力去帮助他、扶持他，使之尽快走上正确的轨道，从而使弱者变强，强者更强。日本的企业在激励员工的时候，很少会直接奖励个人，而是奖励整个团队。因为他们觉得个人再能干，也只是单枪匹马，而不能将之用在提升整个团队的绩效上。个人英雄主义一泛滥，结果便是压制他人、提高自己、群雄并起、各自为政，使团队退化到"野牛团队"中去。

由此观之，要想把我们的团队打造成"飞雁团队"，还有很多事情要做，还有很长的路要走。一旦我们真的成长为"飞雁团队"，那成长速度就有了一个质的飞跃。

教学目标

本章主要学习创新创业模拟实战考核，主要了解和掌握创业者电子沙盘模拟实战考核、《创业之星》创业仿真模拟实战考核等内容。

知识要点

创新创业模拟实战考核　创业者电子沙盘模拟实战考核　《创业之星》创业仿真模拟实战考核

第一节　创业者电子沙盘模拟实战考核

创业者电子沙盘模拟实战教学不仅是一个个人学习的过程,更重要的是,它还是一个集体学习的过程。为了反映创业者电子沙盘模拟实战教学集体学习的成果,必须采取一定的形式对创业者电子沙盘模拟实战教学集体学习的成果进行总结和成绩考核。本节主要学习创业者电子沙盘模拟实战成绩考核等内容。

一、创业者电子沙盘模拟实战成绩的评定

(一)创业者电子沙盘模拟实战成绩考核

创业者电子沙盘模拟实战教学集体学习的成果是全体师生共同努力的结果,也是集体智慧的结晶,因此,创业者电子沙盘模拟实战教学质量的高低取决于全体同学的参与程度和贡献水平。

创业者电子沙盘模拟实战教学不能离开集体。但是,在创业者电子沙盘模拟实战教学过程中,并非所有的学生都做出了等量贡献,每个学生在不同的课程上或在不同的问题上,各有其兴趣爱好和知识专长,需要在教师的引导下扬长避短,同时更要注意取长补短,这样才能使个人的能力在创业者电子沙盘模拟实战教学的过程中得到训练和提高。这就需要教师及时掌握和全面考查学生的学习情况,实施创业者电子沙盘模拟实战教学的考试制度改革。创业者电子沙盘模拟实战教学主要侧重学生全面素质和综合能力的考核,而不是局限于以分数衡量知识水平。

(二)创业者电子沙盘模拟实战成绩结构

1. 成绩评定方式

课程结束后,每个团队都会有一个实训成绩,但这个成绩并不能充分反映学生的真实情况。有的团队虽破产了,但运营过程中,团队成员可能一直积极参与,而且积累了很多宝贵的经验。下面给出一种较为科学的成绩评定方式。

创业者电子沙盘模拟实战总成绩 = 创业者电子沙盘模拟实战成绩(60%)+团队成员表现(30%)+实战总结(10%)

2. 成绩评定内容

(1)创业者电子沙盘模拟实战成绩:此课程把参加训练的学生分成6个团队,每团队代表不同的虚拟公司,每个团队的成员分别担任公司中的重要职位(CEO、CFO、CSO、CMO、CHO等)。这6个公司是同行业中的竞争对手,他们从先前的管理团队中接手同样的企业,

大家要在模拟的6年中,在客户、市场、资源及利润等方面进行一番真正的较量。最后根据各企业的所有者权益,综合发展系数等对各个企业进行综合排名,这就是创业者电子沙盘模拟实战实训成果。

(2)创业者电子沙盘模拟实战团队成员表现:岗位分工明确、各司其职、制订计划、合作愉快、团队间公平竞争。各个企业的团结程度、每个成员的参与程度,以及各种表格如运营表、损益表,现金流量预算表、采购计划表、贷款登记表、资产负债表的填写等都列为企业成员的综合表现评价。

(3)创业者电子沙盘模拟实战总结:包括个人总结和团体总结。个人总结是课程结束后每个同学上交的一份实训报告,是自己的体会、经验以及对在实践中应用的理论知识进行的总结与归纳。团体总结就是以团队的形式上交一份PPT,在全班总结时各个企业要站在团队全局的角度上利用多媒体向全班同学边展示边讲解,这也是经验共享的一个过程。讲解包括本企业的企业文化、成员构成、整体战略、广告策略、市场定位和企业运营得失等。

二、创业者电子沙盘模拟实战成绩日常考核

(一)团队成员表现成绩考核

创业者电子沙盘模拟实战成绩日常考核主要评定“团队成员表现”成绩,此部分成绩评定的基础是学习者日常记录和学生上课出勤情况。

1. 学习者日常记录

成长在于积累。笔记是积累的一种方式,这种方式最笨,也最聪明。它记录了你的发现、你的成长、你的感悟,把它们收集起来,这是你的财富,值得你永久珍藏。做好学习者日常实训情况记录是非常重要的。创业者电子沙盘模拟实战学习者日常实训情况记录,如表6-1所示。

表6-1　创业者电子沙盘模拟实战学习者日常实训情况记录表

团队名称		出勤情况		实训时间	
学习者日常实训情况记录					
备注					

团队长:　　　　指导教师:　　　　时间:　　年　月　日

2. 团队成员表现成绩评定

创业者电子沙盘模拟实战团队成员表现成绩评定，是根据学习者日常实训情况记录表和学生上课出勤情况记录进行综合评定的。创业者电子沙盘模拟实战团队成员表现成绩评定表，如表6－2所示。

表6－2　创业者电子沙盘模拟实战团队成员表现成绩评定表

<table>
<tr><td colspan="2">团队名称</td><td colspan="9"></td></tr>
<tr><td rowspan="11">团
队
成
员</td><td></td><td>姓名</td><td>学号</td><td>角色</td><td colspan="4">出勤情况</td><td>实训表现</td><td>成绩</td></tr>
<tr><td>组长</td><td></td><td></td><td>总经理</td><td></td><td></td><td></td><td></td><td></td><td></td></tr>
<tr><td rowspan="8">组员</td><td></td><td></td><td>财务总监</td><td></td><td></td><td></td><td></td><td></td><td></td></tr>
<tr><td></td><td></td><td>运营总监</td><td></td><td></td><td></td><td></td><td></td><td></td></tr>
<tr><td></td><td></td><td>市场总监</td><td></td><td></td><td></td><td></td><td></td><td></td></tr>
<tr><td></td><td></td><td>采购总监</td><td></td><td></td><td></td><td></td><td></td><td></td></tr>
<tr><td></td><td></td><td>信息总监</td><td></td><td></td><td></td><td></td><td></td><td></td></tr>
<tr><td></td><td></td><td>间谍</td><td></td><td></td><td></td><td></td><td></td><td></td></tr>
<tr><td></td><td></td><td>财务助理</td><td></td><td></td><td></td><td></td><td></td><td></td></tr>
<tr><td colspan="9"></td></tr>
<tr><td>备注</td><td colspan="10"></td></tr>
</table>

团队长：　　　　指导教师：　　　　时间：　　年　月　日

（二）实训总结成绩评定

1. 创业者电子沙盘模拟实战总结成绩

创业者电子沙盘模拟实战总结成绩评定是根据创业者电子沙盘模拟总结报告进行综合评定的。创业者电子沙盘模拟实战从总结的内容上来看主要包括战略经营总结、团队合作感言总结、联系实际总结等方面。创业者电子沙盘模拟实战战略经营总结的内容主要有整体战略、产品研发、生产及原料、市场及营销、财务及资金、团队协作与沟通几个方面。

在创业者电子沙盘模拟实战中，学生们每一刻都在不停地为自己所经营的企业出谋划策，及时总结，在分析与解决沙盘模拟中出现的各种风险与问题的过程中，随时把我们不断迸发出来的灵感、经验与心得立即记录下来。

创业者电子沙盘模拟实战总结的内容主要是：

①站在创业者电子沙盘企业经营管理者的角度，如何评价目前所在沙盘企业的现状？

企业目前主要存在哪些问题？

②站在创业者电子沙盘企业经营管理者的角度，本年经营结束，如何看待所在创业者电子沙盘企业的市场地位和竞争对手？

③作为创业者电子沙盘企业的角度，本年的管理过程中，你学到了什么？

④站在银行的角度，如何评价目前所在创业者电子沙盘企业的现状？在现实世界里，银行会向该企业发放贷款吗？

最终总结就是在课程结束后，把在整个课程当中的所有经验与教训、心得与体会汇总与归纳成一篇总结。创业者电子沙盘模拟实战总结提纲包括以下内容：

①简要描述所在企业的经营状况；

②分析所在企业成败的关键点及原因；

③总结所担任角色的得与失；

④对所在企业下一步发展的意见和建议。

学生也可以在创业者电子沙盘模拟实战学习的过程中，不断地总结经验，形成自己的风格和特点。例如：在创业者电子沙盘模拟实战学习中担任公司中的重要职位（CEO、CFO、CMO、CHO 等）时，进行全面的总结，从中得到训练，提升自身素质。学习者总结提纲可考虑采用下面格式：

创业者电子沙盘模拟实战总结提纲

实训时间：____________________

学习者：____________________

团队名称：____________________

企业的经营情况简介：____________________

企业成败的关键点及原因：____________________

所担任角色的得失：

1. ____________________

2. ____________________

3. ____________________

企业下一步发展的意见和建议：

1. ____________________

2. ____________________

3. ____________________

2. 创业者电子沙盘模拟实战经验交流

学习别人的长处，弥补自己的短处。6个团队派代表进行经营总结交流，代表不一定都是总经理，也可以是财务总监、营销总监、生产总监、采购总监等不同角色。同时允许个别发言，作为补充。创业者电子沙盘模拟实战经验交流要做好记录，如表6－3所示。

表6－3　创业者电子沙盘模拟实战经验交流记录表

实训时间		班级		记录人	
创业者电子沙盘模拟实战经验交流记录					
备注					

（不够可另加附页）

3. 创业者电子沙盘模拟实战点评

把握归纳点评分析的尺度，既是一门科学，也是一门艺术，它需要教师不断地进行总结和提高，尤其需要教师在创业者电子沙盘模拟实战教学过程中不断实践和探索，以期达到准确把握的效果。同时，要做好点评记录，为今后的创业者电子沙盘模拟实战做好指导工作。如表6－4所示。

表 6－4　教师点评记录表

实训班级		时间		点评人	
教师点评 情况记录					
备注					

（不够可另加附页）

第二节　《创业之星》创业仿真模拟实战考核

《创业之星》创业仿真模拟实战教学不仅是一个个人学习的过程，更重要的是，它还是一个集体学习的过程。为了反映《创业之星》创业仿真模拟实战教学集体学习的成果，必须采取一定的形式对《创业之星》创业仿真模拟实战教学集体学习的成果进行总结和成绩考核。本节主要学习《创业之星》创业仿真模拟实战成绩考核等内容。

一、《创业之星》创业仿真模拟实战成绩的评定

（一）《创业之星》创业仿真模拟实战成绩考核

《创业之星》创业仿真模拟实战教学集体学习的成果是全体师生共同努力的结果，也是集体智慧的结晶，因此，《创业之星》创业仿真模拟实战教学质量的高低取决于全体同学的参与程度和贡献水平。总之，《创业之星》创业仿真模拟实战教学不能离开集体。但是，在《创业之星》创业仿真模拟实战教学过程中，并非所有的学生都做出了等量贡献，每个学生在不同的课程上或在不同的问题上，各有其兴趣爱好和知识专长，需要在教师的引导下扬长避短，同时更要注意取长补短，这样才能使个人的能力在《创业之星》创业仿真模拟实战教学的过程中得到训练和提高。这就需要教师及时掌握和全面考查学生的学习情况，实施《创业之星》创业仿真模拟实战教学的考试制度改革。《创业之星》创业仿真模拟实战教学主要侧重学生全面素质和综合能力的考核，而不是局限于以分数衡量知识水平。

(二)《创业之星》创业仿真模拟实战成绩结构

1. 成绩评定方式

课程结束后,每个团队都会有一个实训成绩,但这个成绩并不能充分反映学生的真实情况。有的团队虽破产了,但运营过程中,团队成员可能一直积极参与,而且积累了很多宝贵的经验。下面给出一种较为科学的成绩评定方式。

《创业之星》创业仿真模拟实战总成绩 =《创业之星》创业仿真模拟实战成绩(60%)+团队成员表现(30%)+实战总结(10%)

2. 成绩评定内容

(1)《创业之星》创业仿真模拟实战成绩:此课程把参加训练的学生分成6个团队,每团队代表不同的虚拟公司,每个团队的成员分别担任公司中的重要职位(CEO、CFO、CSO、CMO、CHO等)。这6个公司是同行业中的竞争对手,他们从先前的管理团队中接手同样的企业,大家要在模拟的8个季度中,在客户、市场、资源及利润等方面进行一番真正的较量。最后根据各企业的所有者权益,综合发展系数等对各个企业进行综合排名,这就是《创业之星》创业仿真模拟实战成果。

(2)《创业之星》创业仿真模拟实战团队成员表现:岗位分工明确、各司其职、制订计划、合作愉快、团队间公平竞争。各个企业的团结程度、每个成员的参与程度,以及各种表格如运营表、损益表,现金流量预算表、采购计划表、贷款登记表、资产负债表的填写等都列为企业成员的综合表现评价。

(3)《创业之星》创业仿真模拟实战总结:包括个人总结和团体总结。个人总结是课程结束后每个同学上交的一份实训报告,是自己的体会、经验以及对在实践中应用的理论知识进行的总结与归纳。团体总结就是以团队的形式上交一份PPT,在全班总结时各个企业要站在团队全局的角度上利用多媒体向全班同学边展示边讲解,这也是经验共享的一个过程。讲解包括本企业的企业文化、成员构成、整体战略、广告策略、市场定位和企业运营得失等。

二、《创业之星》创业仿真模拟实战成绩日常考核

(一)团队成员表现成绩考核

《创业之星》创业仿真模拟实战成绩日常考核主要评定"团队成员表现"成绩,此部分成绩评定的基础是学习者日常记录和学生上课出勤情况。

1. 学习者日常记录

成长在于积累。笔记是积累的一种方式,这种方式最笨,也最聪明。它记录了你的发现、你的成长、你的感悟,把它们收集起来,这是你的财富,值得你永久珍藏。做好学习者日

常实训情况记录是非常重要的。学习者日常实训情况记录，如表 6－5 所示。

表 6－5　《创业之星》创业仿真模拟实战学习者日常实训情况记录表

团队名称		出勤情况		实训时间	
学习者日常实训情况记录					
备注					

团队长：　　　　　指导教师：　　　　　时间：　　年　月　日

2. 团队成员表现成绩评定

《创业之星》创业仿真模拟实战团队成员表现成绩评定，是根据学习者日常实训情况记录表和学生上课出勤情况记录进行综合评定的。《创业之星》创业仿真模拟实战团队成员表现成绩评定表，如表 6－6 所示。

表 6－6　创业之星创业仿真模拟实战团队成员表现成绩评定表

团队名称										
团队成员		姓名	学号	角色	出勤情况				实训表现	成绩
	组长			总经理						
	组员			财务总监						
				运营总监						
				市场总监						
				采购总监						
				信息总监						
				间谍						
				财务助理						
备注										

团队长：　　　　　指导教师：　　　　　时间：　　年　月　日

(二)实训总结成绩评定

1.《创业之星》创业仿真模拟实战总结成绩

《创业之星》创业仿真模拟实战总结成绩评定是根据《创业之星》创业仿真模拟实战总结报告进行综合评定的。《创业之星》创业仿真模拟实战从总结的内容上来看主要包括战略经营总结、团队合作感言总结、联系实际总结等方面。《创业之星》创业仿真模拟实战战略经营总结的内容主要有整体战略、产品研发、生产及原料、市场及营销、财务及资金、团队协作与沟通几个方面。

在《创业之星》创业仿真模拟实战中,学生们每一刻都在不停地为自己所经营的企业出谋划策,及时总结,在分析与解决《创业之星》创业仿真模拟实战出现的各种风险与问题的过程中,随时把我们不断迸发出来的灵感、经验与心得立即记录下来。

《创业之星》创业仿真模拟实战总结的内容主要是:

①站在《创业之星》创业仿真模拟实战创业企业经营管理者的角度,如何评价目前所在《创业之星》创业仿真模拟实战创业企业的现状?创业企业目前主要存在哪些问题?

②站在《创业之星》创业仿真模拟实战创业企业经营管理者的角度,本年经营结束,如何看待所在《创业之星》创业仿真模拟实战创业企业的市场地位和竞争对手?

③作为《创业之星》创业仿真模拟实战创业企业的角度,本年的管理过程中,你学到了什么?

④站在银行的角度,如何评价目前所在《创业之星》创业仿真模拟实战创业企业的现状?在现实世界里,银行会向该创业企业发放贷款吗?

《创业之星》创业仿真模拟实战最终总结就是在课程结束后,把在整个课程当中的所有经验与教训、心得与体会汇总与归纳成一篇总结。《创业之星》创业仿真模拟实战总结提纲包括以下内容:

①简要描述所在创业企业的经营状况;

②分析所在创业企业成败的关键点及原因;

③总结所担任角色的得与失;

④对所在创业企业下一步发展的意见和建议。

学生也可以在《创业之星》创业仿真模拟实战学习的过程中,不断地总结经验,形成自己的风格和特点。例如:在《创业之星》创业仿真模拟实战学习中担任公司中的重要职位(CEO、CFO、CSO、CMO、CHO 等)时,进行全面的总结,从中得到训练,提升自身素质。学习者总结提纲可考虑采用下面格式:

《创业之星》创业仿真模拟实战总结提纲

实训时间：______________________________

学习者：______________________________

团队名称：______________________________

创业企业的经营情况简介：______________________________

创业企业成败的关键点及原因：______________________________

所担任角色的得失：

1. ______________________________

2. ______________________________

3. ______________________________

创业企业下一步发展的意见和建议：

1. ______________________________

2. ______________________________

3. ______________________________

2.《创业之星》创业仿真模拟实战经验交流

学习别人的长处，弥补自己的短处。6个团队派代表进行经营总结交流，代表不一定都是总经理，也可以是财务总监、营销总监、生产总监、采购总监等不同角色。同时允许个别发言，作为补充。《创业之星》创业仿真模拟实战经验交流要做好记录，如表6－7所示。

表6－7 《创业之星》创业仿真模拟实战经验交流记录表

实训时间		班级		记录人	
《创业之星》创业仿真模拟实战经验交流记录					
备注					

（不够可另加附页）

3.《创业之星》创业仿真模拟实战点评

把握归纳点评分析的尺度，既是一门科学，也是一门艺术，它需要教师不断地进行总结和提高，尤其需要教师在《创业之星》创业仿真模拟实战教学过程中不断实践和探索，以期达到准确把握的效果。同时，要做好点评记录，为今后的《创业之星》创业仿真模拟实战做好指导工作。如表6－8所示。

表6－8　教师点评记录表

实训班级		时间		点评人	
教师点评 情况记录					
备注					

（不够可另加附页）

复习思考题

1. 简述创业者电子沙盘模拟实战成绩的评定。
2. 如何进行创业者电子沙盘模拟实战成绩日常考核？
3. 如何进行创业者电子沙盘模拟实战点评分析？
4. 简述《创业之星》创业仿真模拟实战成绩的评定。
5. 如何进行《创业之星》创业仿真模拟实战成绩日常考核？
6. 如何进行《创业之星》创业仿真模拟实战点评分析？

素质拓展

团 队 练 习

以下是运用“领导生命周期”理论的练习，针对下列各种不同的情形，请选择一种合适的领导方式。

情形 1　你所领导的跨部门任务小组正在致力完成一项全厂范围的调研报告。任务小组中有一个成员在之前开的五次会议中一直都迟到，他对此既不道歉也不做解释，而且他迟迟没有递交所在部门的成本数据。但现在他必须在 3 天内将这些数据交到任务小组。此时，你是否应当：

(1)明确告诉他希望他做什么，并严密地监督他完成这份工作；

(2)同他讨论为什么一直迟到，并对他完成该任务的努力予以支持；

(3)强调何时该交来这些成本数据，并对他的努力给予支持；

(4)认定他会准备好这些成本数据并交到任务小组。

情形 2　你手下的一位员工不断给你制造麻烦。他一直没精打采的，只有在你不断地推动之下才勉强完成任务。然而，最近你感到他发生了变化，工作状态改善了，你也越来越少地提醒他按时完成任务，他甚至还提出了改进其工作效率的若干建议。此时，你是否应当：

(1)继续指导和严密监督他的工作；

(2)继续监督他的工作，但听取他的建议并采纳那些合理的建议；

(3)采纳他的建议，并支持他的想法；

(4)让他对自己的工作承担起责任。

情形 3　你的部门因预算的限制，有必要进行整编。你请部门中一位经验丰富的人负责这项工作。他在你部门的每个领域都工作过，并一直渴望能提供帮助。你感到他有能力执行这一任务，可他却似乎对这项任务的重要性反应漠然。此时，你是否应当：

(1)自己担起整编的担子，但积极听取他的建议；

(2)将这项任务交予他，让他自己决定如何完成任务；

(3)向他阐明部门的情况，鼓励他以自己的能力和经验接受这项任务；

(4)自己担起整编的担子，并明确指示他要做什么，严密地监督他的工作。

情形 4　你的员工要你考虑对他们的工作进度做调整。过去你一直鼓励和支持他们提建议，这次你的员工已清楚地意识到需要做更改，并且已经准备好另一进度方案，建议你试行。你的成员都十分能干，而且作为一个群体配合得非常好。此时，你是否应当：

(1)准许员工参与制定新的进度方案并支持小组成员的建议；

(2)你独自设计和推行新的进度方案，但听取员工的建议；

(3)允许员工自己制定和执行新的进度方案;

(4)你独自设计新的进度方案,并严密地指导方案的实施。

【实训目标】

1. 培养团队协作精神。

2. 让学生熟悉在各种情景下,领导者应该怎样不同的对待自己的下属。

3. 通过实训,理解“领导生命周期”理论。

【实训形式】

课堂讨论;网上收集资料进行分析。

【实训要求】

收集相关资料;分组进行讨论,讨论的同时将团队合作作为一项考核标准。

【成果检验】

1. 每组提交一份总结,对领导者应当如何对待下属进行深入分析。

2. 组长对每个同学的表现进行评议,并分析成功与不足之处,或者由小组内部互评,并综合得分。

3. 各组派代表发言,分别对其他各组评分,指出成功与不足。

参考文献

[1] 苗雨君. ERP 沙盘模拟教程[M]. 2 版. 北京:清华大学出版社,2017.

[2] 刘平. 创业者电子沙盘实训手册:企业经营沙盘模拟实战对抗[M]. 北京:清华大学出版社,2011.

[3] 劳本信. 创业之星实用教程[M]. 北京:电子工业出版社,2018.

[4] 孙德林,黄林,黄小萍. 创业基础教程[M]. 北京:高等教育出版社,2012.

[5] 喻科,黄林. 大学生创新创业仿真实训教程:基于创业之星实训平台[M]. 北京:中国石化出版社,2017.

[6] 由建勋. 创新创业实务[M]. 北京:高等教育出版社,2016.

[7] 张可君,吕时礼. 创业实务[M]. 北京:北京师范大学出版社,2011.

[8] 薛艺,乔宝刚. 创行:大学生创新创业实务[M]. 青岛:中国海洋大学出版社,2016.

[9] 苗雨君,龚晨. 企业经营沙盘模拟实战教程[M]. 哈尔滨:哈尔滨工程大学出版社,2018.

[10] 克尼基,威廉姆斯. 管理学基础[M]. 梁巧转,译. 北京:中国财政经济出版社,2004.

[11] 纽曼 W H,萨默 C E. 管理过程:概念、行为和实践[M]. 李柱流,金雅珍,徐吉贵,译. 北京:中国社会科学出版社,1995.